CHARLES BUET

Grands Hommes en Robe de Chambre

PARIS
SOCIÉTÉ LIBRE D'ÉDITION DES GENS DE LETTRES
12, RUE D'ULM, 12

1897
Tous droits réservés.

GRANDS HOMMES

EN

ROBE DE CHAMBRE

CHARLES BUET

Grands Hommes
en
Robe de Chambre

PARIS
SOCIÉTÉ LIBRE D'ÉDITION DES GENS DE LETTRES
12, RUE D'ULM, 12

1897
Tous droits réservés.

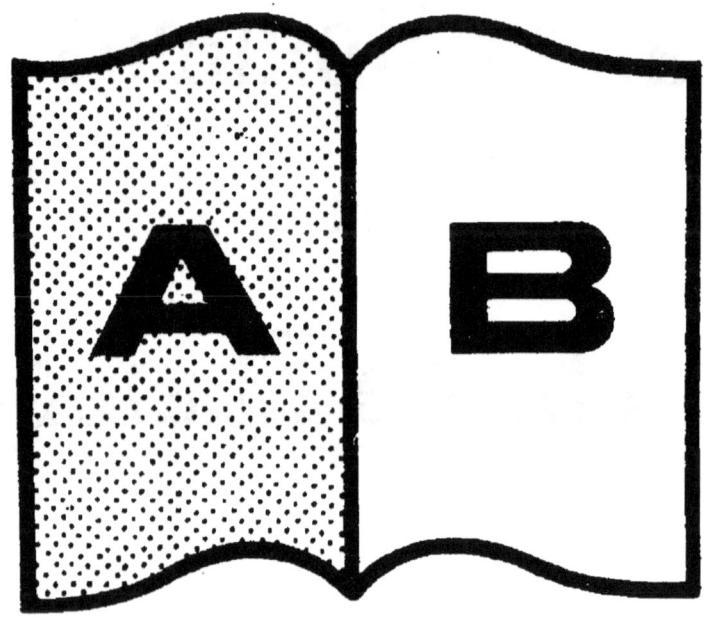

Contraste insuffisant
NF Z 43-120-14

LE PAPE LÉON XIII

> Quand ils sortent tous deux, égaux, du sanctuaire,
> L'un dans sa pourpre, et l'autre, avec son blanc suaire,
> L'univers ébloui contemple avec terreur
> Ces deux moitiés de Dieu: le Pape et l'Empereur.
> Victor Hugo : *Hernani.*

> « Je tiens mon Pape ! »
> Emile Zola.

Le Pape Léon XIII, Pontife suprême de l'Eglise Universelle, Patriarche d'Occident, primat d'Italie, archevêque et évêque de Rome, vient d'entrer dans la dix-neuvième année de son règne, et achève la quatre-vingt-huitième de son âge. Lorsqu'il fut élu, en 1878, il était presque septuagénaire, d'une santé délicate, d'apparence débile, et le conclave qui voulait un pape de transition, d'une durée probable assez courte, le choisit de préférence à d'autres cardinaux papables. On était un peu fatigué du long pontificat de Pie IX, le seul successeur de Pierre qui eût dépassé les années de Pierre. Trente-deux ans de péripéties inattendues, de révolutions, d'exils et de retours imprévus, de luttes violentes et de triomphes éclatants, règne extraordinaire dont fut remué le monde. On savait que Pie IX, âme si tendre, n'avait aucune tendresse pour Joachim Pecci : on le lui avait proposé pour remplacer le cardinal Barnabo à la Propagande — situation colossale ! — et on lui représentait qu'il était un bon évêque. « Un bon évêque ? riposta le Pape, eh bien ! qu'il fasse l'évêque ! » Il ne l'appela à Rome que pour l'investir de la charge de camerlingue, qui, selon d'anciens préjugés, empêche son titulaire d'accéder au trône romain. Il l'avait laissé trente ans à Pérouse, dans les montagnes, et c'est là qu'un journaliste français — qui ne me démentira pas — choqua son verre contre le sien en buvant « au futur pape », un an juste avant que le cardinal pérugin fut élu.

On assure qu'avant d'accepter la tiare, le cardinal Pecci exigea de son plus fidèle ami, le cardinal Franchi, l'engagement de le servir comme secrétaire d'Etat. Mais Franchi, homme d'une vaste intelligence, ne dura pas. Il mourut subitement, de même que mourut un très jeune gentilhomme que Léon XIII affectionnait, voyant en lui un futur ministre laïque du Saint-Siège, le comte Charles Conestabile. Ces deuils attristèrent les premières années de son règne et aussi la malveillance de certaines intrigues contre ce qu'on nommait la *faction pérugine*, le pape ayant, tout naturellement, recruté ses familiers parmi les prélats et les prêtres qu'il avait connus et pratiqués durant son épiscopat.

Mais les années ont passé. Pie IX est oublié, — hormis comme figure historique — et Léon XIII a accompli ce miracle de dissiper l'indifférence en matière de religion, d'imposer au monde entier, outre la primauté de sa fonction, la primauté de sa personne, de devenir l'arbitre des puissances, de préparer enfin l'évolution de l'Eglise vers les idées nouvelles et les aspirations de la société moderne, transformée par la révolution qui va terminer son cycle. Et il est resté, pourtant, immuable dans le dogme et la foi, de même que, touchant aux extrêmes limites de l'âge, usé par le travail, toujours grandi par d'incessantes fatigues, il est demeuré le cœur simple et l'âme candide, ce vieillard que Bourget nous montre dans *Cosmopolis*, errant à pas comptés dans les jardins du Vatican, et penché sur une rose pour en respirer le parfum !

Le temps n'est plus où le Pape, en ce siècle, ne préoccupait que les catholiques et n'exerçait qu'une influence religieuse. On reconnaît maintenant sa mission et son action sociale, et le rôle qu'il joue est celui du *premier homme de l'Europe*. Il n'est plus considéré suivant l'expression de M. Jules Lemaître, comme « le grand lama de la superstition, un personnage suranné et commode. » Sa voix est écoutée et retentit : son autorité est admise. Grâce à lui, la religion n'est bien que le lien des âmes, sans distinction de caste ni de rang, ni de fortune, et il a démontré de façon péremptoire que l'Eglise n'est pas la servante de la royauté. C'est assurément pour cela que certains catholiques, à qui plaisaient davantage l'expansion attendrie, l'éloquence prolixe, la bonté naïve, la majesté tempérée d'une affabilité familière de Pie IX, prirent quelque plaisir à prêter au Saint-Père une ressemblance avec Voltaire, à lui en attribuer le sourire, le « hideux sourire » mis en scène par Musset.

Mais comme l'a dit Louis Veuillot : « Quand tous les essais auront été tentés, et quand ces essais auront tout broyé et que le genre humain sera devenu le jouet sanglant et déchiré de la force, c'est à Pierre qu'il demandera de lui rendre l'autorité. Le Pape restaurera la monarchie, ou il organisera la démocratie, et de toute manière la Papauté sera ce qu'elle est, la tête du monde, — ou le monde décapité périra. »

Carpineto est une petite ville du diocèse d'Anagni, à quinze lieues de Rome, au cœur du pays des anciens Volsques, bâtie au sommet d'une roche escarpée, sur les flancs de laquelle se déroulent ses maisons en granit noircies par le temps. Une forteresse et de nombreux clochers dominent la cité, adossée aux massifs du mont Capreo couverts de forêts de chênes, de pins maritimes et de cyprès. C'est là que se trouve la maison des Pecci, venus de Sienne au quinzième siècle, et où naquit en 1810 Vincent Joachim Pecci, du comte Louis, colonel honoraire dans l'armée française, et d'Anna Prosperi, d'une famille de petite noblesse. Dans leurs armes, *à enquerre*, il est une comète d'or, où l'on a vu la réalisation de la prophétie de l'ermite Malachie : *Lumen in cœlo*.

Léon XIII n'a plus que des neveux, enfants de son frère Jean-Baptiste. Pas plus que Pie IX, il n'a recherché pour sa famille les alliances princières et n'a comblé ses parents de titres et dignités; il leur a laissé le patrimoine de cent mille écus, fortune modeste, et leurs mariages sont exactement ceux qu'ils eussent été dans leur condition de petits gentilshommes campagnards. Il ne sera donc point accusé de népotisme, et ne laissera d'autre héritage à sa parenté qu'un nom glorieux à jamais.

Elevé d'abord chez les jésuites de Viterbe, le *contino* Pecci se rendit à Rome à quatorze ans, suivit les cours du collège romain ; entré ensuite à l'Académie des nobles ecclésiastiques, il fut reçu docteur *in utroque jure*, nommé par Grégoire XVI référendaire à la signature, ordonné prêtre par le cardinal prince Odescalchi, envoyé comme délégat apostolique à Bénévent, à Spolète, enfin à Pérouse ; à trente-trois ans, sacré évêque de Damiette et nommé nonce à Bruxelles. De retour à Rome, il fut aussitôt pourvu du siège épiscopal de Pérouse et reçut le chapeau.

Toute la vie du Pape tient en ces quelques lignes. Il faudrait des volumes pour exposer tous les actes de son administration, son entente des affaires ecclésiastiques, ses qualités de négociateur et d'évêque, de diplomate et de théologien. Les actes de son pontificat appartiennent également à l'historien, qui les jugera plus tard. Questions religieuses et questions politique veulent être étudiées avec plus de développement. Il me suffira d'ébaucher le portrait du pontife dans une attitude plus intime et de montrer, si je puis, le peu qui reste de l'humanité dans cet homme, sommet d'une hiérarchie qui compte soixante-dix cardinaux, treize patriarches, douze cents archevêques et évêques des rites latins et orientaux, des ordres religieux, des congrégations, un clergé innombrable et quatre cents millions de fidèles répandus sur la surface de la terre.

On pourrait presque dire que Léon XIII ne vit que par artifice tant son apparence est immatérielle. D'une haute stature que sa maigreur d'ascète rend encore plus sensible, le torse droit, la démarche un peu balancée, à la façon d'un roseau qu'un souffle de brise fait osciller, il redresse la tête avec une imposante dignité. Dans la blancheur de ses vêtements, blancheur nuancée par les tons divers des étoffes, le mat un peu terne du drap, le luisant de la soie, par les ombres bistrées ou bleuâtres, et que rehausse le rouge éclatant du manteau, il apparaît majestueux et presque surhumain.

Son visage est d'une pâleur extrême, qui n'a rien de morbide; ce n'est point le blême jauni du vieil ivoire, non plus que la lividité des las de vivre: c'est une teinte doucement nacrée, transparente, résillée d'un lacis de rides fines et ténues, sillonnée de larges plis, un peu dorée aux tempes sous les rares cheveux floconnants en houppes soyeuses. Le front est large, carré, puissant, dominateur. L'œil très vif, d'un noir de diamant fumé, atteste une vigueur singulière, s'aiguise parfois en une pénétrante acuité, ou s'affine, se voile, se noie, pour ainsi dire, dans le rêve ou l'extase. La bouche est large, aux lèvres minces, à peine rosées, souvent entr'ouvertes par un sourire qui a de la grâce, à la fois très bienveillant et très royal.

Les mains fortes et longues, comme chez les rejetons des races où l'on a longtemps porté l'épée, sont maigres, exsangues, nerveuses, et l'anneau de saphir qui chatoie sur la peau diaphane en glace la blancheur d'un imperceptible reflet d'azur.

La voix est grêle, avec de rares éclats, mais elle pénètre; elle semble venir de loin et de haut. Le pape n'est pas un orateur, mais un écrivain. Il parle peu, avec recherche, sans traits d'esprit, *scherzi*, ni fioritures. Sa parole est solennelle et mesurée, son élocution lente, compassée; le langage est académique, précis, sans images.

Ce qu'il est difficile de saisir c'est l'expression de ces traits, à la fois si vigoureusement burinés et en même temps d'une immatérialité qui leur donne une sorte de rayonnement extra-naturel. La physionomie, ici, traduit fidèlement le caractère. Elle révèle, d'abord, la certitude de sa propre grandeur, la parfaite sérénité, la sécurité fille de la Foi, la sagesse, l'onction calme.

Elle déclare une volonté inflexible, une incomparable force de résistance, le sentiment profond d'une fonction auguste, l'ambition noble de servir le dessein de Dieu, l'ampleur des vues et des visées, le désir supérieur d'une gloire utile à la société et devenant le patrimoine de l'humanité. Elle avoue quelque reste de cette gaîté italienne, faite de malice et d'ironie, une candeur juvénile sommeillant dans le cœur si vieux. Elle trahit plus de raison que de sensibilité, malgré un fonds de bonté sincère, de charité attendrie; c'est la bonté et la charité évangéliques, inspirées par le devoir; ce sont des vertus, non des sentiments : l'émotion n'y apparaît point, ni l'élan, ni l'enthousiasme. L'âme commande et l'esprit obéit.

Léon XIII, impératif et souverain, est un Roi plutôt qu'un Pontife. Dans l'Eglise il prendra rang plutôt comme docteur que comme saint, semble-t-il. Depuis le seizième siècle, aucun politique de sa taille n'avait occupé le siège de Pierre. Il a l'âme de feu de ces grands papes qui présidèrent aux révolutions sociales, aux affranchissements des communes et des personnes, aux croisades, aux luttes contre les envahissements de la royauté, les usurpations de l'Empire. Si le concile du Vatican, suspendu depuis 1870, eut repris ses séances, que de réformes il eût opérées sous la direction ferme du successeur de Pie IX, et que de questions il eût résolues! Les récentes Encycliques nous laissent entrevoir le plan très vaste conçu par le génie d'un Pape qu'anime, plus qu'on ne veut le confesser dans le monde catholique, l'esprit moderne. La condition des classes laborieuses, la pacification du vieux continent, l'évangélisation de l'Afrique, l'établissement de la hiérarchie dans l'Amérique du Nord, la réunion des Eglises orientales, la fin du schisme grec, tels sont les vastes sujets que ce puissant cerveau étudie sans cesse, et qu'il jette à la discussion avec une audace, heureuse jusqu'ici.

Le Pape habite un appartement très simple, sans luxe. Il se couche assez tard, se lève tôt, partage la journée entre la prière et le travail. Il sort peu, n'a presque pas de besoins. Un potage, une bouchée de viande rôtie, des légumes, un fruit, un verre de vin, tel est son repas qu'il prend toujours seul. Un peu de lait le matin, du bouillon le soir. Ce régime frugal ne coûte pas un écu par jour. Comme distractions, comme plaisirs, une courte promenade, une courte causerie avec le jardinier *sor Cesare*. Quelquefois, très bon latiniste, le Pape écrit des vers latins, dont une édition a été publiée en un pitoyable volume enluminé, par le jésuite Brunati. Quelquefois encore un concert où les jeunes clercs des écoles ecclésiastiques chantent de la musique religieuse, le vrai plein-chant grégorien que Sa Sainteté préfère à tous les chefs-d'œuvre profanes. Et c'est tout. La réclusion, la tâche laborieuse, la sobriété d'un moine : d'austères exercices de piété, des audiences fatigantes, de longues cérémonies sous le poids des lourdes étoffes cuirassées d'orfrois massifs.

L'étiquette romaine est minutieuse : on y tient pour relever le prestige de la cour. On se souvient encore des allures désinvoltes de l'empereur allemand, qu'on jugea trop militaires, et des costumes par trop « bain de mer » de la princesse de Galles et de sa suite, qui se présentèrent en manière de touristes de l'agence Cook.

On a dit, bien à tort, que Léon XIII est aussi avare que Pie IX était généreux. C'est une erreur. Il y a de vrai que l'Italien n'est pas libéral, il ne donne pas volontiers, il est économe, voire parcimonieux, par éducation, par l'habitude de la sobriété, parce que ses besoins sont restreints. Le

Pape donne beaucoup, mais il compte toujours : sa générosité est mesurée. Pour sa dépense personnelle le traitement d'un vicaire de Paris suffirait largement ; il a toute l'administration de l'Eglise à entretenir, et c'est là qu'il exige l'ordre le plus strict. Aussi n'est-il guère en faveur auprès des quelques prélats faméliques, trafiquants de titres, de décorations, d'indulgences, qui ont fait du sacerdoce une carrière. Leurs secrètes rancunes le poursuivent, et leurs basses intrigues ne les enrichissent point.

Le règne glorieux du Pontife, qui d'après les misérables calculs de ses compétiteurs ne devait durer que deux ou trois années, s'est continué bien au-delà du temps moyen accordé aux suprêmes magistratures dont sont investis des vieillards.

Il ne reste au Sacré Collège que deux ou trois cardinaux de Pie IX ; tous les autres sont des créatures de Léon XIII ; la proportion des Italiens a diminué ; les Anglais, les Américains, les Polonais, presque tous personnages de haute valeur, ont une influence qui n'est pas à méconnaître ; les Allemands, les Espagnols auront également un large crédit dans le Sénat de pourpre ; les cardinaux français n'ont plus la prépondérance, ils sont honnêtes et médiocres ; ils représentent un épiscopat sans autorité et sans éclat, un clergé asservi.

Que sera le futur Conclave ? C'est le secret de l'avenir. *Lumen in cœlo*, prédisait Malachie de Léon XIII. Et il appelle son successeur *Ignis ardens*. Quel *porporato* désigne ce mystérieux pronostic ? Est-ce le cardinal Stampa, qui a des flammes dans son blason? Est-ce un des Américains qui ont converti le Pape à la démocratie? Secret de Dieu, qui a toujours pourvu comme il fallait, exalté celui qu'il fallait pour récompenser ou châtier la chrétienté, selon ses mérites.

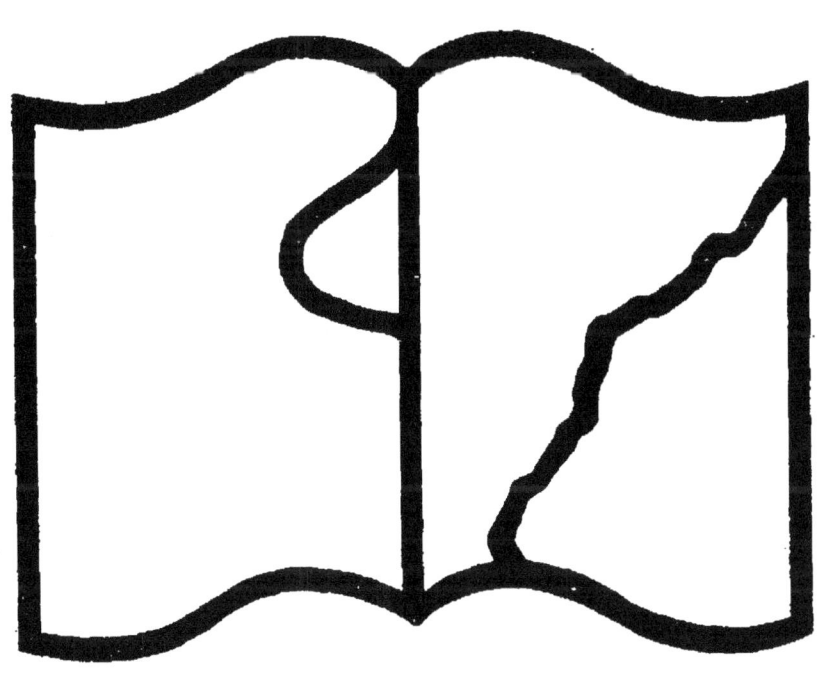

Texte détérioré — reliure défectueuse

NF Z 43-120-11

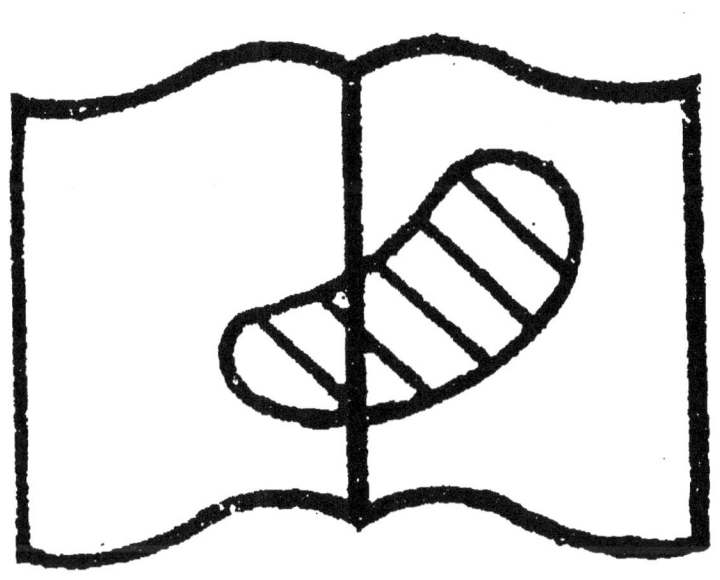

Illisibilité partielle

HUMBERT DE SAVOIE

Le premier, le grand ancêtre de la dynastie savoyarde, fils d'un Saxon, ou parent des rois burgundes, ou rejeton des marquis d'Ivrée en Piémont, se nommait Humbert et fut surnommé *aux Blanches Mains* à cause de son amour de la justice. Il vivait en l'an mil. Son petit-fils, Humbert II, *le Renforcé*, épousa la fille du comte de Bourgogne Guillaume *Tête Hardie*, et fut le père d'une reine de France qui se remaria à un Montmorency. Humbert III, *le Saint*, épousa successivement quatre femmes et mourut moine, ou à peu près. Le roi d'Italie devrait donc s'appeler Humbert IV, car son père, deuxième du nom comme roi de Sardaigne, ne voulut pas être Victor-Emmanuel Ier quand il eut, par Cavour, Ricasoli et Garibaldi, consommé l'unité italienne. En changeant son numéro d'ordre, le maître actuel de la péninsule a marqué une rupture entre le passé et le présent, une innovation qui n'eût pas été pour plaire beaucoup à ses ancêtres.

C'est la branche des Carignan qu'il représente. Elle eut pour auteur un des fils de ce duc Charles-Emmanuel, bossu de génie, qui régna cinquante années, faillit damer le pion à Henri IV et lui prendre la couronne de France. Elle compta parmi ses gloires le prince Eugène, s'allia aux Mancini, aux Lorraine, aux landgraves de Hesse et monta sur le trône avec Charles-Albert, un peu malgré Charles-Félix, qui fut le dernier roi chrétien de ce siècle.

La première fois que je vis Humbert de Savoie, ce fut en 1859, alors que la guerre d'Italie occupait son auguste père. La pieuse reine Marie-Adélaïde était morte; la duchesse de Gênes était en disgrâce pour avoir épousé le marquis Rapallo, aide de camp de son premier mari, frère du roi. La favorite, cette belle Rosina Vercellana, encore très peu comtesse, n'était point admise à la cour. On envoya donc les jeunes princes en Savoie, et je pus voir le futur Umberto Ier devant le tombeau de son aïeul, le comte aux Blanches Mains. C'était alors un gros garçon de quinze ans, très laid, rouge de peau, les cheveux ras, la lèvre épaisse des Autrichiens, les yeux saillants, gauche et lourd d'allures, point aimable d'aspect; il contrastait vivement avec son frère Amadeo, duc d'Aoste, mince, déluré, blême, l'œil cerné, et avec ce petit duc de Montferrat, Odon, son autre frère, bossu, rachitique, infirme de corps, mais d'un vif et pénétrant esprit, qui disait volontiers:

— Mes frères seront rois ici ou là. Je ne les

envie pas. Moi, je serai toujours le petit bossu de la maison de Savoie !

Le précepteur des princes était un prêtre du diocèse de Tarentaise, l'abbé Jorioz, qui mourut depuis lors, noyé par accident. M. Louis Menabrea, ingénieur, député de Saint-Jean de Maurienne, et qui n'était encore ni comte, ni marquis de Valdora, ni général, ni collier de l'Annonciade, prenait quelque part à leur instruction militaire. On fit visiter à ces jeunes Altesses le berceau de leur famille, et même le rocher de Charbonnières, premier fief de la dynastie, que le populaire appelle allègrement le « Paradis des chèvres ». Humbert portait alors le titre de prince de Piémont, qu'il n'a pas osé attribuer à son fils, de même que son père n'osa lui transmettre celui de duc de Savoie. Ces titres se sont éteints avec eux. Il convenait de plaire au Midi napolitain : Naples, les Pouilles, les Abruzzes, Salemi sont les royaux apanages nouvellement érigés, l'un pour faire oublier que Naples eut un roi, l'autre pour rappeler peut-être qu'un chevalier normand conquit les Pouilles.

Victor-Emmanuel II éleva sévèrement ses fils ; son expérience les voulut préserver des aventures dangereuses où lui-même avait sombré. Il tournait fort galamment les vers et les faisait corriger par un prélat très disert et de bonne rhétorique, Mgr François-Marie Vibert, évêque de Maurienne, qui m'en montra des recueils autographes. Mais il entendait que ses fils, et surtout l'héritier présomptif, eussent de moins futiles plaisirs, et il leur imposait une discipline rigoureuse, des habitudes militaires.

Aussi ne fut-on pas étonné lorsqu'une des plus aimables marquises de la cour de Turin fut invitée à regagner ses terres, coupable d'avoir, supposèrent ses charitables amies, inspiré un tendre sentiment qu'il ne convenait pas au royal père de favoriser. Trop jeune encore, pendant la période où se forma le royaume transalpin, pour se mêler aux évènements et seconder la politique des Minghetti, des Rattazzi et autres — si différente des emballements du signor Crispi — le prince de Piémont vécut à l'écart et ne fut obligé qu'à des corvées mondaines et d'étiquette. Major général de cavalerie, très homme d'épée, ainsi que tous ceux de sa race, grands et beaux soldats s'il en fut, le prince Humbert n'eut qu'un rôle effacé et secondaire jusqu'au moment de son mariage.

Victor-Emmanuel II, qu'on a le grand tort de représenter comme un homme d'appétits et de convoitises, monarque insoucieux de tout sinon de bien vivre et de s'amuser, était, au contraire, un souverain très pénétré de la grandeur de sa fonction, très habile politique, et qui n'en faisait qu'à sa tête pourvu qu'on lui permit de laisser croire qu'il subissait des influences. Aucun prince moderne n'a plus ressemblé à Henri IV : sa jovialité déguisait sa finesse, et ses défauts n'étaient souvent que pour masquer ses qualités. Il avait donc compris, très tôt et très à fond, que la politique inspirée non *par* Cavour, mais *à* Cavour le brouillerait avec toutes les cours catholiques, et, comme il avait quatre enfants à établir, il s'en effrayait un peu.

Il avait marié sa fille aînée au prince Napoléon, sans enthousiasme, et si Madame Clotilde le lui a pardonné, c'est qu'elle est une sainte. La seconde princesse, élevée, comme sa sœur, par une admirable femme, la comtesse de Surigny, née Foras, fut reine de Portugal. Le duc d'Aoste épousa l'héritière des Pozzo della Cisterna, qui lui apportait une dot énorme à défaut d'une parenté royale; elle était la petite-fille de ce prince de la Cisterna qui fut, ainsi que Buridan, « jecté en ung sac en Seine », et la fille d'un vice-roi de Sardaigne et d'une Mérode.

Pour Humbert, appelé à ceindre la couronne, il fallait trouver une princesse de sang royal, et on ne la trouvait pas. Ni en Espagne, ni en Autriche, ni en Bavière. Etre reine au Quirinal à côté du pape, au Vatican, ne tentait aucune ambition. Il fallut un pacte de famille. La duchesse de Gênes, encore en puissance de Rapallo, eut le ravissement de faire de sa fille Marguerite, alors âgée de dix-sept ans, la reine future d'Italie; il est vrai que le drapeau français flottait encore sur le château Saint-Ange et que, si on ne pensait plus à Castelfidardo, on ne pensait pas encore à la porte Pie. Le fiancé n'avait pas vingt-cinq ans. Il fut agréé. La fiancée, d'une exquise beauté, d'une rare élégance de goûts et d'éducation, charitable, populaire, fut acclamée. L'histoire ne parle pas des larmes qu'elle versa. Il lui naquit un fils, un seul fils, dont l'enfance fut cruellement tourmentée par la maladie, et qui résume en lui toute une race, appauvrie par les alliances consanguines.

Au mois de janvier 1878, Victor-Emmanuel II mourait au Quirinal, entre les bras de cette belle Rosine qu'il avait tant aimée. Il laissait, outre ses enfants légitimes, un fils, le comte de Mirafiori, et une fille, la marquise Spinola. Humbert se montra clément pour ces enfants de l'amour : Mirafiori eut, en souvenir de Sa Majesté, son père, une jolie paire de pistolets. Mais la Mandria fut vendue, et cette résidence favorite du roi *galantuomo* n'échut pas à la famille qui le consolait de l'apparat de la royauté, des soucis du pouvoir suprême.

« A père prodigue fils avare », peut-on dire en retournant un vieux proverbe. La liste civile était en fort méchant état : partout le gaspillage, vingt millions de dettes, cent palais à entretenir : la cour à Rome, d'autres petites cours à Naples, à Milan, à Florence, à Turin. De sorte qu'il faut rogner, même sur les primeurs, dont la reine est friande, ayant de la répugnance pour les viandes. Et le train est bourgeois, sans faste, bien que, depuis la majorité du prince de Naples et l'extinction des dettes paternelles, il y ait plus d'aisance à la cour.

Le mariage du neveu du roi avec une princesse richement dotée par le duc d'Aumale, ayant de son chef une belle part de l'héritage du duc de Montpensier à recueillir, n'était point pour déplaire à Humbert Ier, qui dédaigne l'argent, sans doute, mais qui sait par expérience que, si l'argent est un mauvais maître, c'est un excellent serviteur.

Méthodique par éducation, il est économe par raison, sobre par tempérament. C'est un studieux, un laborieux. Il aime à s'occuper d'agriculture dans ses domaines privés, à Monza par exemple. Levé de bonne heure, il travaille sans désemparer jusqu'au moment où le métier de roi le reprend : conseils, audiences, réceptions. Il a pour distraction préférée la chasse, dans les montagnes de ce val d'Aoste, chéri de son père, dernier habitacle des chamois, des rares bouquetins, et où tous les paysans parlent français. De là, il voit le sommet des Alpes savoyardes, ce pays qu'il aime, qu'il regrette, où il n'est jamais revenu, où il ne possède plus que l'abbaye d'Hautecombe, tombeau de ses ancêtres, fidèlement gardé par quelques moines cisterciens. On dit qu'il ne s'est pas consolé, au fond du cœur, de l'annexion qui lui a pourtant payé son royaume. Il a encore des amis en Savoie; des Savoyards, le baron Blanc, le général Pelloux, l'amiral de Saint-Bon, les comtes de Sonnaz, l'amiral d'Oncieu, le chevalier de Mouxy, maints autres sont restés auprès de lui, fidèles à la descendance du comte *aux Blanches Mains*.

Humbert Ier est, avant tout, un soldat, bien qu'il ne revête l'uniforme que pour les revues et les cérémonies officielles. Il s'occupe de très près de tout ce qui touche à l'armée, avec plus de modération, toutefois, que son ami Guillaume II, qu'il admire, qu'il tutoie et qu'il redoute. Il est également très féru du régime parlementaire et joue sur cet échiquier à surprises, en imaginant sans cesse de nouvelles *combinazioni*. Son aïeul Charles-Emmanuel, le bossu, portait une casaque blanche doublée de rouge et la mettait tantôt à l'endroit, tantôt à l'envers, selon qu'il était pour la France ou pour l'Espagne, d'où est venu le proverbe *tourner casaque*. Humbert ne met rien à l'envers. Mais il est volontiers de l'avis du plus fort : sa politique est celle de tous les princes de sa maison. Il a subi Crispi, il subirait Crispino et sa commère !... mais jusqu'au moment où l'idole aux pieds d'argile chancellera. Tout roi démocratique qu'il prétend être, il garde une haute dignité et sait qu'il est bon d'être de race. On ne le voit pas rire souvent. A peine s'il a dépassé les cinquante ans, et ses cheveux drus, sa grosse moustache sont blancs : on dirait des floches d'argent sur l'or de son visage basané. Sa démarche est pesante, fatiguée. Une mélancolie indicible se lit dans ses yeux, dont le regard fixe et froid intimide. Et pourtant il est bon, secourable, il aime à faire le bien, il sait pardonner, il a des sursauts de tendresse. Mais une fatalité pèse sur lui ; il l'accepte, fardeau venu avec la gloire d'un nom lourd à porter, de devoirs cruels à remplir.

Il ne s'accorde rien pour ce que les Italiens appellent le *sfogo*, la détente de l'esprit, le repos du cœur et de l'âme. Il a horreur du jeu, il est las des autres plaisirs. Quelques femmes ont tenu dans sa vie une petite place : distraction, entraînement, passagères amours sans amour, surtout sans passion. La musique l'horripile, presque autant que son aïeul Charles-Albert, qui préférait le bruit d'un tombereau de pierres sonnant sur le pavé aux plus entraînantes *cabalettes*. La peinture lui est indifférente, et de la littérature, sauf les classiques, lus par obligation, il ne connaît guère que les quotidiennes polémiques du journalisme.

Il laisse à sa femme le rôle de protectrice du mouvement intellectuel, dont elle s'acquitte, du reste, à merveille. Polyglotte, instruite, légèrement philosophe, la reine Marguerite ressemble — mais seulement par ce culte des choses de l'esprit et par la beauté — à Marguerite de Valois, cette charmeresse. Sa Majesté s'entoure de savants, de poètes et d'artistes. Elle se console avec eux de ses déboires, de ses souffrances, de son ennui, car elle pourrait, comme un Valois encore, entrelacer une couronne d'épines à son diadème royal et prendre pour devise : *Manet ultima cœlo*. Elle fut naguère obligée de recevoir la pétulante et agressive donna Lina, épouse troisième du ministre Crispi, et s'excusa de l'accueillir en lui disant qu'elle obéissait, en la circonstance, à ses « devoirs de reine constitutionnelle », ce que la bonne dame ne tint pas à compliment.

Humbert Iᵉʳ serait plus heureux, qui sait? s'il était resté Humbert IV et se fût contenté des titres chimériques de roi de Chypre et de Jérusalem. Il sait assez que les monarques n'ont pas droit aux joies bourgeoises du foyer et que le partage du trône et du lit ne font pas le bonheur conjugal : il a vu les angoisses de sa mère, la douce et charmante Marie-Adélaïde, et le deuil de son aïeule Marie-Thérèse. La mort a frappé bien des coups autour de lui. Il n'a qu'un fils, de santé débile, qui a cherché longtemps, lui aussi, l'épouse qui infuserait un sang nouveau, une sève nouvelle au vieil arbre épuisé par neuf siècles de vie. Il voit sans jalousie, sans doute, et sans tristesse, mais non sans quelque terreur des prochains avenirs, grandir cette branche d'Aoste, formée de quatre rejetons vigoureux et qui unit en elle, aujourd'hui, les deux dynasties françaises, celle qui incarne les traditions des anciens âges et celle qui symbolise les révolutions des temps nouveaux.

Et des terrasses du Quirinal, entre Lœtizia Bonaparte et Hélène de France, toutes deux duchesses d'Aoste, près de son fils unique, entouré de ses quatre neveux, le roi contemple la coupole de Saint-Pierre, les faites du Vatican, il entend les cris lointains de la rue, il a peut-être des visions de bataille, et il se demande enfin ce qu'il adviendra — ce siècle enseveli à jamais — de sa race royale, qui eut pour cri de guerre, depuis la croisade : *Fide et Religione tenemur ;* « C'est par la Foi et la Religion que nous sommes ! »

CASA SAVOJA

La ligne principale de la royale maison de Savoie finit par trois frères : Charles-Emmanuel IV, Victor-Emmanuel Ier et Charles-Félix, comme la maison de Bourbon avait fini par trois frères : Louis XVI, Louis XVIII, Charles X ; comme la maison de Valois avait fini par trois frères : François II, Charles IX, Henri III. C'est là une des coïncidences fatidiques de l'histoire.

La *Casa Savoja*, qui règne présentement en Italie, est issue du duc Charles-Emmanuel et de Catherine-Michelle d'Autriche. Elle a pour homme célèbre le prince Eugène, qui donna tant de fil à retordre aux armées françaises, et pour femme réputée la comtesse de Soissons, qui fut une empoisonneuse. Cette branche de Carignan se fixa en France où elle jouit des titres de comte de Soissons, duc de Carignan, comte de Villefranche ; elle s'y allia aux maisons françaises de la Cropte de Beauvais, de Mahon de Saint-Malo, de Stuer de

Caussade de La Vauguyon. Elle monta sur le trône avec Charles-Albert, ancien cadet suspect, dont la mère, une Saxe-Courlande, se remaria avec son médecin, créé prince de Montléart. Elle n'est plus représentée — en dehors de la descendance du roi magnanime — que par les enfants morganatiques, titrés Villefranche-Soissons, du chevalier de Savoie, devenu prince de Carignan, et mort sans avoir osé déclarer son mariage.

Ces questions matrimoniales désolent les actuels dynastes de Savoie. Victor-Emmanuel II épousa sa cousine-germaine, et son fils Humbert Ier, épousa également sa cousine-germaine, ayant vainement cherché à se conjoindre avec une princesse catholique.

Ce n'est pas que la reine Marguerite ne lui ait pas apporté les brillants apanages d'une souveraine. D'une beauté rare, instruite, élégante, ayant une éducation artistique de premier ordre, lettrée, populaire même, elle est fille de ce duc de Gênes — qu'une légende fait mourir bien mystérieusement — et de cette fière Elisabeth de Saxe qui n'attendit qu'à peine l'expiration de son deuil pour épouser un obscur officier, d'humble condition, nommé Rapallo, et fait marquis tout juste pour pallier un peu la mésalliance, qui était en somme une déchéance.

Ce n'est un mystère pour personne que le ménage du roi Humbert fut troublé, dès le jour même des noces, et qu'il fallut à la reine une extrême indulgence pour apaiser de royaux ressentiments. De cette union, toutefois, il est permis de le remar-

quer, naquit un seul fils, un seul, *porero disgra-
zialo* dans son enfance, et dont on parle peu, ce
qui est le meilleur moyen de lui rendre hommage.
On a cherché partout une épouse à cet enfant, et
pour la trouver, il a fallu courir dans les Balkans,
et s'allier à une dynastie de princes orientaux
que notre civilisation n'admet encore que comme
des sauvages, un peu civilisés.

Victor-Emmanuel II, outre le prince de Piémont devenu roi, laissait un autre fils, Amédée,
duc d'Aoste. Celui-là aussi, brave cavalier, vraiment prince, charmant d'allures et de caractère, —
et qui fut le roi éphémère des Espagnes sous le
surnom de *Macaroni I*", usurpant le trône de Mer-
cédès de Montpensier dont son fils vient d'épouser
la nièce, — fut aussi fort difficile à marier. Il dut
se rabattre sur une des sujettes de son père, Marie-
Victoire dal Pozzo, fille du prince de la Cisterna,
qui fut vice-roi de l'île de Sardaigne vers 1850.
Etre « du Puits de la Citerne », en Italie où l'on
Jambelongue, Grosselangue et même Colleoni (mot
que la langue française ne saurait traduire), n'est
pas une faute irrémissible, quand on est fille d'une
Mérode de Westerloo, des princes de Rubempré,
et qu'on apporte une soixantaine de millions dans
son tablier. L'union eut lieu avec tout l'apparat
qu'il fallait et trois fort jolis garçons en naquirent :
le duc d'Aoste actuel, qui s'appela d'abord duc des
Pouilles, à l'instar de Robert Guiscard, le comte de
Turin, et le duc des Abruzzes.

On sait comment cette noble et si généreuse
Marie-Victoire mourut, peu de temps après que

son mari eut, chevaleresquement autant que cavalièrement, résigné son emploi de monarque constitutionnel ès-mains de son peuple qu'il jugeait beaucoup trop divisé et toujours prêt à devenir de christino, carliste. Il s'en alla comme il était venu, emmenant sa femme et ses enfants, les mains nettes, et ravi de rentrer en son palais de Turin, de se promener à sa guise sous les portiques de Pô, d'aller voir sa sœur Clotilde à Moncalieri, et de faire mélancoliquement le pèlerinage de Superga, où dorment du sommeil de la paix, ses pères, ses frères et sa femme.

La solitude pesait toutefois à ce très aimable Amédée, qui s'avisa un beau jour de faire ce qu'avait fait son ancêtre le cardinal Maurice de Savoie et d'épouser sa nièce. La princesse Lætizia Bonaparte est une de ces beautés fulgurantes qui demeurent fameuses dans les histoires : Sémiramis, Cléopâtre et toutes les princesses louangées par Banville en font foi. Il advint au duc Amédée ce qui était advenu au roi Louis XII lorsque, fatigué de Thomassine Spinola, il convola en justes noces avec Marie d'Angleterre : il en mourut. Son quatrième fils le comte de Salemi, fut le gage nouveau de la fusion des Savoie et des Bonaparte.

La duchesse d'Aoste douairière, n'en est pas plus heureuse et regrette parfois, ce dit-on, les riants ombrages de Prangins.

Plus heureux que son oncle et que son cousin, M. le duc d'Aoste a eu la chance de renouer la chaîne qui unit par de nombreuses alliances la maison de Savoie à la maison de Bourbon.

Les femmes du comte Vert, du comte Rouge, du pape — duc Amédée VIII, du B. Amédée IX, d'Emmanuel Philibert Tête de Fer, de Victor-Amédée, gendre d'Henri IV, et la B. Clotilde, sœur de Louis XVI, telles sont, entre autres, les princesses que la France envoya régner sur les Alpes. Et la Savoie, en revanche, donnait à Louis IV, Adélaïde ; à Louis XI, Charlotte ; au duc d'Angoulême, la mère de François Ier ; à la famille de Louis XIV, la duchesse de Bourgogne. Les comtes de Provence et d'Artois épousaient des Savoyardes, et la pauvre princesse de Lamballe, dont la tête coupée vacilla au bout d'une pique sous les meurtrières du Temple, était aussi de cette antique dynastie. « Les fleurs de lys de France, dit le gracieux propos d'un vieux chroniqueur, aiment à s'entrelacer à la croix blanche de Savoie. »

Son Altesse Royale Emmanuel Philibert, duc d'Aoste est né à Gênes en 1869 ; il est colonel du 5e régiment d'artillerie de campagne et chevalier de l'ordre de l'Aigle noir. Il a un aide de camp, le colonel Bertarelli, mais n'a pas encore de maison. Sa tante détachera, sans doute, de son multiple service de dames du palais, disséminé dans les cent capitales d'Italie, quelques-unes des patriciennes de Venise, des princesses de Sicile, des duchesse napolitaines, pour former une cour à Madame Hélène de France. Et d'ailleurs, la jeune et si belle Altesse Royale retrouvera, même à Rome, des cousines de grande race : les Massimo, par exemple, qui descendent de Fabius Cunctator, alliés aux Savoie-Carignan et aux Bourbons de la race aînée; les Lucchesi-Palli, frères et sœur du feu comte de Chambord, par le mariage secret de la duchesse de Berry, révélé à Blaye, et qui sont ducs de la Grâce.

Parmi ces nobles dames, la belle Française brillera d'un vif éclat. Elle n'aura pas la splendeur ardente et superbe de l'autre duchesse d'Aoste, douairière si jeune et si adorée ! mais elle aura la grandeur de la race, la douceur du sourire, la franchise du regard, la suave et mélancolique beauté des altières et simples Capétiennes. Elle sera la fleur de lys embaumée, près de l'éclatante rose rouge, nuancée de la pourpre du manteau des Césars...

L'AUBERGE DES TROIS ROIS

Le cardinal Mermillod, aujourd'hui défunt, racontait qu'un jour de Février 1871, le comte de Chambord descendait en voiture, escorté d'un de ses fidèles, la route qui va de Fernex à Genève. Or, une femme en deuil et un jeune garçon montaient à pied cette même route, suivis à quelques pas de leur landau. Le cocher à la livrée de France eut un mouvement de surprise, se retourna, et prononça quelques mots, rapidement. Il avertissait que c'étaient l'impératrice Eugénie et le prince impérial qu'on allait rencontrer, et demandait s'il fallait rebrousser chemin. Henri V ordonna d'arrêter les chevaux, mit pied à terre et lorsque la souveraine déchue, elle-même stupéfaite et fort émue, fut à quelques pas, il lui fit le salut respectueux que le premier gentilhomme du monde devait à une femme sacrée par le malheur et par l'exil.

A ce moment, le comte de Chambord habitait

une petite villa du Grand Saconnex, la villa Budé, à peu de distance de Varembé, domaine où le fastueux Gustave Revilliod a fait construire l'Ariana, ce palais-musée qu'il a légué à la ville de Genève. C'est là que le roi accueillit les premiers pèlerins qui se tournaient vers son astre naissant, car nul ne doutait qu'au sortir des désastres de l'année terrible, la France ne cherchât un refuge dans la monarchie traditionnelle. Par l'entremise du marquis de Nicolaï, l'ancien pair de France, qui m'adressa à M. Huet du Pavillon, j'obtins une audience et j'arrivai à Genève, alors pleine d'émigrés français qui fuyaient les horreurs de la guerre et attendaient la signature de la paix, de soldats de l'armée de l'Est internés, et aussi d'un bon nombre de touristes allemands qui menaient grand tapage et faisaient les fanfarons.

Après quelques jours d'attente je fus avisé que Monseigneur me recevrait le lendemain. J'étais jeune, enthousiaste : j'éprouvai une grande émotion à la pensée que j'allais paraître devant ce prince de la Fleur de lys, désigné peut-être par la centurie de Nostradamus pour ceindre la couronne de Saint Louis. Un vieux seigneur, affable, d'honnête douceur, le comte de Monti, m'introduisit après m'avoir dit, avec des larmes dans la voix, ces paroles : « Souvenez-vous que vous allez être en présence du descendant de soixante rois ».

L'accueil fut cordial et mit à l'aise ma timidité. Je fus toutefois un peu surpris : je ne reconnaissais pas mon type, le roi des portraits qui le représentaient si séduisant. Un homme obèse, vêtu d'un veston noir; les cheveux raides, le crâne chauve, pointu, luisant, la barbe aux poils rudes et durs, d'un blond très doré, cachant à demi une bouche souriante où manquaient des dents. Mais l'œil magnifique, d'un bleu limpide, brillant de finesse et d'esprit, qui regardait bien en face. Le roi me fit asseoir près de lui, et me tint pendant trois quarts d'heure sous le charme de sa voix pénétrante et puissante, une voix à commander des armées. Ce qu'il me dit? Ce qu'il pouvait dire à un jeune homme encore imberbe. Il m'enchanta, il eut la bonté de me traiter comme si j'eusse été quelqu'un de mérite. Il me laissa une impression, vivante après bientôt un quart de siècle écoulé.

Nous étions au 5 mars. Comme il me donnait congé, dans une effusion d'enfant, je m'inclinai pour baiser sa main. Il me releva très lentement, avec un sourire, et serra la mienne en me disant : « A bientôt... Vous viendrez me voir aux Tuileries. » Dix semaines plus tard, les Tuileries brûlaient. Le comte de Chambord n'en revit que les ruines. Son règne était fini avant d'avoir commencé. Je crois très sincèrement qu'il ne voulut pas régner. Cet affamé de justice comprit peut-être qu'une tare entachait son droit : la première femme de son père, miss Amy Brown, mère de la princesse de Faucigny et grand'mère du baron de Charette lui survécut trois ans. Et comme elle fut ensevelie sous le titre de « veuve de M. Charles-Ferdinand », et que celui-ci avait laissé une autre veuve, la duchesse de Berry, l'histoire a le droit de se demander si, pour n'être pas conforme aux lois de famille, le mariage du duc de Berry avec l'Anglaise n'était pas, civilement et légalement, le seul valable ? Il y aurait d'autres mystères à sonder. Mais la vérité n'apparait qu'à son heure, qui est celle de Dieu.

Quinze ans plus tard, au mois d'octobre 1886, Philippe, comte de Paris, chef de la maison de France, discuté par les Bourbon d'Espagne, à peine reconnu par la veuve de son prédécesseur, qu'elle venait de suivre au tombeau, abordait à son tour sur les rives enchanteresses du lac Léman. Il s'installait dans un vaste caravansérail, abrité des monts de Chardonne, tout près de cette coquette petite ville de Vevey, célébrée par Jean-Jacques, Byron et Lamartine. Pays merveilleux que cette rive de Vaud, qui vit passer tant de Majestés et tant d'Altesses, et dont la sage république n'a pas besoin de persécuter pour s'affirmer !

De nombreux royalistes vinrent saluer le prince en qui se résumaient par un singulier retour des choses d'ici-bas, le droit divin et le droit populaire, le descendant de Henri IV et le rejeton de Philippe-Egalité. Le bateau qui les amenait voguait, escorté d'une myriade de mouettes et de grèbes qui voltigeaient autour des mâts et de la cheminée, signe de bonheur.

A Vevey, ce n'était plus la fière solitude, le silence majestueux de la villa Budé. Au lieu de la modeste maison, très bourgeoise, le luxe banal et criard des hôtels d'Anglais et de Russes en mal de voyage. Au lieu de serviteurs discrets, polis, accueillants, des sommeliers allemands, guindés, roides, compassés, des grooms affairés et moqueurs. Au lieu des courtisans de l'exil, graves, sans morgue, aimables, parlant peu et bien, d'une courtoisie raffinée envers les plus humbles, un escadron de hobereaux et de fils à papa de la monarchie de Juillet, « le parti des vicomtes ». Parmi les visiteurs, des gentilshommes savoyards un peu interloqués de ce tapage chez le roi, accoutumés à l'étiquette militaire de la cour de Turin; des paysans riches, stupéfaits de se trouver là, tel le doge de Gênes à Versailles; beaucoup d'avocats, quelques prêtres, et même un capucin de belle et hautaine figure, qui portait son froc de bure comme une simarre cardinalice. Toute cette foule, pêle-mêle, allait, venait, se démenait, criait, riait dans le vaste hall, encombré de chaises viennoises et de fauteuils à bascule.

On attendait le prince, qui se promenait. Soudain une voiture s'arrêta au bas du perron. L'on vit paraître un Monsieur, très grand, très mince, une fleur à la boutonnière, et qui tenait un parapluie, — hélas!... Il traversa rapidement les groupes. Quelques uns seulement le reconnurent, et lui ôtèrent leur chapeau. C'était Philippe VII. Il disparut dans un escalier. La réception commença, par séries de huit à dix visiteurs. Celle où j'étais comprenait le capucin, quelques nobles et un vieillard que Monseigneur reconnut et qu'il embrassa, avec une effusion si affectueuse qu'il y eut une minute d'émotion. Le vieillard était un savant, un publiciste éminent : M. Pierre Bouverat, ancien précepteur de M. le duc de Penthièvre.

Le prince n'avait point la physionomie de grand caractère de son royal cousin. Sa taille svelte, flexible, longue, l'amincissait trop. Grand seigneur. assurément, mais moins prince qu'à la fin de sa vie, lorsque la souffrance eut blanchi ses cheveux et sa barbe. Plus d'élégance que de majesté. Plus de cordialité que de dignité. La parole un peu indécise; il *blaisait*. Le regard très loyal, un regard de soldat, fixe. Les mains fortes d'une race qui a porté les armes de génération en génération. Ses idées, je ne saurais les juger sur l'expression que j'en eus, en cette entrevue. Je ne puis ici qu'esquisser une impression : il me sembla voir un homme intelligent, instruit, laborieux, à la fois très pratique et rêveur, mystique à la façon des poètes d'outre-Rhin, timide et brave, irrésolu, hésitant, ne revenant jamais en arrière une fois décidé, conscient de ses devoirs, légèrement aigri par l'injustice, malheureux de l'exil, et qui, peut-être, eût préféré naître plus loin du trône, et vivre la vie à la fois somptueuse et simple du prince artiste et lettré qu'est son oncle d'Aumale.

Et lorsque nous fûmes sortis, après la poignée de main offerte à la défilée, je me rappelai ce mot que m'avait dit un jour, à Paris, avant le mariage Bragance, le marquis Costa : « Je sors de chez Monsieur le comte de Paris. Figurez-vous, mon cher, qu'il m'a reconduit jusqu'à l'antichambre, et que là, il voulait à toute force m'aider à remettre mon paletot ! »

C'est encore sur les bords du Léman que M. le duc d'Orléans vint passer de l'adolescence à la jeunesse et revêtir, dit-on, la robe prétexte. Il devait, campé à l'hôtel Beaurivage, à Ouchy sous Lausanne, compléter son éducation militaire avec le colonel de Parseval, qui s'adjoignit un officier supérieur de l'armée suisse, le colonel Lecomte, préféré, on ne sait pourquoi, au colonel Ceresole, ancien président de la Confédération suisse, — l'une des plus vigoureuses intelligences qu'il m'ait été donné de connaître.

C'est à une conférence littéraire, au casino-théâtre, que j'eus l'honneur d'être présenté au jeune prince. Je l'avais vu à Paris, très souvent, rue de Babylone, encore enfant, d'aspect tapageur, le sourire espiègle, les gestes vifs. Je retrouvais un jeune homme, grand et svelte comme son père, le teint blanc et rose, les cheveux blonds, la barbe en duvet doré, l'œil bleu... Gai, souriant, aimable Les auditeurs lui firent accueil, avec plus de déférence que de respect. Misses, fraülein et demoiselles indigènes le regardèrent beaucoup. Il écouta, non sans plaisir. On parlait des romanciers contemporains, sans méchanceté, mais non sans critiques.

Invité à déjeuner, le lendemain, je fus accueilli avec bienveillance. M. le duc d'Orléans fut très jeune homme, très expansif, sans familiarité. Il me montra ses fusils, ses armes. Sur un meuble, la photographie de la princesse Marguerite, alors sa fiancée. Le salon, très spacieux, meublé simplement. Quand on annonça le déjeuner, le prince prit le pas, marcha très vite, la tête baissée, les bra ballants, pressé par l'appétit de son âge, ou préoc cupé. Le repas fut abondant, sans recherche, court.

La causerie, d'abord indifférente, s'anima. Elle eut pour sujet la conférence de la veille, les écrivains littéraires. Son Altesse les connaissait tous, mais ne connaissait pas toutes leurs œuvres. Ses sympathies, encore mal accordées, allaient à Barbey d'Aurevilly, à Bourget, à Coppée. D'un trait vif, Zola fut écarté. Le nom de Daudet ne fut pas prononcé : les *Rois en exil* ont offensé de royales infortunes. Très disert, spirituel, la repartie prompte et leste, le prince fit preuve de bonnes études, une rhétorique à la moderne, sans emphase, rien de poncif, pas d'éloge exagéré des grands morts, quelque vivacité pour délibérer des vivants. D'ailleurs, pas un mot de politique. Seulement, le prince conta que, le matin, dans les rues de Lausanne, il avait rencontré une bande de jeunes gens, pavoisés de cocardes et de rubans tricolores, des fleurs à leurs chapeaux, très en train, bruyants, qui chantaient et riaient à gorge déployée : les conscrits de la Côte de Savoie qui venaient tirer une bordée, vider quelques bouteilles du fin vin blanc d'Yvorne. « Ils sont heureux ceux-là, observa M. le duc d'Orléans, avec mélancolie. Si je pouvais être soldat, moi !... » Il n'acheva point la phrase et poussa un gros soupir. Le surlendemain, il partait pour la France, accomplissait l'audacieuse équipée qui lui valait le joli surnom de Prince Gamelle.

DER KAISER

Au temps où, étudiant à l'université de Bonn, il endossait la *kneipjacke* — veste de beuverie de sa société, la *Borussia* — avec autant de plaisir qu'il revêt maintenant l'uniforme des hussards de la Mort ou coiffe le casque couronné de l'aigle aux ailes déployées, et si, dès lors, il pouvait pardonner à Victor Hugo d'avoir oser adresser un cartel à son vieux aïeul, le futur empereur allemand dut lire et relire cette lyrique tirade où don Carlos, près du tombeau de Charlemagne, évoque la grandiose vision de la dignité impériale à laquelle il va être appelé « par le refus de Frédéric-le-Sage ».

C'est à la conception du grand poète que s'adapte le mieux l'idée que Guillaume II s'est faite de l'Empereur, « moitié de Dieu », pour qui rien n'est sur terre que par lui et pour lui. En cet éphèbe de dix-neuf ans — l'âge de don Carlos quand il devint Charles-Quint — la splendeur apparut de cette toute-puissance basée sur la force, qui ne prime pas le droit, mais qui l'assiste. Il voulut être l'empereur féodal du seizième siècle, autoritaire, absolu, maître en tout et de tout. Il l'est peut-être pour la Prusse et le Brandebourg sinon pour l'Allemagne ; mais, tout en bas, loin du faîte, il sait maintenant que le socialisme menace son autocratie, qu'il y a des hommes... « Pleurs et cris, parfois un rire amer ! »

Guillaume II, homme du passé, parce qu'il possède la Foi, même diminuée par les sophismes de Luther, croit à quelque chose de supérieur à l'humanité ; homme moderne par l'influence des milieux, encore qu'il ne les subisse qu'à demi, il rêve autant qu'il agit, et, parfois ses activités dévorantes ne sont qu'un moyen de s'enfuir du rêve.

Il eut certainement l'ambition de renouveler, en cette fin d'un siècle si éclatant d'événements extraordinaires, l'alliance de Pierre et de César. Comme Nicolas Ier de Russie, avec lequel il a plus d'un point de ressemblance, il vint à Rome. Comme le tsar, il entra chez le Pape la tête haute, l'œil brillant, la démarche assurée, et, comme lui, il sortit du Vatican le visage pâle, les pommettes rouges, le regard distrait, l'air agité, mécontent. On vit, tandis qu'il remontait dans son carrosse, apparaître à une fenêtre du palais apostolique, dans la pénombre des rideaux, la figure du grand vieillard vêtu de blanc, qui jetait un dernier regard au César qui prenait la fuite. Que s'était-il passé ? On sut que Guillaume, troublé, avait laissé tomber à terre son casque empanaché. Mauvais présage! d'autant que le casque fut ramassé — *o che sciagura!* — par le prélat Sinistri, un vrai nom de jettatore!... Il se vengeait de sa déconvenue en disant au roi Humbert, à propos du pouvoir temporel : « J'ai enlevé au pape toute illusion? » Mensonge!

Le kaiser n'est pas un sceptique. On l'accuse, non sans raison, de fanatisme religieux, bien qu'on ait souvent le tort de supposer le protestantisme une des formes de la libre pensée. Guillaume II est croyant, au point de s'enfermer à la Wartburg pour méditer là où médita Luther; piétiste et zélé, au point d'assembler sur le pont de son yacht impérial officiers et matelots, pour leur prêcher des sermons qu'il imprime sous le titre *la Voix du Seigneur sur les eaux*. En toute circonstance de sa vie, il se met sous la protection du ciel; il ne prononce pas un discours, pas un toast, il n'écrit pas une proclamation sans y répéter le nom de Dieu. Il punit le blasphème, blâme l'irréligion, n'admet à côté du sien que le pouvoir spirituel, et encore parce qu'il l'exerce et que le respect des cultes est un moyen de se grandir encore.

L'Allemagne fut la mère du doute, et les philosophies nébuleuses ont continué l'œuvre des hérésiarques. Toutefois, après Luther, après les anabaptistes, de Jean Huss à Hegel, ce mouvement des esprits vers le libre examen n'a pu atteindre le piétisme, les croyances à l'au-delà, au ciel, à l'enfer. Et la poésie germanique apporte son appui à cet état d'âme si particulier, qui n'influe point sur le côté prosaïque et pratique des choses.

Aussi l'empereur voit-il en lui-même un héros des *Niebelungen*, le saint Georges des légendes — la lance en arrêt sur le dragon. Louis II de Bavière jouait au Lohengrin, vêtu de blancheurs immaculées, chevalier du Cygne et gardien du Graal. Son royal cousin vise à de plus hautes destinées : il serait le belliqueux redresseur de torts, et surtout voudrait partager avec Léon XIII, qu'il admire et qu'il craint, le rôle d'arbitre du monde.

Il y a là un singulier rapprochement à établir : qu'on se figure l'étudiant allemand, imberbe et blond, massif, les joues roses, culotté de peau, habillé de velours avec force chamarrures, cocardes et rubans, grand mangeur et beau buveur, courant de *kneipe* en *commers*, bretteur, amoureux à la hussarde — et cueillant des myosotis, et rimant des élégies, et pleurant sur Werther, et se battant à outrance pour un livre, un tableau, une romance.

On a parfois reproché à Guillaume II son militarisme. S'il est, avant tout, soldat, c'est qu'il y voit sa raison d'être. L'ardeur guerrière est en lui un atavisme. Frédéric III, le lamentable martyr de San Remo, n'eût-il pas continué les traditions du vieux Guillaume, entre Moltke et Bismarck? La mort a délivré son fils du premier, et l'excès de gloire de l'autre. Les revues, les parades, les alarmes, les manœuvres, tout ce qui exalte le soldat, Guillaume II ne se fatigue jamais de les multiplier. Il enseigne le maniement du fusil au ouistiti que lui a donné son ami le roi Humbert et qui lui présente les armes.

Ce jeune monarque prétend exceller en tout. Il

est orateur, conférencier, théologien, philosophe, poète. Il écrit des livres, il peint, il sculpte. Il est gluckiste et wagnérien et compose le fameux *Chant à Ægir*, dieu du vent et des tempêtes.

Il s'intitule le protecteur des lettres, organise des concours, distribue des récompenses. Il voudrait être à la fois Frédéric II (sans Voltaire), Louis XIV (sans Montespan), Léon X (sans Luther).

Il veut son nom acclamé tous les jours. Il passe brusquement de l'idée à l'acte; son caractère est ondoyant et divers. M. Zola, qui lui est antipathique, et auquel il préfère M. Ohnet, l'a nommé un déséquilibré. Tantôt cordial, simple, familier, tantôt sombre et farouche, il a des yeux de statue. Son énergie pousse à l'entêtement; sa décision est certaine, rapide, avec des heures d'inertie, et d'effrayants sursauts de vitalité.

Il a le culte de son aïeul et n'a pas aimé son père : il lui a fermé les yeux sans verser une larme. Il n'aime pas davantage sa mère, « l'Anglaise », l'impératrice Frédéric, qui dit un jour à M. de Bismarck : « Vous vous êtes plu à creuser un abîme entre moi et mon fils. » Lorsque Guillaume II alla à San Remo, il fut reçu en ennemi, et non en fils : il s'en est souvenu. Il l'éloigne, il ne lui pardonne pas la faveur dont jouit auprès d'elle le comte de Seckendorf, qu'elle aurait, murmure-t-on, épousé secrètement. Cependant il est homme à pardonner une mésalliance, puisqu'à Vienne il va rendre visite à sa belle-mère, veuve du duc de Slesvig-Hosltein, qui porte le nom de comtesse de Wolfersdorff.

Bon mari par devoir, il donne chaque année un nouveau prince à l'empire. Il a six fils et une fille. Il en veut douze. Il jalouse la suprématie que son aïeule Victoria s'est assurée par les alliances de sa lignée. Mais il est galant et se fâche qu'on dévoile ses bonnes fortunes : c'est le secret de sa colère à propos des lettres anonymes qui ont amené l'emprisonnement du baron de Kotze, et qui auraient pour auteur une princesse de la famille impériale, la grande-duchesse de S.-M... En Norvège, on l'a vu en joyeuse compagnie. A Berlin, le soir, il sort souvent avec son ami intime le comte Eulenbourg, charmé d'être pris pour un officier en goguette et d'être appelé « beau blond » par les filles qui peuplent les rues de sa capitale. Sa femme est une plantureuse Allemande, bien nourrie, un Rubens; elle fait des confitures et les mange. Il est beau buveur et bonne fourchette; mais la difformité de son bras l'oblige à emporter partout l'ustensile en vermeil dont il se sert à table de la main gauche.

En somme, un *gentleman* londonien plutôt qu'un Allemand flegmatique. Il aime la chasse, les travestissements, les duels. Il vint à Paris, en 1878, et logea à l'hôtel Mirabeau, où il passa quinze jours. Il visita le Trocadéro, l'hôtel de Cluny, le Louvre, le Luxembourg, les Invalides, Versailles. Sa préférence fut pour les thermes de Julien. L'histoire ne dit pas si son gouverneur lui permit de mettre à mal quelques Parisiennes. Ce fut alors sous le voile de l'incognito, et sans folle dépense.

Pour conclure, Guillaume II est surtout un

homme de volonté dans toute l'étendue et toute l'acception du mot. Sa confiance en soi est sans bornes parce qu'il se croit nécessaire à l'action de la Providence sur le monde. Il est persuadé que tout ce qu'il entreprend doit réussir et que tout soldat de son armée est prêt à mourir « joyeusement » pour lui.

Seulement, le puissant souverain, qui pourrait être heureux est un malade. Il a un bras atrophié, trop court, ce qui l'humilie; il a une inflammation suppurative de l'oreille, dont le foyer n'est séparé du cerveau que par une mince lamelle osseuse de la base du crâne, ce qui l'expose à des accès épileptiformes, à des excitations cérébrales qui font de lui un impulsif. Cette dégénérescence physique, l'odeur de la sanie, la laideur des tampons de ouate que l'otite nécessite, sont les causes de son incessante irritabilité, de ses colères folles, de ses agitations. Il a le souci de son mal : il a hâté et protégé les expériences de Koch dans l'espoir d'une guérison impossible. Bismarck reprochait à l'impératrice Frédéric, alors qu'elle n'était que *kronprinzessin*, d'avoir « empoisonné » la race des Hohenzollern... Faut-il chercher là une raison aux luttes atridesques de la famille impériale ?

C'est que tout se paie ! Et de quel droit Guillaume II, qui croit en Dieu, n'accepterait-il pas humblement d'être averti que, s'il est empereur, il n'est aussi qu'un homme ?

LE ROI BELGE

En arrivant à Aix-les-Bains, il y a deux ans, pour y faire une cure, le roi Léopold II affublait Sa Majesté du titre, germanique plutôt que flamand, de comte de Ravenstein. Alost ou Poperinghe eussent aussi bien assuré son incognito. Il s'empressait de faire savoir *urbi et orbi* qu'il entendait ne recevoir aucune visite et suivre le précepte du sage : « Cache ta vie, » Il se borna donc à quelques relations intimes et à diverses poignées de main échangées avec le roi de Grèce, car Aix-les-Bains ne vit même pas le festin de Venise de *Candide*. La reine Isabelle vint avant Georges Ier et Léopold II, et l'impératrice d'Autriche, reine de Hongrie, ne vint qu'après.

Ce ne fut plus le comte de Ravenstein qui se contenta de l'hospitalité coûteuse de l'hôtel Bristol, et ce fut bien le roi Léopold, sans incognito, qui occupa les appartements royaux de la place Vendôme, parce que la République n'a plus d'autre palais qu'une auberge à offrir à ses hôtes princiers.

Mais là, comme en Savoie, le souverain belge se déroba aux *interviews* et ne reçut pas les journalistes. Il eut son temps pris par ses excursions à travers Paris ; peu lui chault d'occuper l'opinion de projets ou d'exprimer ses appréciations. Il voyage pour se divertir et garde sa liberté, qu'il n'a pas toujours à Bruxelles, à Laeken, voire à Ostende.

Car il ne faudrait pas croire que le séjour de Sa Majesté à Paris eût un but quelconque, sinon de lui procurer quelques journées de vacances dont les rois ont besoin tout ainsi que les simples mortels. C'est pourquoi, dès le premier soir de son arrivée, on vit Sa Majesté aux Folies Bergère, applaudissant mademoiselle d'Alençon, nom prédestiné que porte un des petits neveux du monarque. Le lendemain, elle est à l'Opéra, entre M. le duc d'Aumale, son oncle, et M. le duc de Chartres, son cousin, arpente les coulisses et interpelle bénignement les dames du corps de ballet, d'un très affable : « Mes enfants ! »

Quant au reste, ce sont excursions dans les musées, à Fontainebleau, repas officiels, en somme rien de grave et qui puisse troubler l'équilibre européen. C'est un roi qui s'amuse ; la constitution lui en donne le droit. Il n'est pas question d'emprunt à lancer, d'intérêts coloniaux à débattre, d'alliances à asseoir, de mariages à ourdir. Paris est « l'auberge » du monde : on y vient semer quelques rouleaux de louis. C'est assez pour la gloire et pour le plaisir des hôtes royaux. Cela vaut toujours mieux que de faire de la politique.

Or, Léopold II n'en fait pas de politique : il se contente de cheminer sur la corde roide du tremplin belge, entre les libéraux à qui vont, dit-on assez bas, ses sympathies personnelles, et les catholiques qu'il tâche à satisfaire en assistant à la messe. Il a bien assez de sujets de tristesses, pour se méfier des parlements, des lois scolaires, des lois électorales, de tout ce fatras avec quoi l'on gouverne les peuples. Il a de plus, régnicole fort occupé en Europe, adjoint à son fardeau l'entreprise du Congo, de laquelle il convient de parler peu, car elle n'est jusqu'ici qu'une aventure, et pas encore une affaire.

Si donc le roi belge échange des visites avec notre président, si justement populaire, c'est pure courtoisie. Ce n'est même point pour démentir les documents, déclarés absolument apocryphes, que publiait naguère un journal du matin : des lettres à Guillaume II et à Bismarck, peut-être un peu expansives et explicites en sentiments germanophiles, et surtout une lettre à M. le comte de Flandre — qui est sourd, mais non pas aveugle — et dans laquelle on peut lire cette phrase imprudente : « Le suicide et la folie étaient les seuls « moyens d'éviter un scandale inoubliable, dont je « ne puis confier les détails à une lettre, mais que « je vous narrerai en tous détails samedi. » Il s'agit du drame mystérieux de Meyerling — qui n'a pas eu Meyerling pour théâtre, et de la mort de l'archiduc Rodolphe, gendre du roi des Belges, qui fut suicidé presque aussi adroitement que le sultan Abd-ul-Medjid avec sa paire de ciseaux.

Cette lamentable aventure ne serait-elle pas un peu expliquée par le « secret de cour » dont quelques journaux ont parlé, d'une vive passion inspirée dès avant son mariage à une auguste princesse, pour le kaiser, épris lui-même d'une reine, célèbre par sa beauté et par son esprit.

Il est bon de n'insister pas trop et de se rappeler qu'au bal de l'Opéra le Régent de France disait à l'abbé Dubois qui l'affligeait d'incessants coup de pieds au derrière : « Dubois, tu me déguises trop ! »

J'aurais aimé à « prendre une conversation au roi d s Belges », à la seule condition de ne point parler politique. Il est si volontiers le reflet de l'opinion, qu'il pardonne au comte Joseph de Hemptinne, chef intransigeant du parti catholique, de ne point accepter un siège de sénateur, parce que M. de Hemptinne serait décidé de refuser le serment à un roi qui admet le mariage civil.

Très militaire, élancé, grand, portant beau, avec sa longue barbe blanche épanouie en éventail, et son nez fin pour ne pas dire pointu, — le nez à aiguille des intelligences financières, — le roi est fort séduisant, et, si l'on en croit les méchantes langues, fort séducteur.

Il est très flamingant, c'est-à-dire partisan de la prédominance de la langue flamande sur le dialecte wallon. De belle prestance, malgré sa légère claudication, il est beau cavalier, et l'on dit qu'il escorte volontiers les dames.

Homme de goût, il ne se contente pas de manger, il dîne, preuve d'esprit. Nulle table n'est mieux servie que la sienne. Il n'aime point l'ostentation, a des habitudes simples, se promène beaucoup, et ne dédaigne pas de tomber de bicyclette à l'instar d'un simple mortel.

Sa passion, c'est la géographie, et il a mis cette science à la mode. Il a inondé la Belgique de cartes, de revues, de journaux géographiques, et il protège avec ardeur toutes ces publications, relatives pour la plupart à son entreprise du Congo. Celle-ci lui coûte cher : on dit même qu'il s'y est ruiné. Sa sœur Charlotte est devenue folle pour avoir voulu être impératrice du Mexique : il n'aura perdu que de l'argent à vouloir être empereur du Congo.

Il s'en faut pourtant que cet essai de colonisation ait dit son dernier mot : le voyage à Paris n'y saurait nuire, par le temps de mines d'or, d'expéditions lointaines, et d'alliances imprévues qui court. On se passe d'Etat à Etat la rhubarbe et le séné, tout comme entre bons confrères. « Donne moi de quoi que t'as, je te donnerai de quoi que j'ai », est la devise de bien des sages. L'avenir nous apprendra ce qu'auront, des entretiens à demi-voix, retenus les murs de l'hôtel Bristol, qui ont des oreilles, comme il sied à tous les murs.

On dit que Sa Majesté a peu d'amis : c'est une erreur. Elle a pour amis les humbles, les pauvres, les déshérités, que véritablement elle aime, dont elle pénètre et secours les misères. C'est une grande vertu chez un roi. Discerner les hommes, c'est bien ; les secourir, c'est mieux. Mazarin disait à Louis XIV qu'il fallait savoir attendre et savoir agir. Léopold attend peut-être, à coup sûr il agit, et il ne parle pas, ce qui est le comble de la prudence et le faîte de l'habileté.

Français par sa mère, fille de Louis-Philippe, qui sut attendre, Allemand par son père, qui sut agir, il oublie les liens du sang quand il s'agit de ses intérêts. s'il met son frère, le comte de Flandre, aux arrêts pour l'avoir rencontré en habit civil, il reconnaît les institutions existantes, tout comme s'il n'était pas l'oncle du duc d'Orléans, de la reine de Portugal, du duc de Chartres, et le parent de tous les princes du monde greffés sur l'arbre généalogique des Saxe-Cobourg-Gotha.

Car il est à remarquer que cette race prolifique règne partout en Europe : d'abord sur son duché, ensuite en Bulgarie, en Portugal, en Belgique, bientôt en Angleterre, par le prince de Galles, Saxe-Cobourg-Gotha par son père.

Allié par cette branche cadette de la branche Ernestine à la plupart des princes allemands, Léopold II n'est Français que par sa mère, défunte, et fille du roi citoyen, banni en 1848, ce qui l'allie aux prétendants exilés et aux nombreux rameaux de leur royale maison. On en conclut, bien à tort sans doute, que ses penchants vont au jeune empereur qui règne à Berlin, et que dans telle éventualité... Mais ne causons pas politique.

Léopold II n'est pas un Lohengrin, un chevalier du Cygne, un poète fait de nerfs et d'illusions : c'est un homme positif, grave, réfléchi, qui sent le poids de ses responsabilités, d'autant qu'il n'a pas d'héritier direct et que sa couronne, s'il venait à disparaître prématurément — irait à un prince encore adolescent. Notre droit est de penser que l'acte qu'il accomplit lorsqu'il visita le territoire de la République est un gage pour l'avenir, puisqu'il est un hommage à notre pays et aux institutions qui le régissent.

MARIE
COMTESSE DE FLANDRE

Dans un cadre en velours vert, j'ai sous les yeux le portrait d'une femme grande, la taille bien prise, le maintien altier, la tête portée haut : l'œil est d'un bleu vif, avec un éclat métallique ; les cheveux, abondants, sont d'un blond un peu bruni ; les traits sont accusés, le visage est ovale ; il y a, dans cette figure, une beauté sévère, noble, imposante, une expression de sereine certitude et de calme tranquillité, de fierté souveraine et de bonté réfléchie : on devine un caractère lentement formé, d'un parfait équilibre, dominé par la raison, par la prudence, par une forte et consciente volonté.

La signature, à l'angle : *Marie, comtesse de Flandre*, corrobore par sa forme graphique l'impression donnée par la physionomie. L'écriture est large, nette, appuyée, avec des « pleins » épais, sans inutiles floritures. Ce qui manquerait, c'est le charme : cette grâce frivole de nos princesses françaises d'autrefois, leur sourire doux, leur regard tendre, cette affabilité si aimable, qui soit sur le trône, soit à l'ombre de son dais, laissait à la femme sa féminité, cette influence intraduisible qui subjuguait les plus austères. On est porté à s'étonner que madame la comtesse de Flandre ne soit pas, comme son impériale cousine Augusta-Victoria, « colonelle d'un régiment de fusiliers. »

Ce fut un peu l'impression que j'éprouvai, un jour au palais de Flandre. Un superbe salon d'où l'on voyait la place Royale, la façade de Saint-Jacques de Caudenberg, et l'orée de la rue Montagne-de-la-Cour; les boiseries blanc et or faisaient ressortir de grands boucliers de velours sur lesquels s'alignaient en rangs serrés des quantités de miniatures à cercles d'or, tous portraits d'Altesses de tous les Etats d'Europe; au milieu de la pièce, sur une frêle colonne de porphyre, le buste en marbre de ce beau petit prince Baudouin, emporté par on ne sait quel funeste mal.

Madame la comtesse de Flandres m'entretint fort longtemps des littérateurs français; elle me parla surtout de M. Edouard Rod, qui est Suisse, — grâce à Dieu ! — de qui son âme d'allemande et son tempérament de protestante goûtent le style blanchâtre et mucilagineux. De Paul Bourget aussi, qu'elle juge dangereux, quant à la phrase, pour les dames; de beaucoup d'autres qu'elle lit passionnément.

Mais elle était debout, bien campée, jetant un coup d'œil à la dérobée sur mes gants gris de perle, — car j'étais fondé à croire que chez le pape seulement l'étiquette commande d'avoir les mains nues, — et je suis d'âge aussi à avouer les rhumatismes, qui font languir la conversation, si l'on n'est pas assis. Dieu me préserve de toute rancune ! Une fois reposé, je reconnus volontiers que la princesse est un esprit cultivé, documenté, « averti », suivant le mot si précis et si juste qui devient à la mode.

Sœur du roi de Roumanie, la comtesse de Flandres a pour mère la princesse douairière de Hohenzollern Sigmaringen, Joséphine de Bade, fille elle-même de Stéphanie de Beauharnais. Fervente catholique, la princesse Joséphine, aujourd'hui octogénaire, a rétabli dans ses domaines l'ordre bénédictin et fondé l'archi-abbaye de Beuron, dont l'archi abbé primat est dom Placide Wolter, et où mourut dom Edmond, prince Radziwill. Elle épousa en 1867, à Berlin, Philippe de Saxe-Cobourg-Gotha, comte de Flandre, frère du roi des Belges, mariage qui l'apparentait de près avec la maison d'Orléans ; elle est la mère de la charmante princesse Henriette, « Mademoiselle », devenue duchesse de Vendôme et française, de la princesse Joséphine, mariée à son cousin Charles de Hohenzollern, officier de uhlans prussiens, et d'Albert prince héritier de Belgique, à qui l'on n'a donné jusqu'ici aucun titre, ceux de comte de Hainaut et de duc de Brabant n'ayant porté bonheur ni à son cousin ni à son frère.

La comtesse de Flandre est donc la première dame du royaume après la reine, puisqu'elle est la mère du roi futur. Elle avait donné à son fils Baudouin une éducation admirable, presque démocratique, et ce jeune homme de figure avenante, beau cavalier, intelligent, *flamingant* passionné, était l'idole du peuple. Lorsqu'il mourut à la suite d'une hémorrhagie interne, il fallut emporter la mère, défaillante. Elle fut, plus encore, impressionnée des rumeurs qui coururent, d'un évènement tragique, d'un de ces mystères de cour auxquels elle ne fut que trop accoutumée, soit par la folie de sa belle-sœur, la princesse Charlotte, soit par le drame où l'archiduc Rodolphe, son neveu, périt (s'il est mort!) victime d'une vengeance qu'il savait menaçante, lui qui écrivait à sa femme, en allemand, cette lettre qu'on trouverait à Bruxelles, en la cherchant bien, et qui se termine par ces mots : « Je marche tranquillement vers la mort. »

Elle a d'autres sujets de tristesse, dans sa famille. Nul n'ignore que le ménage royal de Léopold II fut trop souvent troublé par de pénibles discussions. Elevé par son père avec une sévérité outrée, à ce point qu'il dut voyager pendant presque toute sa jeunesse, afin de se soustraire à une autorité qui devenait un joug. Léopold II épousa par obéissance l'archiduchesse Marie-Henriette, irréprochable comme femme et comme reine, cruellement éprouvée comme épouse et comme mère, et qui tient de l'impériale maison d'Autriche ses défauts et ses qualités. Respectée sans être aimée, impopulaire, musicienne exquise, *sportwoman* distinguée, Sa Majesté a senti plus d'une fois combien est lourde une couronne, et peut-être a-t-elle secrètement envié le sort, plus bourgeois, de sa royale belle-sœur.

Le comte de Flandre est, en effet, un prince excellent, honnête et brave, extrêmement riche, plus riche que le roi, d'une indépendance parfaite, populaire, bon époux, bon père, bon citoyen, se souciant de la politique tout ainsi qu'un mulet d'une mître, joyeux par caractère, simple, méridional par vocation, et d'ailleurs sourd à ne pas entendre du parvis le bourdon de Notre-Dame. Les sourds ont cette chance de ne parler qu'à eux-mêmes et de n'écouter qu'eux-mêmes. Ils vont dans la vie avec une parfaite quiétude.

A le voir, il y a deux ans, avenue de la Toison-d'Or, entre sa fille et le fiancé de sa fille, un peu dégingandé, courbé en deux pour parler à l'oreille de l'un ou de l'autre, et riant à gorge déployée, et saluant les passants qui lui souriaient, on admirait ce bon prince, qui faisait penser un peu à son grand-père Louis-Philippe, car — Dieu me pardonne! — il brandissait un superbe parapluie.

Madame la comtesse de Flandre a plus d'aristocratie et se dévoile plus aristocrate. On a dit qu'elle avait la beauté de Gretchen, plantureuse et solide. Passe pour la beauté! Mais elle n'a point l'allure familière, et, quoi qu'elle fasse, elle n'avance pas en popularité. Elle vient d'Allemagne, où le plus mince baron veut avoir des pages, où les titres se donnent à profusion, en colliers et en guirlandes. Elle vécut dans la morgue de ces petites cours princières, où il y a plus de chambellans, d'écuyers, de veneurs, de maréchaux du palais et d'officiers de bouche qu'il n'y a de servantes à l'office et de laquais dans les antichambres. On lui donnait de l'Altesse Royale en changeant ses langes, et d'innombrables fraülein l'escortaient pour peu qu'elle eut la fantaisie de traverser la rue.

Elle a gardé, sans doute de cette enfance comprimée par le cérémonial, sinon la morgue ou la hauteur qu'elle en devait apprendre, du moins cette hésitation et cette réelle timidité qui ne permettent ni l'expansion, ni la franchise. Et bien que ménagère à la mode de son pays, c'est-à-dire parfaite, économe, savante, experte, prudente; bien que très aimable, d'une gentille bienveillance, vraiment très respectueuse de l'aristocratie des intellectuels, et toujours disposée à bien accueillir, à choyer, à honorer des hommes de valeur, quel que soit leur rang social, elle ne gagne pas cette unique récompense des grands de la terre : l'amour des humbles et des petits.

Peut-être la comtesse de Flandre aura-t-elle eu la bonne fortune d'inculquer à son fils, le prince Albert, la sagesse et l'infatigable désir de plaire qui la distinguent. Malheureusement, il a hérité de la fâcheuse incommodité de son père : il est sourd. Il est aussi, dit-on, moins sympathique à son oncle que Baudouin, parce qu'il serait moins doué des vertus, positives ou négatives, qu'il faut pour jouer le rôle de plus en plus difficile à notre époque, et surtout dans un pays partagé en deux courants très délimités, le rôle de monarque constitutionnel, qui exige plus d'intelligence que celui d'autocrate. Il ne s'agit pas seulement de ménager les partis politiques : on doit inspirer confiance à tous et laisser croire que, si l'on agit dans un sens, en telles occurrences, on se réserve une revanche.. Le mérite a son prix, mais le tact est quelque chose de plus.

Elevé, d'ailleurs, avec soin, peut-être dans une religion un peu janséniste, car Jansénius professait à Louvain, où son esprit flotte dans l'atmosphère de la vieille université catholique, *Alma Mater* de la jeune Belgique, et dont l'influence est toujours puissante dans le gouvernement actuel, l'héritier de la monarchie belge offrira de sérieuses garanties à la nation. Il sera probablement débarrassé du Congo, cette pesante création de Léopold II, qui lui a donné la plus large part de son temps et de ses soins, au détriment peut-être de ses devoirs de souverain continental.

Si donc le prince Albert arrive à l'équilibre à peu près stable entre catholiques et libéraux ; s'il apaise les querelles entre Flamands et Wallons ; s'il observe la stricte neutralité dans ses relations extérieures, et que surtout il ne fléchisse pas du côté de l'Allemagne où sont ses alliances de famille, où ne sont pas ses intérêts — quoi qu'on en pense à Laeken — il y a quelques chances pour que son règne soit heureux. Mais la condition principale, c'est que l'influence de la femme qui l'aime le plus au monde, sa mère, ne s'efface à aucun degré et qu'elle le garde avec la même imperturbable sollicitude qu'aujourd'hui, des influences étrangères.

Nous avons l'exemple, en ce moment, de ce que peuvent, sur le trône ou près du trône, les femmes qui, sans rien abdiquer de la fragilité de leur sexe, se dévouent aux grandes idées et aux principes en péril. En Russie, c'est l'impératrice Dagmar, inspirant l'entente franco-russe ; en Danemark, c'est la reine Louise, cueillant pour ses enfants les plus belles couronnes ; en Italie, c'est Marguerite de Savoie créant à sa royale maison la popularité qui lui permet d'étreindre en un faisceau, hélas ! bien peu serré, les conquêtes discutées du dernier roi sarde ; en Espagne, c'est l'admirable Marie-Christine, sans cesse en lutte contre les révolutions, les rebellions, les intrigues de cour et de palais, les conspirations de famille, en dépit desquelles elle élève glorieusement le petit enfant-roi en qui se résume toute la race de Louis XIV, et qui, français par ses pères les Bourbon, français par sa mère qui est Lorraine, règne sur un lambeau de l'empire de Charles-Quint.

Eh bien ! à côté de ces princesses, qui auront toutes leur page dans l'histoire, et que leur rang met à cette heure plus en évidence que Marie de Hohenzollern, celle-ci, moins connue du grand nombre, aura quelque jour sa place, et qui sera large ! Ce n'est pas impunément qu'on travaille jour et nuit à connaître l'œuvre de Dieu et l'œuvre des hommes : c'est avec la foi dans l'avenir qu'on profite des observations et des leçons des psychologues. Ce n'est pas être banal que d'entrer dans le mouvement intellectuel du siècle, alors qu'on est femme et non bas-bleu, et Madame la comtesse de Flandre, ayant cette audace, en a la grâce.

LE ROI CAROL

Puisque l'Orient nous sollicite, et qu'il se faut inquiéter des jeunes royaumes danubiens, après le prince de Bulgarie, combien grande apparait la figure du roi de Roumanie.

La maison de Hohenzollern tient une grande place en Europe, bien qu'elle ne date que de Charlemagne, ce qui donne aux Montmorency de France le pas sur ces princes allemands, héritiers du comte Tassilon et des petits burgraves de Nuremberg, souverains par aventure des provinces de Souabe et de Franconie. Encore les royaux dynastes de Prusse ne sont-ils que présumés issus des ducs souabes et ne peuvent-ils faire leurs preuves que de la fin du douzième siècle. Nous avons aux salles des Croisades, à Versailles, les écussons de familles plus anciennes, et quelques noms de chez nous ont un parfum de plus âcre et de plus vieille poussière.

Pourtant les titres ne manquent pas à la branche d'où est issu le kaiser allemand, troisième de sa race, et d'ailleurs fort orgueilleux de ses origines. Les Hohenzollern sont margraves de Brandebourg et chambellans de l'Empire en 1415, ducs en Poméranie et en divers Etats, même sous la souveraineté polonaise. Vassaux qui se guident peu à peu vers la dignité suprême, hauts domestiques nantis des clefs de la maison et qui font tôt connaître qu'elle est à eux par droit de conquête. Aussi Guillaume II, non content d'être empereur et roi, est-il en même temps margrave, burgrave, comte princier et seigneur, de tout quoi il retire le bénéfice d'avoir quelques régiments à commander et de beaux vaisseaux à couler dans son joli canal de Kiel.

Il n'est pourtant que le cadet des Hohenzollern, dont le chef est le prince Léopold, marié à une infante de Portugal et qui a pour sœur la comtesse de Flandre et pour frère Charles-Eitel, roi de Roumanie, allié aux Napoléon par la marquise Pepoli, sa tante, et aux d'Orléans par sa sœur et son petit-neveu, l'amoureux époux de Joséphine de Belgique.

Ce n'est pas une existence vulgaire que celle de Carol, roi de Roumanie. Peut-être connaît-on mieux que lui sa femme, la reine Elisabeth, une princesse de Wied — une maison médiatisée, avec le titre de « *Durchlaucht* », alliée aux Nassau et tenant une place modeste, — mais brillamment connue dans les lettres sous le pseudonyme de Carmen Sylva — trop espagnol.

On parla beaucoup à Paris du roman assez

étrange d'une fille d'honneur de la reine, mademoiselle Hélène Vacaresco, un moment la fiancée de l'héritier du trône. A ce moment, divers livres parurent qui, sous des noms d'emprunt, narraient des histoires singulières. L'un d'eux, *Misère royale*, signé d'un nom peu connu, dut affliger le roi, le bienfaiteur et l'ami. L'autre, le *Roman d'une exilée*, de Pierre Loti, disait, ou plutôt ne disait pas mais laissait pressentir, avec un tact infini, la vérité sur ce drame de *Castel Pelesch*, que la reine voulut à son tour écrire sous une forme poétique, avec une rare et belle sérénité d'âme, qui lui permit de s'isoler, sans les flétrir, des noires ingratitudes et des rancunes amères par quoi ses cheveux ont blanchi.

Il n'y eut dans la vie du roi Carol que le chagrin de ces calomnies. A vingt-six ans, il ceignait la couronne, il devenait monarque au milieu de ces Balkans où se décidera tôt ou tard le sort du monde. Il pouvait rêver, comme Ferdinand de Bulgarie, et mieux que Milan de Serbie, la reconstitution de l'empire des Paléologue et des Comnène, ce but de tous les princes qui s'établissent sur les rives du beau Danube bleu. A l'aurore de son règne, sa jeune armée par lui-même conduite, lui donnait les victoires de Grivitza et de Plewna. Et, grâce à sa dignité noble et simple, à sa modestie savante — je mesure ici l'épithète — il arrivait à fonder, soldat heureux, son royaume, et diplomate habile, à le faire glisser sur les rails du progrès moderne, envers et contre tous les errements d'une politique fatalement orientale.

Dès lors, ayant oublié l'Allemagne et renoncé à ses prérogatives de *médiatisé*, il se prenait d'un grand amour pour la patrie qu'il fondait ; il se sentait soutenu par une foi inébranlable en sa mission providentielle. Aussi Léopold Bachelin, qui fut son secrétaire et son confident, a-t-il pu dire de lui sans exagération ces paroles, qu'il me plaît de retracer : « Il est une sorte de Marc-Aurèle moderne par ses vertus d'homme et de souverain ; n'ayant jamais obéi qu'à la voix du devoir et de la raison, c'est délibérément, non d'aventure ou par indécision, qu'il a su tour à tour, selon les circonstances, intervenir ou temporiser, user de patience ou d'audace. Et, aussi courageux dans la conception qu'avisé dans l'exécution, il a réussi, à force de diplomatie et de persévérance résolue, à faire des provinces danubiennes, si longtemps piétinées à l'envi par leurs puissants voisins, si longtemps déchirées par la discorde intestine, un royaume uni et indépendant. »

Ce portrait serait incomplet si la reine Elisabeth, dans une lettre confidentielle à sa mère, la princesse de Wied, n'y ajoutait les quelques traits qui achèvent de buriner une physionomie. « Charles, dit-elle, est une noble nature. Je le compare souvent à Guillaume d'Orange. Les plus pénibles expériences ne font qu'affermir son sang-froid et équilibrer ses facultés. En face de preuves d'une noire ingratitude, il hausse les épaules et pardonne. Il lui est indifférent qu'on le méconnaisse. Quand il ne sera plus, on l'appellera « le Sage. »

Belle parole et prophétie à garder, car la postérité ratifiera le jugement, ici plus « conjugal » que littéraire, de Carmen Sylva. Voici trente ans bientôt écoulés depuis que Carol I⁰ʳ règne sur les anciennes possessions des hospodars. Il a eu contre lui tous les partis des princes tour à tour détrônés, et il les a soumis. Il a su mettre et maintenir chacun à sa place. Toujours correct, précis, d'une impeccable droiture, il n'a jamais rien eu à se faire pardonner.

Circonspect et prudent, car il n'a pas été sans perdre bien des illusions, et des plus chères, compatissant à toutes les misères, accessible à toutes les nobles pensées, encore qu'il ait connu les mécomptes et les déboires et qu'il ait souffert de ces rudes épreuves faites pour endormir les cœurs vulgaires, il est demeuré une âme généreuse autant que fière. Il donne, et il sait donner, sans pompe, sans éclat. Il est libéral parce qu'il oublie son éducation germanique. Il est bon, vertu suprême en un de ces hommes par qui la Providence veut que les peuples soient gouvernés.

Peut-être a-t-on voulu trop ne voir en lui que le mari de sa femme. La poésie éclatante, le charme inexprimable, les délicates grandeurs de cette reine que rappelle en quelque façon Mélissinde — la Princesse lointaine — ont pu jeter quelque ombrage sur le roi Carol. Il s'est, devant l'Europe lettrée, devant nos poètes et nos romanciers, effacé pour laisser en pleine lumière cette femme adorée, si belle, à qui la douleur plus que l'âge a fait un diadème de cheveux blancs.

Et il a eu raison. Tandis que la fée Carmen Sylva

5.

suspendait aux accents de sa lyre les poètes et les critiques aux pages frémissantes d'enthousiasme de ses écrits, il faisait, lui, cette pire besogne de la politique, vaine parfois et toujours malsaine, qui consiste à mater les oppositions et à guider les amitiés. C'est pour les politiciens qu'est fait le proverbe italien : « *Di chi mi fido, mi guarda Iddio ; di chi non mi fido, mi guardero io.* » Carmen Sylva avait pour mission de garder son royal époux de ceux auxquels il se fiait.

Le roi Carol déteste le faste et l'apparat. D'une parfaite distinction, il se révèle souverain par sa noble simplicité. D'une stature moyenne, réservé dans son attitude, sobre dans ses gestes, il se garde, comme d'un ridicule, de tout ce qui pourrait ressembler à de l'ostentation. Il n'a pas le goût des apparences et ne cherche pas plus à fasciner qu'à séduire. Il veut, pour être grand, que sa personne disparaisse sous ses œuvres.

Modeste, en ayant conscience de sa valeur, d'une élégance sans éclat, ne cherchant à briller que par son génie, encore qu'il en voile de son mieux les rayons, Carol Ier répond à ce portrait que Pierre Loti, en un livre majestueusement vengeur, a tracé de lui : « Et, puisque j'ai prononcé son nom, qu'il me soit permis de dire aussi un mot de son aspect à la fois bienveillant et grave. Des traits d'une régularité et d'une finesse extrêmes, encadrés dans une barbe très noire. Au front, un pli de réflexion profonde, de préoccupation peut-être, assombrissant habituellement le visage ; mais le sourire éclairant tout, un sourire bon et attirant comme celui de la reine. Et tant de simplicité distinguée, tant de naturel dans la majesté royale. Et, pour ses hôtes, une si parfaite courtoisie. »

La qualité maîtresse du roi Carol est une remarquable possession de soi-même, don de nature en partie, mais résultat aussi d'une solide éducation et d'une longue vie d'efforts. Il y a en lui, à un degré supérieur, l'équilibre de l'esprit et du cœur, du vouloir et du pouvoir, qui fit de lui, dès le début de son règne un souverain modèle. On ne lui connaît aucune passion qui ait pu le déconcerter ou le troubler. Quel plus grand éloge faire d'un homme, fût-il prince? — et surtout s'il est prince!

Rien en lui n'est banal. Il a un règne — presque ignoré — de plus d'un quart de siècle; il a reconstitué un pays, dernier refuge de la féodalité; il a créé un immense mouvement commercial, des industries, des travaux publics; il a établi tout un système de gouvernement par l'église, par l'école, par l'administration, par la diplomatie; il a des alliés; il a su éviter les scandales que Belgrade a vu se répéter d'année en année et les compétitions que Sofia voit éclater à chaque saison. Bon mari, il n'a pas de reine Nathalie qui se promène à travers champs, clamant ses désespoirs burlesques de Didon abandonnée, ni de fils coquebin, venant se dégrossir à Paris et titubant entre papa et maman, tous deux couronnés, l'un trop viveur, l'autre pas assez vivante.

Et je crois que c'est lui qui tient les dés dans la partie qui va se jouer là bas. Un Macédonien bulgare, arrivé hier de Sofia, me disait que rien de ce qu'écrivent les journaux n'est vrai: que Stimbouloff ne laisse pas de regrets, que le prince Ferdinand n'a rien à redouter et qu'enfin l'ordre règne à Sofia, un peu comme il régnait à Varsovie selon le maréchal Sebastiani. Ainsi donc, ce n'est pas le cadet de Cobourg, non plus que le joyeux « tireur à cinq » du cercle de la rue Royale qui vont lutter pour la prépondérance en Orient. C'est peut être, et c'est probablement ce roi Carol-le-Sage — ainsi nommé par sa femme, et quelle gloire pour lui d'être jugé sage par celle qu'il aima! — qui va, tracer un remaniement nouveau, d'ailleurs nécessaire, de la carte de l'empire d'Orient, future conquête du monde chrétien sur le Turc, refoulé en son Asie vermoulue....

DOM CARLOS

Débrouiller l'histoire du Portugal, en ce siècle, n'est point chose facile. Si c'est un pays où, selon les opérettes, la gaîté est de tradition, c'en est un aussi où les questions de « droit divin » ne préoccupent à peu près personne, et dom Carlos ne se doute peut-être pas qu'il est un usurpateur, ce que l'Europe se garderait de lui reprocher.

Le premier roi de Portugal fut un Français. Henri de Bourgogne, soldat heureux de qui la dynastie protégea quelques navigateurs. De cette opulente famille de Bourguignons salés sortit une branche batarde, par le roi João Ier et la fille d'un connétable Percira, — aïeul, qui sait? des Pereire, qui n'étant plus connétables, se contentent d'être de riches financiers.

Cette branche de Bragance régna jusqu'en 1822, année ou le premier empereur du Brésil s'en alla trôner outre-mer, laissant à sa sœur Maria la vieille Lusitanie, moins féconde en pépites. Il y eut alors un chassé-croisé, un imbroglio de comédie italienne, des complots et des révoltes, dont le dénouement fut étrange. Le résultat en fut qu'il y a deux familles régnantes pour un seul royaume : l'une en fait, l'autre en droit. Celle-ci garde obstinément le nom de Bragance, que dom Carlos n'a pas le droit de porter. Elle a pour chef la comtesse d'Eu, fille de cet aimable Pedro II d'Alcantara que Paris aima pendant sa vie et honora après sa mort ; la ligne cadette a pour chef dom Miguel, qui habite le tranquille pays de Bade et dont les sœurs ont épousé le placide Alphonse de Bourbon, le duc de Parme et le comte de Bardi, neveux d'Henri V, un archiduc d'Autriche, un duc en Bavière plus connu comme médecin que comme prince, enfin un Nassau qui règne sur le Luxembourg.

Ainsi que le roi des Belges, le prince de Galles, Ferdinand de Bulgarie et autres présents ou futurs porte-couronne, dom Carlos appartient à la race envahissante et prolifique des Saxe-Cobourg-Gotha qui finira par s'implanter partout où subsistent des monarchies.

Son grand-père Ferdinand, roi-consort, marié par politique à Maria da Gloria, s'en consola en épousant une fille d'opéra. Son père, dom Luiz, épousa la filleule de Pie IX, Marie-Pie de Savoie, une femme vaillante, mère admirable, qui donna deux fois la vie à ses enfants, arrachés par elle à la mer en furie, douairière qui n'a pas cinquante ans, et qui se cloître mélancoliquement dans sa retraite accordant, assure-t-on, la fleur de son amour maternel à son fils cadet qui n'est ni roi ni époux ni père, se contente du titre de duc d'Oporto et de pair du royaume et du grade de lieutenant d'artillerie.

Dom Carlos, neveu par sa mère du roi d'Italie et du prince Napoléon, eut l'ambition de résumer en ses rejetons les diverses races des prétendants royaux, et l'on sait qu'il s'unit à la fille du comte de Paris, lequel fut exilé de la terre française où son gendre n'eut point scrupule de revenir.

Pourquoi y revint-il? Après le roi belge, dont le séjour fit naître diverses conjectures et qui, certes, eut un autre but que de conter fleurette aux nymphes du corps de ballet ou même à ces quelques ingénues de la Comédie-Française auxquelles il reste des dents, Sa Majesté Très Fidèle continue la série des potentats en coquetterie avec la République athénienne.

Elle n'a pas de Congo à vendre ou à louer, mais Elle emmène avec Elle son directeur général des chemins de fer, ce qui laisse percer le bout de l'oreille. Questions politiques et questions de finances sont à côté de mon entendement. Je me garderais de faire irruption dans les chasses gardées. Il est permis, toutefois, de rappeler ici que nous passons pour jeter volontiers notre argent par-dessus les frontières: il est avéré que la lointaine amitié du lointain Portugal nous a coûté quelques sommes, que les emprunts de dom Miguel, les bons les émissions, les conversions, les manipulations diverses qui justifient « l'or pur changé en un vil plomb », ont fait passer de l'autre côté du Minho une tranche formidable de notre épargne nationale.

Ce n'est donc pas, il le faut présumer, pour venir

à la rescousse de son royal cousin par Saxe-Cobourg et par Orléans que le roi de Portugal et des Algarves, en deçà et au delà de la mer en Afrique, seigneur de la Guinée par la conquête, la navigation et le commerce, d'Éthiopie, d'Arabie, de Perse et de l'Inde, — *in partibus*, comme les évêques, — ce n'est point, dis-je, pour nous proposer Angola ou offrir son alliance que Dom Carlos vint à Paris. Il faut incliner à croire qu'il avait divers ballots de papier à écouler et que ses négociations pourraient tinter au guichet des banques.

Qu'il nous fît, en nous croquant, beaucoup d'honneur, de plus habiles ont le droit de le croire. Il prouvait, en tout cas, qu'il n'avait fiel ni rancune à l'égard du gouvernement qui tient son auguste beau-frère pour définitivement banni, mais ne moleste point l'auguste veuve qui séjourne avec plaisir dans le pays d'où l'on a proscrit son mari, vivant ou mort, et son fils.

D'où il s'ensuit qu'on pourrait trouver quelque raison majeure à ces condescendances dont un bourgeois ne se vanterait pas. On ne fait rien pour rien, au temps où nous sommes. Et nos institutions ont-elles déjà assez de prestige pour servir de miroir aux alouettes?

Quoi qu'il en soit, réjouissons-nous de voir les monarques se gaudir de l'hospitalité de nos meilleures hôtelleries, et s'installer sur cette place Vendôme où se dresse la colonne qu'ils sont fiers de contempler, s'ils méditent le quatrain de Jules Vallés :

> Tyran, juché sur cette échasse,
> Si le sang que tu fis verser
> Pouvait tenir sur cette place,
> Tu le boirais sans te baisser !

Les armées de Saxe-Cobourg-Gotha ont fourni un peu du métal de ce « tuyau de cheminée », et ce n'est pas sans dépit que certains de leurs agnats se sont tout à coup, devant ce bronze, souvenus des premières années de ce siècle, même de cette journée de Waterloo qu'une pauvre cystite transforma de triomphe en désastre.

Dom Carlos y pensa peut-être, à cause de l'enchaînement des idées, car Wellington fut duc portugais, et l'Angleterre a quelque prétention à protéger le beau pays où murmure le Tage. Il se retrouvait en ce lieu même où, duc de Bragance, il jouit des derniers beaux jours de la vie de garçon. Point bruyamment, car il est Allemand de corps et d'esprit, et n'a guère la liberté pétulante des races latines.

Bon père et bon époux, dit-on, il est gras, rose et blond : un vigoureux uhlan, de belle prestance, avec des cheveux très frisés et le regard bleu d'outre-Rhin. On lui attribue une intelligence supérieure, une profonde culture, toutes les qualités qui font un prince accompli, — mais on sait assez que tout flatteur vit aux dépens de celui qui l'écoute.

Ce qu'il y a de meilleur en lui, c'est sa mère, c'est-à-dire ce en quoi il ressemble à sa mère. Elle l'éleva comme elle l'aimait : parfaitement. La première, elle le salua du titre de roi, en lui disant : « Je te bénis comme monarque, et souhaite que tu sois bon roi comme tu as toujours été bon fils ! »

Peut-être le voudrait-elle plus à elle, moins à une autre. Ce n'est pas un secret qu'il existe quelque dissidence entre Amélie d'Orléans et Marie-Pie de Savoie. Belle-mère et bru s'entendent rarement, même sous le baldaquin royal.

Brillant militaire, gentilhomme élégant, Dom Carlos est artiste, peint l'aquarelle, et ne craint pas le travail, obligé qu'il est de gouverner lui-même, quand sa femme lui en concède le mérite.

En dehors du concert européen, le prince amoureux, vaillant, mais en proie à la tyrannie de l'argent et au joug de la dette, oscillant entre l'opulence et la déconfiture, nous apparaît un peu fabuleux, tel un héros des *Luciades,* poétique sans doute, mais dénué de crédit.

Aventureux et hardi comme Henri de Bourgogne, son ancêtre, prompt dans ses résolutions, rompu aux affaires, ambitieux pour sa race à laquelle il veut garder ce lambeau de terre appendu à l'Espagne, il pratique tour à tour le « diviser pour régner » et le « régner pour unir ». Il serait plus fin qu'il n'accepte de le paraître, si le voyage qui l'amenait naguère à Paris n'entamait légèrement sa réputation de finesse. Quoique d'un jeune homme, ses actes ont toujours une portée.

Peut-être n'accomplissait-il alors qu'une équipée romanesque : on s'ennuie là-bas, loin de Paris qui s'amuse. C'est le château du *Monde où l'on...* de M. Pailleron : il y a dans ce palais trop de *Lucy Watson* et pas assez de *Suzanne.* Peut-être aussi le roi de Portugal cousina-t-il avec d'autres Cléo de Mérode. Ce ne fut au surplus que masque d'intrigue sur labeur d'observation. Qui sème des louis récolte des actions... cotées à la Bourse...

En tout cas, il est improbable que Dom Carlos aille en pèlerinage à cet hôtel de la rue de Varennes où, par une tiède et balsamique nuit de mai illuminée d'étoiles, toute la noblesse française assemblée signa son contrat, sans se douter que ces noms historiques, apposés sur le papier timbré du notaire, contresignaient l'effondrement immédiat des espérances monarchiques.

FERDINAND DE BULGARIE

Lorsque le prince de Battenberg, que le mariage morganatique de son père excluait de la maison de Hesse, fut élu par l'Assemblée qui venait de déclarer l'indépendance de la Bulgarie et de la soumettre à une monarchie constitutionnelle, il demanda conseil à M. de Bismarck: « Acceptez, lui répondit le « Chancelier de fer » avec sa lourde ironie tudesque, cela vous fera toujours un agréable souvenir de jeunesse. » L'agrément fut médiocre, et de courte durée. De hautes ambitions déçues, de cruelles désillusions, une tutelle impériale difficilement supportée, de graves dissenssions avec les Etats voisins, des conspirations sans cesse renouvelées. une abdication forcée, tel fut le bilan de ce règne qui se termina bourgeoisement par un mariage avec une artiste charmante, qui déclassait un peu plus encore la jeune Altesse et l'obligeait de prendre le nom de fantaisie sous lequel elle mourut, enfin désabusée des grandeurs de ce monde. Pourtant les victoires de Slivitza et de Pirot avaient failli lui donner la Serbie et inaugurer ce système d'annexions successives pour arriver à la formation d'un empire d'Orient, ou tout au moins d'une confédération Danubienne, qui sera toujours le secret dessein de tout souverain venu d'Europe pour régner dans les Balkans.

Le 7 juillet 1887, la Sobranié élut prince à l'unanimité Ferdinand de Saxe-Cobourg et Gotha, de cette grande famille allemande qui règne sur les trônes de Portugal, de Belgique, et qui va régner sur l'Angleterre. Par sa mère, Clémentine d'Orléans, il est petit-fils du roi Louis-Philippe, cousin-germain du roi des Belges, du comte de Paris; par ses frères, allié de près aux familles impériales et royales du Brésil et d'Autriche. Il avait alors vingt-cinq ans, et l'on assurait que son règne ne serait qu'une folle aventure. Dès son avènement, et parce qu'il est catholique romain, il fut présenté comme l'ennemi et le persécuteur de la religion orthodoxe par une encyclique de l'exarque de l'Eglise Bulgare; c'en eût été assez pour le perdre, s'il eût montré un seul instant de faiblesse. Il expulsa du territoire bulgare les prêtres qui fomentaient la révolte et cet acte de fermeté suffit à dissiper les effets des intrigues nouées par les évêques et les popes.

Une légende, à laquelle il ne faut pas croire, et qui n'est ici mentionnée que pour montrer ce que valent ces légendes, veut que la prime jeunesse du prince Ferdinand ait ressemblé quelque peu à celle du roi Louis XIII, qui cherchait vainement un remède à l'ennui. On le disait très épris de fleurs, d'oiseaux, de plaisirs frivoles, d'atours somptueux, et peut-être un peu vain de sa beauté. J'ai vu de lui un portrait, sous la perruque poudrée, l'habit de brocart et les dentelles du dix-huitième siècle. Elevé par une princesse française, d'un caractère altier, grande par les idées et par les espérances, disposée aux plus complets sacrifices pour garder à son fils une couronne longtemps désirée; très apprécié de cette Hofburg de Vienne où l'étiquette la plus minutieusement compliquée voile mal de profondes douleurs et de tristes mystères, Ferdinand de Cobourg voulut être roi tout de suite, se créér une cour fastueuse et l'imposer à ces orientaux encore imbus des préjugés de leur race, qui eussent peut-être rêvé d'un khalife Haroun-al-Raschild, ou d'un chef de partisans d'humeur facile et débonnaire. On commença donc, et c'était à prévoir, par se choquer du cérémonial dont il s'entourait: la princesse Clémentine eut son régiment de dragons de la Princesse, et passa des revues, quoique septuagénaire, ce qui n'a rien de discordant, quand on songe au discours que prononça l'impératrice d'Allemagne, devant le régiment dont Sa Majesté est le colonel. Il y eut un grand maréchal de la cour, titré Excellence : le comte de Grenaud, ancien sous-préfet de Thouon, qui mourut au bout d'un an, et fut remplacé par le comte Amédée de Foras, de l'une des vingt-sept familles historiques de Savoie. Il y eut aussi deux chambellans français, le comte Aynard de Grenaud, et le comte de Bourboulon. Jamais on n'avait vu au Konak de Sofia tant d'Excellences, de dignitaires, d'officiers, de ministres, desquels les moindres rapports avec Son Altesse Royale étaient réglés, dit-on, et sans que ce soit pour nous choquer le moins du monde comme à la cour de Versailles, sous Louis XIV.

Cette magnificence étonnait un peu, à Sofia, grand village encore à moitié turc, où l'on voyait souvent un ministre, sortant du palais après le conseil, aller boire au café Panakoff et raconter, non sans malice, les incidents nés de l'ignorance des exigences de l'étiquette, ou de celle des mœurs du pays. On se plaignait aussi de voir la bannière des Cobourg parfois substituée au pavillon national ou au lion bulgare sur champ de gueules. On s'inquiétait de la pompe déployée pour recevoir, à chaque voyage, la princesse-mère, qui n'ayant aucun rang dans l'Etat ne pouvait figurer à la cour qu'avec la qualité de princesse étrangère. Enfin l'on critiquait la forme solennelle que le protocole accordait aux moindres faits, ainsi qu'il advint, par exemple, lorsqu'à la fin d'un grand dîner, le Prince prononça les paroles suivantes, publiées le lendemain par le journal officiel *La Bulgarie* : « Par Mon autorité souveraine et en exécutant les volontés funèbres de Mon fidèle serviteur et inoubliable ami, feu le Grand Maréchal, Comte Alexandre de Grenaud de Saint-Christophe, Je déclare fiancés l'un à l'autre Anna Alexandrowa de Grenaud de Saint-Christophe, Comtesse de Grenaud, dame d'honneur de S. A. R. la Princesse Ma Mère, et Mon gentilhomme de la Chambre, Docteur Dimitri Stancioff, Chef de mon cabinet secret ».

Ces formules pompeuses, que nos rois eux-mêmes n'employaient qu'en des occasions exceptionnelles, et qui tombent en désuétude, aujourd'hui que l'on voit des souverains se tutoyer, avaient-elles pour but de sauvegarder le prestige d'une royauté encore chancelante, ou de frapper les imaginations, ou d'affirmer la substitution du droit au suffrage populaire? Ne fut-ce là que l'apparat accoutumé des cours allemandes, qui plus d'une fois prêta à rire aux chancelleries des monarchies latines? Quoi qu'il en soit, le prince Ferdinand eut gain de cause, et ce protocole, pour nous suranné et déplaisant, demeure admis. D'un seul coup, il réduisait les prétentions du clergé, manifestait son orthodoxie romaine, formait une aristocratie et s'entourait de fidèles, satisfaits de retrouver, même au pied des Balkans, le rang qu'ils ne sauraient conquérir dans notre démocratie.

Ces menus faits de l'histoire ne sont pas sans importance. Il fallut seulement que Louis XIV eut jeté sa canne par la fenêtre pour provoquer la terrible guerre du Palatinat, et un geste du chasse-mouche du dey Hussein donna l'Algérie à la France. Que si l'on s'amusa de voir un jeune prince jouer au souverain et spéculer, en politique, sur les hochets de la vanité humaine, on dut vite reconnaître qu'il n'y voit qu'un des éléments de son action politique, et non l'un des moins importants. La Sublime Porte ne confirmait pas l'élection, non plus qu'aucune des puissances contractantes de Berlin ne reconnaissait Ferdinand I*'*. On lui suscitait volontiers des embarras. A Londres, il n'était point *persona gratissima*. La Russie le surveillait.

L'Autriche ne respectait en lui que l'allié par parenté de Leurs Majestés Apostoliques. La France, préoccupée de son entente avec le Tsar, se défiait aussi de ce parent des princes qu'elle a mis hors la loi, en les bannissant du territoire.

Puis, là-bas, en Bulgarie, tout à défaire et à refaire : une société nouvelle à constituer, des complots à déjouer, des institutions à réformer, avec une lutte sans trêve contre des ministres qui veulent être des maires du palais, des assemblées sans cohésion, des partis prêts à recourir à la force des armes, et dans un pays dont les mœurs ont été modifiées par tant de révolutions et d'invasions, par des siècles d'ignorance quasi-barbare. Quelle tâche pour un enfant royal, épris seulement, assurait-on, de poésie et d'art, ne voyant dans la couronne que la satisfaction d'un orgueil de race ! Tout se conjurait contre lui : sa jeunesse, son amour du faste, ses visées belliqueuses, la jalousie des uns, les craintes des autres, les défiances, les colères, les haines : on était disposé à lui imputer à fautes ses meilleures actions, à taxer sa fermeté de tyrannie, son courage, de présomption, ses généreuses audaces, de forfanterie.

Et pourtant voici tantôt dix années qu'il règne, qu'il se maintient malgré tout, qu'il déplace un à un tous les obstacles, qu'il s'agrandit, qu'il repeuple son Etat, qu'il transforme les mœurs de ses sujets, établit une hiérarchie, ramène à lui ses adversaires, organise la prospérité, si bien qu'il devient populaire chez lui et hors de chez lui, qu'on le compare à son aïeul Henri IV, et qu'ayant su jusqu'ici se préserver des conquêtes sanglantes, des scandales de famille qui mettent en péril des trônes plus élevés d'un degré que le sien, il a déjà le droit de soumettre son œuvre au jugement de l'Europe, et ne tardera pas à revendiquer le devoir de la rendre définitive, en l'enrichissant d'un lustre nouveau.

Il sut attendre des années pour se délivrer de Stambouloff, ce fanatique à ne reculer devant rien pour assouvir son ambition du pouvoir, et qui sombra enfin dans le sang. Jamais Ferdinand Ier ne consentit à blâmer cet homme, tant qu'il n'eut pas la preuve de ses agissements criminels. Il le voulait renverser, mais de manière qu'il ne pût jamais se relever; il eut la patience de supporter ses bravades, son insolence, son despotisme, et le jour où il put enfin s'en délivrer, il le fit sans redouter les vengeances de ses complices.

Ferdinand de Cobourg gouverne donc, avec une tranquillité relative, un pays plus vaste et aussi peuplé que les États Sardes en 1859. Il est assez sûr de la fidélité de son peuple pour voyager fréquemment hors de ses frontières, et sans craindre d'être accueilli à son retour comme le roi Othon le fut en Grèce. Récemment encore il passait plusieurs semaines à Paris, sous un nom d'incognito transparent qui, le laissant à l'abri des relations officielles, lui permettait de prendre part aux fêtes de famille de la maison de France, à l'occasion du mariage de la princesse Hélène. Il fut à mainte reprise l'hôte de M. le duc d'Aumale, son oncle.

Quant au but de ce voyage, on l'ignore. Mais on

sait que le prince Ferdinand ne fait rien sans motif et qu'aucun de ses actes n'est indifférent. L'aurore de son règne est close : les résultats commencent à s'affirmer, et c'est vers un avenir fécond en résultats que le jeune souverain prépare son essor.

Par son mariage avec S. A. R. Marie de Bourbon, fille du duc de Parme et d'une princesse des Deux-Siciles, il a fondé une dynastie nationale : un fils lui est né, Boris, titré prince de Tirnovo, prince bulgare et duc de Saxe, héritier d'un trône qui sera peut-être un jour envié par plus d'un potentat de l'heure présente. Comme l'écrivait de Sofia à l'un de ses amis le comte de Grenaud, « Le prince est aussi sage, aussi prudent qu'il est brave et déterminé. Il s'est donné à la Bulgarie, il ne la compromettra pas. Mais si l'on veut un soliveau sur le trône, il ne faut pas compter pour remplir ce rôle sur un prince qui sent couler dans ses veines du sang d'Henri IV. »

La Bulgarie occupe un territoire équivalent à un cinquième, environ, de celui de la France ; elle compte trois millions et demi d'habitants, dont un cinquième de Turcs, Grecs, Juifs, Tziganes, avec un petit nombre d'Allemands et de Russes. Le personnel des cultes compte onze métropolites orthodoxes-bulgares, quatre métropolites grecs œcuméniques, un archevêque et un évêque catholiques romains, un grand-rabbin et un mufti. L'administraion appartient à huit ministères, avec une Banque Nationale, une Cour des Comptes, une Cour de Cassation et toute une hiérarchie d'autorités provinciales. La Sobranié se compose de cent cinquante députés du peuple, élus par voie de suffrage direct et général pour cinq ans; la Grande Assemblée nationale, de trois cents députés.

Or si l'on songe que la Constitution date de 1879, et qu'elle était alors établie dans un pays dont les frontières étaient à peine déterminées, dévasté par une série de révolutions et de guerre, soumis au despotisme musulman, mis à rançon, dépourvu de routes, de voies, de communications, presque sans relations avec le reste de l'Europe, en pleine anarchie, en un mot; que le règne Battenberg fut une période d'agitations stériles, de luttes contre les influences extérieures; qu'en huit années d'efforts, on a pu obtenir cette cohésion qui classe la principauté parmi les puissances civilisées, créer ces vastes administrations, tracer routes et chemins de fer, discipliner une armée, instituer une trêve et le *modus vivendi* entre les diverses religions, préparer les voies à l'industrie, ouvrir de nouveaux débouchés au commerce, développer l'instruction publique en lui consacrant le dixième du budget, — il faudra reconnaître combien a été bienfaisante l'action de Ferdinand I*er*, quelle rare énergie, quelle volonté sans cesse en éveil, quelle intelligence profonde des besoins de la patrie qui l'adoptait! Caractère d'homme d'état, sachant user des ressources dont il dispose, connaître les hommes et les utiliser, se servir des circonstances, faire naître les profitables occasions, sans être jamais à la remorque de ses passions, tel nous apparaît ce fondateur d'un royaume, qui peut dire de lui-même ce que disait Augereau : « Moi, je suis un ancêtre ! »

Il y a quelques années, le prince Ferdinand ressemblait davantage aux Bourbon : imberbe, le nez aquilin, le profil un peu busqué, c'était un Louis XV jeune et élégant. Il a maintenant une allure plus virile, pour mieux dire plus militaire. Assez grand, vigoureux, les épaules larges, la poitrine bombée, il porte la moustache et la barbe blondes. L'œil est de ce bleu clair, très brillant, qu'on remarquait aux yeux admirables de Monsieur le comte de Chambord. Le regard, franc, pénétrant, se voile parfois d'une finesse de diplomate : je dis « se voile » parce que je préfère chez un prince la conscience de sa force à la diplomatie. Le sourire est doux, peut-être un peu sceptique. Ce n'est pas impunément qu'on apprend à connaître les hommes, et qu'on vit dans l'atmosphère des cours. S. A. Royale a beaucoup vu ; les petits côtés de l'histoire contemporaine, assurément, n'ont plus de secret pour Elle. Intelligence très ouverte, sensible au charme des Lettres, aux beautés de la nature, aux consolations de l'Art, au courant de tout ce qui se dit et se fait dans les grands centres intellectuels, voyageant plus que tout autre souverain et sans être soumis à la surveillance politique dont ils souffrent, Ferdinand Ier aime la causerie et se montre parfois susceptible d'enthousiasme. Il est, lui, essentiellement moderne. Il ne dit pas où il va, où il voudrait aller, ni quels rêves grandioses, peut-être, bercent les tristesses de son exil. Majestueux, ayant le respect de sa fonction, la confiance absolue en sa mission de conducteur d'un peuple, il cache parfois des pensées trop sérieuses sous l'apparente fantaisie d'un caprice. Il revêt tour à tour les brillants uniformes, le pittoresque costume national, l'habit correct du gentleman dandy. Il aime à s'occuper des moindres détails : la ponctualité, l'ordre, la recherche exquise dans les plus petites choses sont pour lui des vertus. Il aime les chevauchées à travers bois et plaines, s'en repose par les émotions de la musique, — cette poésie des sens à si haut point développée dans les races saxonnes. — Enfin ce souverain, appelé au rang suprême par une extraordinaire fortune, et qui déjoue depuis huit années toutes les menaces du destin, est un royal artiste qui pourrait dire, ainsi que Ruy Blas :

> Je marche tout vivant dans mon rêve étoilé.

En son Konak de Sofia, palais qui n'est pas un Alhambra, mais quelque logis énorme bâti de pièces et de morceaux, murailles auxquelles chaque siècle ajoute un pan ou une assise, il vit parmi les siens dans la simplicité familiale, et simplement le premier parmi ses pairs, mais séparé des promiscuités de la foule par la rigide étiquette. Il y garde le souvenir des amitiés lointaines, des temps disparus, des morts bien aimés, des pays parcourus, des joies fugitives de la jeunesse. Il y évoque les antiques légendes des montagnes et des vallées balkaniques. Il y poursuit, sans trêve ni relâche, son rude labeur.

Entre sa mère presque octogénaire, qui se souvient encore de l'exil, qui vit tomber tant de couronnes, et bouleverser à cinq ou six reprises l'Europe secouée par l'incroyable mouvement de l'idée révolutionnaire accomplissant à chaque lustre une évolution nouvelle ; entre sa mère, fille de roi, et sa femme, fille d'exilé, petite-fille de roi détrôné et de prince assassiné, il assiste à l'éclosion de cette fleur vermeille et jolie, son prince Boris, le prince bleu des contes de fées, qui grandit sous l'azur du ciel d'Orient, et qui ceindra quelque jour, qui sait? le diadème qui tomba du front de Constantin Dragosès sous les pieds du cheval de Mahomet II...

Ce sont là secrets de la Providence qui gouverne le monde. Quoi qu'il en soit, le prince de Bulgarie accomplira sa tâche jusqu'au bout. Le passé donne des gages pour l'avenir. Aucun effort ne coûtera à cette âme généreuse qui n'a pas été, même, sans subir l'obligation des sacrifices. Patient, calme équilibré, persévérant, et chaque jour plus assagi par l'expérience, Ferdinand de Bulgarie aura son jour et son heure, il aura sa page glorieuse dans l'histoire, il ne passera pas, comme tant d'autres sans avoir rien fait !

JULES BARBEY D'AUREVILLY

Il y a quelques années trois personnes étaient réunies dans une modeste petite chambre d'une vieille maison de la rue Rousselet, au bout du faubourg Saint-Germain. Un jeune peintre esquissait à larges coups de brosse la figure d'un mort, étendu sur un lit enveloppé de rideaux de perse à fleurs roses ; une femme désolée, un homme sur qui la vie pèse déjà durement, contemplaient avec des larmes silencieuses ce mort, vêtu d'une blouse blanche, coiffé, comme Dante et les papes du moyen-âge d'une *clémentine* rouge et qui commençait à dormir le sommeil éternel, encore exposé à la blafarde lueur d'un jour gris de printemps pluvieux.

Dans cette clarté livide et pâle, le visage du vieillard paisiblement endormi semblait comme doré. On eût dit que ces yeux clos pour toujours allaient s'ouvrir, que ces lèvres allaient remuer, et que cette bouche éloquente muette pour jamais allait jaillir la parole, — cette parole vivante que nul n'a oublié de ceux qui l'ont entendue.

La veille, au matin, Jules Barbey d'Aurevilly avait exhalé son dernier souffle, sans une plainte, sans un regret. L'exil de son âme avait enfin un terme. Après quatre-vingt ans d'une existence où les heures de bonheur se comptaient, plus rares que les journées de luttes, il disparaissait tout à coup dans l'isolement où il s'était conpamné à vivre, n'ayant auprès de lui pour recueillir le suprême soupir, que l'amie la plus dévouée et la plus pure, ange gardien du soir de cette longue journée, consolatrice obstinée de cette vieillesse écoulée dans l'austère et majestueuse solitude.

Lorsque le médecin des morts vint constater le décès de ce glorieux qui n'avait voulu rien être, et qu'il eut écrit ses noms, il demanda, si naïvement qu'il ne paru pas avoir conscience de son énorme sottise, quelle profession exerçait M. d'Aurevilly.

Cette ignorance et cet inconscient mépris du métier littéraire, ce déni de justice prononcé à l'insu même de qui le formulait, arrachèrent un cri d'indignation à l'un de nous, qui, les dents serrés, et, à voix basse, vociféra un terrible : « *Monsieur, il était marchand de gloire !* » Mais qui pouvait se douter dans ce réduit vulgairement banal, sans un objet d'art, sans tapis ni tentures que le cadavre gisant sur le lit, avait durant vingt années, tenu là sous le charme de sa parole l'élite des littérateurs contemporains, que là s'élaboraient des œuvres d'une si particulière puissance, d'une grandeur dont la postérité sera juge.

Après qu'on eût porté ce corps au cimetière Montparnasse, les journaux firent le silence brusquement. N'avait-on pas dit assez? N'avait-on pas entassé assez de mensonges et d'inepties ? Tout le monde parlait sur le bouvleard du *pschent* du défunt, comme s'il eût arboré la coiffure de Cléopâtre, d'Osiris ou du dieu Phta. Mais ce *pschent* marquait la note pittoresque !... On parlait aussi de l'aumône du cercueil et des funérailles, attribuée à un poëte qui l'eût offerte certainement, cette aumône, sans le dire et sans qu'on le sût jamais, s'il en eût été besoin, — mais Barbey d'Aurevilly laissait de quoi se faire enterrer : il mourait pauvre, soit ! mais sans devoir rien à personne, — au contraire. On avait parlé beaucoup aussi des particularités de son costume des chapeaux doublés de velours cramoisis, des jabots de dentelle, qui n'ont existé que dans ces misérables articles où l'on se moquait d'innocentes manies, sans réfléchir qu'il serait facile de reprocher à trop de gens leurs diverses manières de couper la queue de leurs chiens, à l'instar d'Alcibiade, et pour la réclame. Des œuvres de ce maître, de son esprit, de son caractère, on ne sonnait mot. Les journalistes n'aiment pas les lettrés, et les ignorent. Le plus infime reporter ne gagne-t-il pas plus d'argent que Sainte-Beuve ou Théophile Gautier ?

Un seul critique se mit au-dessus de ces dédains, et dans une page vigoureuse, la seule vraie, la plus éloquente, il vengea de l'injurieuse commisération des uns, de l'extravagante exagération des autres, le maître qui l'avait, tout jeune et très inconnu, accueilli avec bienveillance, l'honorant jusqu'à lui dédier un de ses livres. La reconnaissance de M. Paul Bourget console de certaines ingratitudes inavouables.

Avec Jules Barbey d'Aurevilly disparaissait toute une école, pour ne pas dire une race. Il était de ces puissants romantiques engendrés par Balzac, et qui firent les lettres de la monarchie de Juillet et du second Empire, dont aucun protagoniste ne survit. En ces temps reculés, la littérature n'était pas un métier. On n'y faisait pas fortune, et l'on s'étonnait plus encore qu'aujourd'hui de voir des gens de lettres entrer à l'Académie.

On atteignait quelque renommée dans le monde ou parmi la jeunesse; Barbey d'Aurevilly traversait cette époque si particulière et réellement si peu connue, regardant peut-être d'un peu haut, en *dilettante*, avouant à peine ses visées, plus préoccupé de succès de salons que de succès littéraires, en somme peu curieux d'amitiés illustres, et se tenant volontiers à l'écart.

Il ne connut en effet ni Balzac, ni Victor Hugo, Lamartine et Musset. Il vécut loin d'eux, sinon solitaire déjà, du moins timide et ombrageux, fier de la force qu'il sentait en lui, mais d'avance désespéré de ne toucher jamais au but de ses ambitions, et résolu à demeurer immuable dans ses idées et sa volonté.

L'homme peut être expliqué en partie par ses origines. Né à Saint-Sauveur-le-Vicomte, antique petite ville normande, bâtie dans un site charmant et toute pleine des souvenirs historiques de la domination anglaise, il eut pour mère Ernestine Ango, fille d'un bailli à robe rouge du Cotentin, lequel, tenu sur les fonts par Louis XV et la belle duchesse de Châteauroux, passait pour un « demi-Louis » comme on disait alors. Jules eut plusieurs frères, dont l'un, l'abbé Léon d'Aurevilly, mourut missionnaire eudiste. Son enfance, qui fut celle de tous les jeunes gentilshommes de ce temps de transition entre les violences révolutionnaires et les incertitudes du nouveau régime, s'écoula dans cette presqu'île du Cotentin dont il devait peindre les sites merveilleux et retracer les traditions héroïques dans ces livres qui ont fait de lui le Burns et le Walter Scott de la Normandie. Il reçut de ses parents ces manières chevaleresques, cette haute et sereine politesse qui laisse chacun à sa place avec l'horreur des vulgaires promiscuités et des camaraderies familières. Il commença ses études avec un prêtre, l'abbé Groult, et les continua plus tard au collège Stanislas, à Paris. Mais il accepta surtout l'influence d'un ancien aumônier de Madame-Mère, l'abbé de Percy, qui l'avait pris en affection, et celle de son oncle, le docteur Du Méril, maire de Valognes, chez lequel il passait ses vacances. On l'envoya faire son droit à Caen, où il connut Trébutien. Il voulait venir à Paris, mais la fortune de sa famille avait été compromise et sacrifiée dans l'héroïque aventure de la duchesse de Berry en Vendée. Heureusement le chevalier de Montressel avait laissé à son petit neveu une rente de douze cents livres, et ce fut avec ce modeste viatique que Barbey d'Aurevilly s'embarqua pour la capitale. Il y arrivait avec un goût passionné de l'aristocratie, avec le souvenir de Brummel et du comte d'Orsay, qu'il avait connus. Mais il était déjà un farouche d'indépendance, et, comme Byron, il s'apprenait à vivre dans un état de révolte permanente et de protestation continue.

Il ne reste aucune trace de la vie de M. d'Aurevilly dans ses livres. Il est avare de confidences. Il aima deux femmes, dit-on. L'une, qu'il appelle dans ses *Memoranda* l'*Ange Blanc*, l'autre qui fut peut-être l'angélique Eugénie de Guérin. Fidèle à sa dame, comme les preux des anciens âges, il aima jusqu'à en mourir, mais peut-être aux approches de la mort les illusions enchanteresses qui duraient depuis un demi-siècle disparurent-elles tout à coup, déchirées, émiettées par une brutale revanche de la réalité?... S'il en fût ainsi et qu'il eût à souffrir, nul ne s'en aperçut. Il supportait avec vaillance tous les assauts de la destinée, et, de même que Montaigne disait : « Que suis-je? », il disait, lui : « Qu'importe ! »

Les débuts de Barbey d'Aurevilly comme polémiste religieux datent de 1847, époque à laquelle il dirigeait avec MM. de Calonne et de Serres une *Revue du monde catholique*, qui disparut après la révolution de Février. Aucun journal catholique ne voulait de lui : on le trouvait compromettant, il effrayait les plus courageux par son ardeur à défendre l'orthodoxie, par les colères qu'il soulevait. Que s'il se résignait à publier des livres, le silence des uns, la malveillance des autres en arrêtaient au passage l'expansion.

Il écrivit tour à tour dans *le Temps*, *le Réveil*, qu'il avait fondé avec Granier de Cassagnac, Louis Veuillot et Brucker; dans le *Nain jaune* où il assommait l'Académie Française; dans le *Figaro*, le *Constitutionnel*, le *Triboulet*, le *Paris-Journal*. Mais il n'avait qu'une petite place dans ces diverses feuilles, et même on s'excusait de la lui donner: son originalité scandalisait. Comment pardonner à l'homme qui regrettait qu'on n'ait pas brûlé Luther, au lieu de brûler ses écrits? Qui rapetissait le cardinal de Richelieu à la hauteur de son rôle, réhabilitait Philippe II, glorifiait Catherine Emmerich et disait au Père Lacordaire: « Votre sainte Madeleine vient de Béthanie, sans doute, mais elle s'est arrêtée au passage chez une modiste de la Chaussée d'Antin! » Alors on plaisantait sur sa limousine doublée de velours, on le rangeait parmi les excentriques, et tout était dit. Un homme d'esprit peut-il porter des gants brodés d'or et des cravates ornées de dentelles!

J'avais, dans mon extrême jeunesse, la faiblesse d'accepter ces jugements tout faits, et de voir M. d'Aurevilly sous les apparences où il m'était montré. M. Eugène Veuillot en parlait en souriant avec indulgence, les librairies du faubourg Saint-Germain déploraient qu'il fût par trop hardi, les salons le boudaient à cause de ses impertinences à l'égard des *bas bleus*, et la politique même s'en mêla le jour où il fit remarquer que de tous les Bourbons depuis Henri IV, M. le comte de Chambord était le seul qui n'eût pas tiré l'épée. Cependant telles circonstances advinrent qui m'amenèrent chez lui un jour d'hiver, dans cette chambre si exigüe de la rue Rousselet, garnie de meubles de camelotte, avec une table étroite chargée d'encres de diverses couleurs, un guéridon encombré de livres en piles, et que décorait uniquement une miniature de sa mère, fort belle sous son chapeau Paméla de paille jaune à rubans bleus.

Dès les premiers mots, il dominait et séduisait : soit à ses *Dominicales*, dont un médiocre roman a fait la parodie, soit chez les rares amis où il se sentait libre de parler à sa guise, Barbey d'Aurevilly se montrait le causeur prodigieux qu'il était. Doué d'une mémoire surprenante, érudit comme un archiviste, ayant le don absolu de l'*expressivité*, emporté souvent par une verve un peu sarcastique, il faisait de la conversation un feu d'artifice. Sa belle figure bourbonienne, aux longues moustaches de roi chevelu, s'animait jusqu'à paraître jeune. Un éclair sombre brillait dans ses yeux très noirs, où se lisait une sorte d'angoisse, d'amertume ; grand, svelte, la taille bien cambrée, la poitrine large, le geste facile et noble, il n'avait rien d'un vieillard. Dans sa main toujours couverte de ce gant blanc à filets d'or qu'il se vantait de n'avoir jamais quitté, à travers tant de mauvais jours, il tenait son mouchoir, la fameuse petite glace qu'on lui a tant reprochée, et le verre de rhum où il aimait tremper les lèvres de temps à autre. Il avait de fort belles mains « les mains de Sardanapale » lui dit un jour Paria Korrigan (Madame Emile Levy); étrange compliment auquel il daigna sourire.

Il causait donc, se laissant conduire où l'on voulait, railleur sans être acerbe, prompt à la riposte, moqueur sans méchanceté, un peu précieux quand il parlait aux femmes, assez rude quand il parlait d'elles, mais ne se plaignant jamais comme Schopenhauer, qu'elles eussent les cheveux trop longs et les idées trop courtes. A certains jours il outrait la violence et le paradoxe, non par désir ou par besoin d'étonner, mais pour manifester brutalement, sous l'empire de quelque révolte intérieure, l'aristocratie de sentiments et d'idées, l'horreur du banal et du vulgaire qu'il y avait en lui.

Il possédait une singulière puissance d'évocation, un art exquis de décrire un site, en périodes aussi élégantes, en style aussi correct que s'il eût écrit au lieu de parler. Il enchantait, avec les mélancoliques paysages de sa pluvieuse Normandie, comme en décrivant une subtile analyse psychologique, ou en étudiant, avec des minuties de théologien, telles nuances dans la vertu, telles aggravations dans le péché. On recueillera ses mots, un jour ou l'autre, comme l'on a fait de ceux de Rivarol, de Champfort, du prince de Ligne. Ce même esprit il s'appliquait à le faire valoir en toutes choses: dans les dédicaces de ses livres, dans ses billets, d'une écriture carrée, à l'encre rouge ou verte, avec des flèches dorées et des paraphes fulgurants. A part ses lettres à Trébutien, le plus intime ami de sa jeunesse, il n'écrivit que rarement de longues missives ; il préférait le « poulet » du dix-septième siècle ; quelques lignes sur son papier à la devise *Never More*, scellé de son cachet *Trop tard*, ou de ses armes, *d'azur à deux barbeaux accolés d'argent, au chef de gueules chargé de trois quintefeuilles d'or*. Il avait un peu le goût des *concetti* à l'italienne, du *scherzo* : « Quand on a des opinions courantes, je les laisse courir ». Il s'amusait à ces rapprochements de mots, et quelquefois avait de jolies trouvailles, lorsqu'il disait, par exemple : « L'homme fait la fille avec toutes les filles qu'il défait. »

Malgré ce penchant à l'ironie et au sarcasme, et bien qu'il fût parfois impitoyable même envers ses amis, Barbey d'Aurevilly n'était nullement l'homme atrabilaire, vindicatif et méprisant, que l'on montrait toujours prêt à partir en guerre ! Il ne se mit en colère qu'une seule fois et c'était contre ce Nicolardot duquel il disait : « Quand Dieu me demandera de faire valoir mes droits pour entrer au Paradis, je lui répondrai tout simplement, *Mon Dieu, j'ai supporté Nicolardot!* » Personne, en effet, n'était plus bienveillant que M. d'Aurevilly, Il gardait de son éducation cette fleur d'urbanité, cette politesse raffinée qui a disparu avec les derniers survivants de l'ancien régime. Nul ne savait parler comme lui à une femme, à un vieillard, à un prêtre. Il était courtois avec les pauvres et les aimait. Il avait cette délicatesse à rendre service : il se privait. Pas de plus grand plaisir pour lui si quelques gouttes du Pactole jaillissaient dans sa bourse que de partager avec un ami. Il inventait alors un dîner exquis, à la Balzac, où l'on buvait héroïquement, en devisant le cœur sur les lèvres. Que de charmantes causeries dans le petit salon du café d'Orsay, ou au pavillon de Laurent, aux Champs-Elysées !

Un caractère aussi complexe que celui de Barbey d'Aurevilly ne saurait être jugé d'après les anecdotes fantaisistes de la chronique. Il faut avoir pénétré dans son intimité.

Parvenu à la vieillesse sans avoir obtenu, non pas la popularité dont il faisait fi, mais seulement le suffrage des intelligences d'élite; discuté avec une injuste passion; répudié par certains catholiques à cause de l'audace de ses peintures et de ses analyses dans le roman; en butte à l'hostilité des indifférents ou des sectaires en matière religieuse à cause de ses attaques réitérées contre l'hérésie, la libre-pensée, les théories modernes, il supportait sans colère la défiance de ceux-là et les sournoises rancunes de ceux-ci. Il avait librement accompli son sacrifice, ayant dit ce qu'il voulait dire et mené jusqu'au bout sa campagne.

Jamais il ne fit une concession à ses intérêts matériels, et le souci de sa dignité le préoccupait à ce point qu'il eût rougi de traiter une question d'argent. De là cette multiplicité d'éditeurs qui se jetaient sur lui comme sur une proie, et l'abandonnaient après avoir constaté que le meilleur moyen d'écarter la foule est d'avoir du génie, ou seulement du talent.

Ce qui émerveillait en M. d'Aurevilly, surtout

en ses dernières années, c'est la vie. Vieux, seul, sans famille, loin de sa terre natale, portant avec une incontestable noblesse un grand nom, auquel il aurait fallu l'appui d'une grande fortune, ayant dédaigné l'argent comme tous les hochets de vanité, après des luttes laborieuses et vaillamment acceptées, cet homme étonnait par la plénitude et l'intensité de sa vigueur. Jeune par le cœur et l'intelligence, jeune aussi par l'éclat du regard, la splendeur du sourire, l'attitude robuste, il avait le culte de la force. Il aimait les ambitions viriles, les ardeurs martiales, la mâle jouissance de la volonté. Il méprisait le mièvre et l'efféminé. Lamartine, en l'appelant « le duc de Guise de la littérature » ne croyait pas si bien dire : il était vraiment de ce seizième siècle où l'on endossait la cuirasse d'acier par dessus le pourpoint de velours.

Sa sincérité dans la critique fit souvent accuser M. d'Aurevilly d'être un homme de parti pris, et certes il le fût, car il avait pris parti pour l'Église contre la Révolution, c'est-à-dire pour la foi contre le rationalisme, pour le dogme contre le libre examen. L'évêque de Tulle, Mgr Bertaud, orateur original et pittoresque l'appelait un théologien naturel, parce qu'il n'avait jamais erré en matière théologique. Il partait donc de principes et d'idées si absolument contraires aux théories modernes, il exprimait sa pensée en termes si clairs, avec une si farouche indépendance des opinions reçues, des jugements convenus, qu'il excitait la colère des uns, la raillerie des autres. Dans la discussion historique il est un adversaire aussi acharné de l'hérésie, un ennemi aussi passionné des hérésiarques, que purent l'être les antagonistes contemporains d'Arius, des Hussites, de Calvin.

La même constante pensée guide sa philosophie. Il a pour point de départ la Révolution. Il est non seulement spiritualiste, mais catholique, et intransigeant. Louis Veuillot n'a pas combattu plus violemment que lui ce qu'on appelait le catholicisme libéral, pour ne plus dire le gallicanisme. Il s'appropriait le fameux axiome : *Roma locuta est, causa finita est*. C'est donc dans la doctrine romaine qu'il prenait son mot d'ordre ; il en aimait l'immutabilité, la longue patience, la prudence et la fermeté. Il admirait la puissante organisation de l'Eglise, si peu connue de ses détracteurs, qui pour la plupart ignorent le mécanisme de ses institutions, les raisons *humaines* de son influence, la parfaite économie de sa discipline, et qui rabaissent l'Eglise aux proportions d'une paroisse rurale, ne voulant et ne sachant voir dans le Pape que « le chef des curés. » Barbey d'Aurevilly, lui, voyait autre chose dans la Papauté, et ne craignait pas de le dire, qu'il s'agit de Grégoire VII et d'Innocent III. ou d'Alexandre VI et de Léon X.

Autoritaire, absolutiste, il était en politique un césarien. Il n'aimait point les compromissions, les intrigues du régime parlementaire, le jeu des majorités, mais il n'adressait d'hommages à aucune souveraineté dans l'exil ; il ne concevait un roi que le heaume en tête et l'épée au poing, tenant sa couronne de son droit ou de son courage, et n'ayant de comptes à rendre qu'à Dieu. Ce féodal ne comprenait rien à nos royautés bourgeoises, et méprisait la force du suffrage populaire.

La critique de M. d'Aurevilly en matière littéraire était souvent acerbe, mais on la lui rendait bien. Il n'allait ni au succès, ni à la réputation acquise ; il lisait beaucoup et parlait de l'œuvre qui lui plaisait, selon son caprice et sans tenir compte de la mode. Paradoxal, brillant, d'une verve toujours soutenue, il se servait de son article pour exposer l'idée que sa fantaisie faisait éclore ; il s'amusait à jongler avec les mots, et Paul de Saint-Victor comparait son style à ces breuvages des vieilles sorcelleries, infernales mixtures de fiel de serpent et d'essences de roses, de débris sans nom et de liqueurs exquises.

Ce que Barbey d'Aurevilly aimait le plus, c'était son feuilleton de théâtre. Il assistait avec grand plaisir aux « premières. » Il se parait pour y aller, ne s'étonnait point qu'on le regardât et disait assez haut son opinion. Le théâtre moderne lui paraissait un art médiocre ; ni M. Augier, ni M. Sardou ne trouvaient grâce à ses yeux. Il préférait le gros drame de M. d'Ennery parce qu'il pouvait s'en moquer, en y pleurant. Peut-être partagea-t-il quelque temps la secrète tendresse que Louis Veuillot nourrit toute sa vie pour Dumas fils. Toutefois, en mainte occasion, il l'attaqua vivement, et je crois que de toutes ses pièces la seule qu'il lui pardonnât était cette *Dame aux Camélias*, dans laquelle Sarah Bernhard qu'il n'avait pas comprise auparavant et qu'il n'aimait pas, lui arracha des larmes et conquit son admiration. Il n'allait pas volontiers du reste aux comédiens en vogue, et n'acceptait guère la renommée que le journalisme leur départ, l'engouement dont il sont l'objet. Il ne hantait point les coulisses, jamais on ne le vit au foyer de la Comédie-Française, non plus que dans une loge d'opéra.

Ce que le public a le mieux connu (s'il l'a connu) ! en Barbey d'Aurevilly, c'est assurément le romancier.

Encore, n'est-ce que le romancier des œuvres parues, en ces dernières années, œuvres de jeunesse gardées au fond d'un tiroir, examinées par quelque soudain caprice, et refaites par le vieillard sur les pages tracées dans la fièvre des premières tendresses, et l'ardeur des premières impressions. Ces récits, où vibrent des passions enragées furent souvent reprochés à Barbey d'Aurevilly, surtout par ses adversaires qui mettaient en comparaison l'audacieux analyste du vice, le peintre de situations scabreuses avec le critique espadonnant contre la libre-pensée. Quand aux catholiques, ils désavouaient le romancier qui prétendait, éclairé par le flambeau de la foi, descendre dans les plus profonds abîmes, explorer les replis secrets du cœur humain, étudier enfin ce que le monde appelle fautes ou crimes, et qu'il appelait lui, le Péché. N'importe, il échoua dans cette tentative de faire accepter des récits ou l'orthodoxie la plus pure devait côtoyer des peintures trop colorées, des analyses trop subtiles. A certaines maladies de l'âme il faut le mystère du confessionnal, disait-on, et le péché est contagieux. Aussi arriva-t-il qu'une dame de lettres catholique, de celles qui édulcorent des romans filandreux pour les petites pensionnaires, et qui ne pardonnait pas à l'ennemi des *Bas-Bleus* d'aimer et d'honorer Eugénie de Guérin, porta ses complaintes au défunt archevêque de Paris, le cardinal Guibert. Et tant elle fit par basse vengeance, que le livre édité par un libraire catholique dut être envoyé au pilon. Je me souviens de l'indignation du vieillard lorsqu'il apprit qu'on lui infligeait cet outrage... Mais ce fut plus encore de la douleur, et sa colère même fut miséricordieuse pour la noble dame, de laquelle il sut le nom et qu'il ne voulut pas révéler.

Il ne m'appartient pas de faire œuvre de critique dans cette esquisse rapide. Il suffisait de montrer sous son vrai jour, et cependant avec discrétion, la figure inoubliable, à jamais, d'un homme qui fut un grand écrivain et un beau caractère. Les gens illustres mettent beaucoup d'années à mourir, et la résurrection ne vient qu'à son heure. L'influence de Barbey d'Aurevilly sur les lettres françaises, et particulièrement sur la jeune école, sera déterminée en son temps. Il revivra tout d'un coup, dégagé des légendes et des calomnies, quand les haines qu'il excita se seront apaisées, quand une génération plus forte que celle de notre décadence jugera plus fièrement que nous les hommes de notre époque, incompris et méconnus.

LE CONNÉTABLE

A PAUL BOURGET
de l'Académie française.

Vous qui avez tout vu, mon cher ami, en vos courses à travers le monde, par quoi vous furent inspirées tant de brûlantes pages de sensations, vous n'êtes point sans avoir vu, je présume, la statue de Guillaume-le-Conquérant, à Falaise. Ce sont des « pays » à moi qui l'ont taillée, les mêmes qui ont sculpté le Charlemagne du parvis Notre-Dame, au cheval tenu en bride par un Franc et un Gaulois, aux fins de symboliser l'alliance un peu forcée des deux races : Louis et Charles Rochet, deux frères qui s'aimaient, vertu rare en un temps où il y a beaucoup d'Atrides.

On prétend que l'effigie du monarque normand rappelle une figure que vous et moi avons bien connue parce que nous l'avons bien étudiée, et durant de longues années, et que nous l'avons étudiée avec un affectueux respect. C'est de la noble, hautaine et puissante figure de Barbey d'Aurevilly que je veux parler; moquable pour la tourbe des imbéciles qui ne veulent pas et ne savent pas voir, mais, pour nous toujours vivante dans notre mémoire, avec ses traits hardiment creusés, ravagés par de secrètes et amères douleurs, ennoblis par une bonté sans pareille, illuminés du regard loyal de ses yeux si purs et si profonds, égayée de ce sourire de compatissance et de raillerie qui nous laissait deviner, sous des apparences apprêtées, un caractère dont aucun homme, jamais, ne pourrait pénétrer le mystérieux et singulier tréfonds.

Qu'il ait ou non ressemblé au duc de ses ancêtres qui rafla l'Angleterre et en fit sa proie, Barbey d'Aurevilly reste bien l'incarnation du génie normand, soit par ses œuvres, que la jeunesse commence à méditer, soit par les allures de sa vie, d'une si incomparable noblesse. Il aurait été ce qu'il aurait voulu être s'il avait consenti à transiger, cet homme à qui M. de Pontmartin décocha, du bord de sa tombe, une insulte envenimée par tout ce qu'un demi-siècle peut amasser de poison dans un cœur envieux. Il ne fut rien, il ne mit aucun ruban à sa boutonnière, aucune palme à son habit, aucun argent dans sa bourse. Il fut un solitaire, Prométhée dont sa propre intelligence était le vautour, et qui, lui-même, ressoudait les anneaux de sa chaîne pour se cramponner au rocher et n'en pouvoir pas être précipité.

Il y a quelques années — c'était hier et c'était il y a des siècles, car on perd, en notre chienne de vie, la notion du temps ! — nous étions une centaine à l'accompagner au cimetière, ce grand homme méconnu, dont votre frère fut le dernier peintre : Camille Bourget faisait, en effet, le portrait de ce pauvre mort, gisant sur sa maigre couchette de la rue Rousselet, lorsque je vins lui apporter mon adieu suprême et mon filial hommage. Nous étions peu nombreux, par cette grise et triste matinée d'avril, à suivre le corbillard, que décoraient des fleurs, mais où l'on n'avait point accroché l'écu d'azur et de gueules du fier gentilhomme en qui s'achevait une race, en qui s'éteignait aussi, peut-être, les traditions et les souvenirs d'une école littéraire qui restera lumineuse dans les fastes de notre siècle.

Derrière notre ami François Coppée, conduisant le deuil, je marchais lourdement et maladroitement, ayant à mon bras un écrivain que vous avez connu aussi et qui n'est pas banal : Léon Cladel. Il m'entretenait du glorieux mort, de quelques-uns qui étaient là et de beaucoup d'autres qui n'y étaient pas Il évoquait des souvenirs, de sa voix un peu rêche, avec son accent du Quercy, et me redisait avec une effusion sincère son émotion, sa douleur. Moi, je pensais que la destinée me condamnait à ne voir mourir aucun de ceux que j'ai aimés et à apprendre au loin, très loin, et toujours trop tard, qu'ils disparaissaient de ce monde, sans que j'eusse même la consolation de leur rendre ce devoir de jeter un peu d'eau bénite sur leur fosse. Ainsi Louis Veuillot, Paul Féval, Henri de Pène étaient morts, et Léon Cladel aussi devait mourir sans que je fusse à leurs obsèques. Et j'arrivais à Paris de la veille, juste pour apprendre au réveil, le dernier soupir de mon maître.

Les années ont passé, mais n'ont rien effacé, mon cher ami. Je suis des gens qui se souviennent, qui ne veulent pas oublier. Je me revois en cet avril de 1889, entre Léon Cladel et Zacharie Astruc, près de Coppée et d'Huysmans, et de votre ami Richepin, et de quelques rares poètes, en deuil du grand poète et du grand esprit que nous ravissait, non la maladie que la science guérit, non la vieillesse, car ce vieillard fût devenu centenaire comme son aïeul, mais un chagrin qui lui fit dire, après la lecture d'une lettre : « *Je viens d'avoir le cœur traversé d'un coup d'épée.* »

L'heure n'est pas venue, je pense, de soulever quelques voiles. C'est à l'avenir qu'il appartient de les déchirer, quand il ne restera rien des luttes actuelles, des passions, des colères et des haines. Paix à l'âme du Maître, qui attend à Montparnasse la résurrection éternelle en laquelle il avait foi ! Paix à ceux qui le firent souffrir, car il nous commanderait le pardon si sa voix pouvait arriver à nos oreilles...

On a, cette année, de même que les autres, et depuis qu'il y a un art officiel, inauguré beaucoup de statues, mon cher ami. La France en compte un si grand nombre que l'on se demande où l'on peut encore trouver du bronze pour faire des canons, et du marbre pour faire des autels. A Paris, il n'est plus que le carrefour de la Croix-Rouge qui soit privé de cet ornement : est-ce parce qu'on y voyait autrefois le pilori de la croix du Trahoir? Il est certain que ce peuple de statues est encore insuffisant et que le métal manque, la pierre aussi, puisque ni Balzac, ni Hugo, ni Baudelaire n'ont encore leur monument et que, s'il fallait en ériger à tous nos grands hommes, il conviendrait d'aligner les statues au long des routes nationales, à l'ombre des platanes et des peupliers.

La statuomanie est assurément un de nos vices, un des plus véniels, car vous savez qu'on n'a que l'embarras du choix. Elle tient encore à des causes qui sont artistiques seulement en apparence : je ne vois aucun inconvénient à ce que l'Etat fournisse du travail aux artistes, je souhaiterais seulement qu'il ne feignît pas de les payer, et les récompensât plus généreusement de leurs peines. J'admets donc sans conteste que des politiciens aient leur image au beau mitan de la place du Marché de leur ville natale, que Rabelais soit coulé en bronze ici, et du Bellay ailleurs, qu'on imagine même la pourtraicture de Melin de Saint-Gelais, ou qu'on déterre l'armure de quelque sergent de batailles du quinzième siècle pour en faire un pendant à Bayard. Tous les rois, tous les ducs, tous les capitaines, tous les poètes ont droit à l'icone, pour peu qu'il s'agisse d'un mail à meubler, d'un cours ou d'une esplanade à décorer, ou d'un sculpteur à faire vivre. Je voudrais seulement qu'on y mît de la justice.

J'ai l'honneur d'être savoyard, et je m'étonne que Joseph de Maistre n'ait pas encore de statue en Savoie, alors que le président Favre, d'ailleurs illustre, mais dont vous n'entendites point parler, a la sienne. En France, d'ailleurs, on remarque que les Louis XIV et les Napoléon pullulent, tandis que Louis IX, véritable créateur de notre législation, et Louis XI véritable fondateur de notre unité, n'ont inspiré aucun artiste. Le premier eut, je l'avoue, le tort d'être un saint ; le second, celui d'inspirer un très beau roman à Walter Scott. Mais nous avons une Ecole des chartes pour nous apprendre les *Olim* et réfuter *Quentin Durward*.

Eh bien, mon ami, vous avez déjà compris que je veux vous entretenir de l'urgence qu'il y aurait à accorder à Barbey d'Aurevilly la gloire posthume d'un monument. Il y a quelque temps, à Montauban, et dans la seule intention de démentir l'Ecriture, qui dit : « *Nemo propheta* », on érigeait le buste de Léon Cladel. Certes, Montauban n'a point à se repentir de s'être honoré du souvenir d'un écrivain laborieux, puissant, d'un talent magnifique, dont l'œuvre mérite l'attention des lettrés, et qui a contribué pour sa large part au mouvement intellectuel de l'époque. Ses amis ont noblement agi en lui donnant cette marque de haute déférence. Mais ne croyez-vous pas que Saint-Sauveur-le-Vicomte, où naquit Barbey d'Aurevilly, ou Valognes, qu'il revoyait chaque année avec bonheur, ne s'honorerait pas en lui élevant à l'angle d'une rue ce monument que Paris peut-être, lui refuserait parce qu'il milita ?

Oui, à l'angle d'une rue de cette ville de *des Touches*, je voudrais voir une niche en rocaille, peu profonde, et, sur un soubassement armorié, un buste en bronze, celui dont M. d'Aurevilly disait : « C'est une œuvre haute! » Si vous voulez le revoir, ce buste, il est chez Zacharie Astruc, qui l'exposa il y a vingt ans. Vous le connaissez : on vous en a parlé souvent. Il rend bien la physionomie tourmentée, l'allure altière, l'expression personnelle du maître : c'est bien son nez busqué, sa moustache mérovingienne; son regard d'aigle. C'est un ouvrage de large exécution, vraiment monumental, travaillé de main de maître Comme il ferait bien sur la façade de cet hôtel du dix-huitième siècle où J. B. d'A. — notre immortel, comme nous l'appelions! — vit le jour en 1808, et qu'il venait contempler de la fenêtre d'une chambre que le menuisier d'en face lui louait à la journée!

Je ne sais que vous et madame Sévérine qui ayez, en d'autres temps, pensé à ce monument que notre génération littéraire doit à celui qu'on a appelé « le Connétable ». Pourquoi Connétable ? Parce qu'il était évidemment le premier après le Roi. Parce qu'il représentait l'ancienne chevalerie que sa plume tranchait et coupait tout ainsi qu'une épée, et qu'enfin il offrait, dans son caractère, dans sa vie, dans ses œuvres, quelque chose d'inexprimable, de si grand et de si éloigné du vulgaire qu'on cherchait par quelle appellation extraordinaire il le fallait désigner.

Vous m'objecterez sans doute, que l'heure présente est mal choisie pour semblable entreprise. Que vous ayez raison, je vous le concède. Mais l'église sonne la cloche toute la journée : tout le monde ne prie pas au son de cette voix qui appelle à la prière, et, pourvu qu'il y ait un petit enfant qui balbutie *Ave*, la cloche a fait sa besogne, et l'église est contente. Parlons de notre vieil ami, et pensons-y. Nous y ferons penser les autres.

Vous vous souvenez de nos dimanches de la rue Rousselet, que vous acheviez dans la maison embaumée de roses du poète Saadi... non, je veux dire Coppée. Nous devons beaucoup au Maître qui prononça l'*Eppheta* sur notre intelligence, qui nous apprit un peu de ce qu'il savait et nous donna un peu de son cœur. Quand il vous plaira d'acquitter la dette, je vous demande d'être de moitié avec vous et ce sera encore un moyen de consolider l'amitié cordiale née entre nous aux côtés du pauvre vieil homme, du gentilhomme sans peur et sans reproche que nous avons sincèrement aimé.

LÉON CLADEL

> « J'aime les paysans : ils ne sont pas assez savants, pour raisonner de travers. »
>
> Montesquieu.

Au jour sinistre de la bataille de Roncevaux, après que Roland eut vainement appelé aux sons de l'olifant d'ivoire, le vieil empereur Charlemagne, qui n'entendit point hélas! ces appels désespérés et rauques à travers les gorges des Pyrénées; avant que le paladin ne tombât devant les entassements de cadavres, gisant dans la vallée, comme les rangs d'épis tranchés par la faux du moissonneur, le robuste pair, se voyant accablé par le nombre, et craignant que son épée, sa Durandal, jusqu'alors invaincue, lui fut prise par le traître Ganelon, saisit la lourde masse de fer par la pointe et la lança dans l'espace, en criant : « Va, ma vaillante, reposer aux pieds de Madame la Vierge, qui te gardera des infidélités! » Or, l'épée traversa les airs et vint s'abattre sur l'autel du sanctuaire de Rocamadour, sis dans le val ténébreux de l'Alzon, en plein Quercy. Et depuis lors, dit la tradition, elle y est restée.

Cette légende à la fois héroïque et naïve, c'est tout le Quercy, le Quercy *blanc* aux térébinthes odorants, aux verdoyants tapis de lierres et de clématites, mais surtout le Quercy *noir* aux vastes champs de bruyères, aux énormes fougères, aux sombres rochers recélant du fer, aux aspects sauvages, aux coins arides, qui eussent inspiré le pinceau de Salvator Rosa : contrée agreste et abrupte où naguère encore duraient les guerres de clocher à clocher, où les bergers, quand ils ne font pas, parmi les *pierres levées*, résonner contre leurs dents, entre leurs lèvres, le *tintarro*, se battent à la fronde ; contrée où se creusent de vertes vallées, où se dressent d'orgueilleuses montagnes, où des horizons immenses évoquent une mélancolique poésie, et dont les habitants furent nommées par un latin *fortes Cadurei*.

C'est dans ce pays éloigné de nos civilisations corrompues, mais qui a ses corruptions aussi, et combien plus vigoureuses, que naquit Léon Cladel, à Montauban, la ville du *Mont du Saule*, de Pierre Cladel, bourrelier, et de Jeanne-Rose Montastruc. Au moment où il vint au monde, un roi libéral régnait en France, mais ne gouvernait pas, et la Révolution qui avait acclamé en ce monarque « la meilleure des républiques » devenait féconde, initiatrice de ce grand mouvement intellectuel dont la génération de 1830 vit l'aurore et dont la triste fin de notre siècle voit peut-être la décadence.

Pierre Cladel, brave et solide ouvrier, à qui son labeur de chaque jour, sans autre repos que celui du dimanche, donnait l'aisance, et que son fils a peint en traits admirables sous le surnom de compagnonnage *Montauban-tu-ne-le sauras-pas* eut l'ambition de faire instruire ce fils et de l'élever à quelques degrés plus haut que lui sur l'échelle sociale. C'est la loi moderne. Tandis que les maisons nobles vont en déchéance, emportées, a dit Balzac, par de grandes fatalités, les familles plébéiennes montent, enrichies par le travail et maintenues par l'épargne. L'enfant de la paysanne vécut dans cet atelier où tout lui rappelait la charrue, et quand il revenait du collège la mémoire enfiévrée des laboureurs et des bergers de Virgile, des héros d'Homère, il retrouvait le calme, paisible et simple intérieur où la vie laborieuse et frugale s'écoulait sans secousses, entre les joies du foyer, les souvenirs des aïeux, les croyances opiniâtres et consolatrices, les espérances longuement et chèrement caressées. Ce que furent ces premières années, tous ceux peuvent le comprendre, qui ont connu les douceurs de la médiocrité. Dans cette condition modeste, les plus petites choses ont une importance, les moindres faits sont des événements, il n'est rien de banal dans la vie, tout est plaisir et chaque fête a ses allégresses. On voit de près les réalités laides, les nécessités humiliantes, les fatigues pénibles, mais on méprise les unes, on ne s'épouvante point des autres, on apprend à subir, on grandit en force et en raison, et quand viennent les illusions ensoleillées de la vingtième année, tout se transforme, comme sur l'ordre d'une fée. On a su obéir, on saura commander, et déjà l'on est certain que même la misère peut être joyeuse !

Ses études achevées, Léon Cladel rêva la gloire littéraire. Son histoire fut alors celle de beaucoup d'entre nous. En ce temps là le métier d'hommes de lettres n'était pas une profession classée. Murger inventait la bohème, où le seul individu *pratique* était Baptiste, l'honnête serviteur qui dévorait tous les argents. Si Montauban-tu-ne-le-sauras-pas se dispensa de maudire son rejeton, c'est que celui-ci fut ostensiblement clerc de notaire ou d'avoué : le paysan sait que l'avoué est comme le lierre, il *prend* partout. On pardonna donc vaguement au jeune homme ses vagues écritures. On ne sut pas qu'il fréquentait Alfred de Musset, devenu buveur d'absinthe, ni que Charles Baudelaire, buveur d'opium, s'amusait à corriger un de ses livres.

Et quand il revint au logis paternel, ayant publié son premier roman et gagné ses premiers sous à la pointe de sa plume, ce fut alors seulement que l'artisan comprit qu'il y a un état où la fortune passe après la gloire — mais arrive quand même ! — et qu'il pardonna à son fils d'avoir déserté la bazoche et rompu son ban.

La gloire naissante de Léon Cladel reçut la plus éclatante consécration et la plus chère à son cœur. Son père, qui se mourait, voulut être enterré avec le premier livre de son fils, dans la « caisse », et le

Bouscassié fut enseveli avec ce cadavre, rendant ainsi à l'auteur le plus magnifique hommage qu'il nous soit donné de recevoir, à nous, les ouvriers de la pensée, toujours las et jamais contents! Cet étrange récit, comme tous ceux de Léon Cladel, renferme des tableaux charmants, grandioses ou terribles du Quercy ; paysages splendides décrits avec la fougue et la *maestria* d'un impressionniste sincère. Le réalisme est ici d'une poésie sauvage et superbe ; les villages, les champs, les forêts sont la reproduction exacte de la nature et pourtant n'ont rien de repoussant ni d'informe. Les types, d'une bizarrerie un peu cherchée, sont aussi curieux et sympathiques qu'originaux. L'écrivain aime les scènes violentes, les péripéties dramatiques ; il excelle à faire mouvoir les foules, il enivre le lecteur de luttes, de batailles, d'expansions virulentes, et laisse en son âme un regain de colère, une puissante folie de la force brutale. C'est que Léon Cladel est un intempérant, dont les moindres mouvements du cœur et de l'esprit sont des amoncellements de passion, d'une ardeur et d'une exubérance à faire pâlir des poètes d'épopée. Rien n'est petit dans ses héros, Tous sont énormes dans le vice, aussi bien que dans la vertu, quoique, selon Byron : « Le vice cherche la variété, tandis que la vertu reste immuable comme le soleil et tout ce qui tourne autour d'elle en reçoit la vie, la lumière, et l'éclat (1) ». Ses paysans sont d'immortelles figures, découpées à l'emporte-

---

(1) Lord Byron. *Marino Faliero*, acte II.

pièce; personnages épiques, amples et vastes, à l'égal de demi-dieux. C'est fort beau, mais c'est trop beau. Moi qui ai vécu la moitié de ma vie au milieu des rudes montagnards alpestres, durs comme leurs rochers, francs et purs comme les torrents de leurs glaciers, je ne reconnais personne parmi les siens; je ne vois chez lui aucun homme qui tremble au nom de Dieu, qui prie et se résigne, qui sache aimer et qui veuille être aimé. Des appétits et des convoitises, des sensations, pas de sentiments, voilà dans ses livres ses hommes du Quercy. Ils se battent bien, boivent à miracle, mangent superbement, et font l'amour. Mâles admirables, c'est possible! Hommes? Fort peu, et chrétiens pas du tout. Ils sont des païens, des celtibériens ramenés à nos proportions minuscules. Léon Cladel a rêvé des ancêtres et copié des descendants — bien descendus.

Cladel avait la finesse du paysan, son acuité de compréhension, sa songerie ; il n'en eût point l'âpreté. Il était doux et cordial, préoccupé surtout de son œuvre et sans aucun souci des choses extérieures. Il fut un père de famille passionné.

Tout en haut de sa maisonnette, il y avait une mansarde blanchie à la chaux, meublée de tables en sapin brut, de chaises de rebut: pas un tableau sur les murailles, pas même une serpillière devant les vitres claires de la fenêtre d'où l'on découvrait les jolis aspects de la banlieue de Paris. C'est là qu'il travaillait, ayant autour de lui des monceaux de paperasses. Il n'avait besoin ni des riches tentures, ni des bibelots précieux, ni des tapis, ni du plus strict confortable, son *home* était un laboratoire. Il y vivait en compagnie de ses héros et de ses héroïnes, et son imagination changeait constamment les décors de ce pauvre théâtre, en inventait à chaque instant de plus nouveaux et de plus beaux, évoquait des visions d'épopée, forgeait les plus étonnantes aventures.

Cet insouciant des splendeurs de l'art, ce solitaire auquel il fallait le silence et l'isolement d'un village suburbain, ce bonhomme toujours un peu débraillé qui préférait les sabots aux brodequins, et ses houppelandes sans forme ni couleur aux fashionnables travestissements à la mode, ce paysan qui mettait une certaine affectation à paraître bonasse, à consteller de mots patois son langage un peu cherché que le redoutable accent languedocien rendait encore plus âpre, fut pourtant un artiste, véritablement épris du beau, et sachant l'exprimer. Et ce rustique, ce démagogue tout plébéien qu'il voulut être, fut aussi un raffiné d'aristocratie. Il voulait à ses livres une élégance qui les distinguât. Il n'en est pas un qui soit banal en ses apparences. L'un est imprimé sur papier bleu, l'autre est de format carré ; pour celui-ci, des encadrements vert-chine, à celui-là, un titre d'argent sur vernis noir. Chacun a le portrait du maître en frontispice ; eau-forte, pointe-sèche, crayon ; Rodolphe Julian, Le Qain, Fernand Bouisset, Ferdinandus, et tant d'autres ont ainsi pourtrait Cladel, ont orné ses récits de merveilleux dessins, faisant un tableau plastique du poème écrit.

De plus, il a voulu, par une coquetterie pleine

de raffinement, non seulement dédier chacun de ses récits à des amis chers, dout le nom serait une broderie pour son œuvre, mais imposer à ces mêmes volumes une préface également signée d'un nom ami, et comme les artistes, des écrivains rares lui sont venus en aide, glorieux d'être associés à sa gloire : Charles Baudelaire, Edmond Picard, Paul Bourget, Clovis Hugues, Camille Lemonnier, Hector France, Octave Uzanne, Jean Bernard, Maurice Talmeyr, Camille Delthil, sans parler de Louis Veuillot et de Barbey d'Aurevilly, dont il tint à reproduire les pages vibrantes.

Ce que pensent de Léon Cladel les maîtres en l'art d'écrire prouve son aristocratie. Comme, du reste, l'indique sa préoccupation des éditions luxueuses, des papiers de choix, des belles images, de l'incessante reproduction de son visage, de l'enveloppe matérielle en un mot de sa pensée. Et ce très singulier souci de la forme, cet amour des choses artistiques, et par conséquent point vulgaires, ne contraste-t-il pas avec les sujets populaires ou champêtres, prédiligés par l'écrivain, qui ne songeait pas d'ailleurs à décrire un monde ou il ne lui plut jamais de pénétrer? Assurément Cladel n'a connu marquis et duchesses que par des lectures quelconques, et même il a dédaignés de mettre en scène les hobereaux de sa Gascogne ; à peine, par ci par là une silhouette de gentillâtre, ou bien quelque noble haïssable mis en opposition avec le farouche et vertueux citoyen qui veut lui couper la tête, ou, à la moderne, « le coller au mur. »

Le « procédé » de Léon Cladel se ressent de son goût pour le singulier, le bizarre et l'étrange.

Il aime la phrase très longue, hérissée d'incidentes, bardée d'épithètes ; il aime la locution pittoresque, voire quelque peu triviale ; il affecte la brusquerie, parfois la brutalité. Violent toujours dans l'expression, il ne ménage point les termes. Boileau appelait un chat un chat, et Rollet un fripon. Lui, excède la mesure. Un détail peut montrer à quel point Léon Cladel poussait le besoin d'étonner, c'est le choix du nom de ses personnages, qu'il les baptisât Paul-des-Blés, Alpinien, Charlemagne, Yvejean, voire Crête-Rouge ou N'a-qu'un-œil, c'est fort bien ! Mais s'il voulut bien en ses premiers livres se borner à quelque recherche de l'extraordinaire, il arriva à l'instar du Nicolet des marionnettes, à fabriquer de plus fort en plus fort, des Uzeno Cassitrop, des Quœl, des Hydulpho, des Mannerald, des Kalgresbi, des Daldanral, des Ziogularay, sans parler des Xoïotix, des Wilfrid d'Yekorvast, des Kluakawr, des Yxelu. On se croirait en Bulgarie, en Tartarie ou dans ces pays d'Extrême-Orient ou les mots sont faits de consonnes et vociférés avec des grimaces diaboliques. A tout prendre, j'aime mieux les Sang d'Aiglon, les Touffedelys, et les Feuardent, de Barbey d'Aurevilly, et mieux encore les Hulot et les Birotteau de Balzac : ce sont au moins des noms français !

L'œuvre de Léon Cladel comporte plus de trente volumes, dont quelques-uns hors de pair. L'œuvre la plus considérable de Cladel raconte les paysans de son Quercy. Depuis *la Terre*, on accuse avec raison M. Zola d'avoir inventé un autre paysan que celui de Cladel et celui de Balzac. Or, nous sommes tous d'accord et nos disputes sont parfaitement chimériques. *Le* paysan n'existe pas, il y a *des* paysans ; celui de Bretagne, celui d'Auvergne et celui de Savoie qui se ressemblent par tant de côtés ont néanmoins d'essentielles différences ; il y a autant de distance du cévenol au champenois, du picard au provençal, du normand au dauphinois, que de l'espagnol à l'anglo saxon. Chacun revêt le caractère du pays qu'il habite : le montagnard n'a presque rien de commun avec l'homme de la plaine, et le riverain des mers ou des lacs s'éloigne infiniment du forestier des Ardennes. Ce sont là vérités de La Palisse, assurément, et qu'il fallait pourtant redire, aux fins de démontrer qu'une synthèse du paysan est aussi impossible qu'une synthèse de la femme.

De même que Souvestre et Féval ont décrit avec verve les paysans de leur Bretagne, Barbey d'Aurevilly, ceux de Normandie, et George Sand, ceux du Berry, — qu'elle a sans doute trop idéalisés. — Léon Cladel décrit à merveille ceux du Quercy, de ce midi noir et tourmenté, pays de gouffres, de sites horrifiques, d'horizons majestueux, de traditions séculaires, de superstitions mystérieuses ; il les peint tels qu'ils sont, en les grandissant par son inspiration poétique, il leur prête son âme, ses ardeurs, ses colères, son adoration de l'excessif, ses violences.

Il les embellit dans leurs amours, les exaspère

dans leurs combats, les emporte en un vol triomphant d'épopée rustique. Et pourtant si l'on cherche bien, si l'analyse est patiente et persévérante on découvre aisément que Léon Cladel, qui est l'homme des foules et de la plèbe, qui chérit les humbles et les pauvres, méprise le paysan comme Balzac le méprisait. Il lui en veut de ne point correspondre à son idéal. En lutte sans trêve ni relâche avec la nature, le paysan répugne aux instincts démocratiques.

Résigné à son sort, soumis à une loi d'hérédité rarement violée, il travaille de l'aube à la nuit pour vivre de peu, en faisant la richesse de ses maîtres et de la patrie. Il n'est pas le *peuple*, au sens politique du mot, car il est toujours de l'avis de celui qui gouverne, par un respect inné de l'autorité, et l'insurrection n'est pour lui le plus saint des devoirs que lorsqu'elle est la Jacquerie : il se bat, alors, pour ses intérêts et non pour des théories. C'est pourquoi la démocratie ouvrière le dédaigne et lui fait son procès.

La préface de la *Fête de Saint-Bartholomé-Porte-Glaive*, qui est un fort beau morceau d'éloquente littérature, est aussi le plus violent des réquisitoires. Léon Cladel ne craint pas d'y affirmer que le paysan est « avide, envieux, hypocrite, fourbe et cynique, couard et brutal », lâche et superstitieux, et par dessus tout honteusement soumis au despotisme, quel qu'il soit. A son insu, il rend hommage à une vérité toujours méconnue, et s'il le maltraite si rudement c'est que le paysan ne s'est jamais laissé asservir par les théories, parce qu'il a toujours fait échec à l'influence néfaste des fourbes des grandes villes. Et cela lui pèse, que l'homme des champs — dirait Berquin — échappe à ces influences des doctrines absolument révolutionnaires et redoute les pouvoirs occultes qui dirigent maintenant une société débarrassée de son Dieu, de ses traditions, de ses souvenirs, de son passé.

Par plus d'un côté l'homme de nos Alpes se rapproche de l'homme du Quercy. L'un et l'autre ont dans leurs veines quelques gouttes du vieux sang des Celtes. Le Savoyard est resté l'homme de la terre et de la roche, le montagnard qui se rapproche de Dieu en prenant pour piédestal ses hautes cîmes. Il est railleur, mais non loquace ; il est méfiant et non crédule ; il est positif et pratique, sans être sceptique ; bonhomme, sans façon et cordial. Pour naïf, il ne l'est point : il sait observer, comprendre et se taire. Patient, persévérant, laborieux, économe, il travaille à petit bruit, mais sans relâche. Il entasse un sou sur un sou, parce qu'il voit que les petits ruisseaux font les grandes rivières. Jamais il ne se décourage parce qu'il a vu que l'audace et l'obstination triomphent des pires obstacles ; n'a-t-il pas tapissé de vignes florissantes les pentes caillouteuses de ses montagnes, défriché des plateaux où l'aigle construisait son aire, changé des marécages en champs fertiles, reconquis sur les eaux vagabondes les rives qu'elles inondaient ? Certes, le Savoyard n'a pas la maladie de l'enthousiasme : tête froide et cœur chaud ! Il réfléchit avant d'agir : il ne réfléchit jamais avant de rendre service. Entrez dans la plus modeste maison de l'un de nos hameaux vous verrez l'aïeul et l'aïeule et les petits enfants empressés à vous servir. On ne refuse à personne place au feu et place à table ; s'il n'y a pas de lit, sous le toit enguirlandé de *meilles,* il y a dans la grange du bon foin odorant où l'on dort un si bon sommeil ! Ces braves gens vous les paierez d'un sourire et d'une parole amicale, et si pauvre qu'ils soient vous les offenseriez en leur jetant quelque monnaie qui vous dispenserait de leur dire : merci.

La maison paternelle est un foyer où se succèdent les générations. Tous les enfants y reviennent; les aînés y vivent obéissants et soumis au père, quand même ils seraient déjà eux, des aïeux. Les vieux imposent le respect, les femmes inspirent la tendresse. La mère a allaité toute sa nichée : une douzaine de gentils chérubins aux joues rosées, aux boucles blondes. Elle est robuste et vaillante, épanouie par les fatigues même de la maternité. Pas un instant du jour elle ne reste oisive. Servante des grands et des petits, elle est honorée. Croyez-vous qu'elle envie le sort des riches ? Que lui importe ! La religion consolatrice l'assiste dans ses misères, aussi ne murmure-t-elle point quand la tâche serait trop lourde. Et ce n'est pas cette femme-là qui suggérerait à son mari les folles convoitises, les misérables haines qui remplissent de malheureux les hôpitaux et les prisons.

A l'heure où le soleil, achevant sa course, disparaît derrière les sommets, irradiant encore dans le ciel ses longues flèches d'or, cette mère s'agenouille et avec elle, autour d'elle, les vieillards aux cheveux blancs et les blondes fillettes et les garçons. Alors, devant l'image enfumée, du fond de cette chaumière ignorée du reste de la terre, s'élève un hymne de reconnaissance et d'amour.....

Que nous voici bien loin des brutes de la *Terre*, et même des rustiques commères, des joyeux compagnons, des âpres laboureurs du *Bouscassié*. de la *Fête votive*, de *Celui de la Croix-aux-bœufs*!.. Il n'empêche que les paysans de Cladel soient de hautaines et de pittoresques figures, combien qu'il ne ressemblait peu ni prou à nos montagnards des Alpes, lents et lourds et opiniâtres comme les bœufs, mais qui croient que c'est Dieu qui tonne, suivant le mot d'Octave Feuillet, et qui ont d'autre fête que l'ivresse morne du lundi !

Léon Cladel fut-il socialiste? On l'ignore. Mais il estimait à coup sûr que la société est mal faite, en suite de quoi il l'eût en grand mépris. L'Etre suprême me garde de prétendre à définir la question sociale ! Au fond, c'est toujours l'histoire des gros poissons qui mangent les petits, ce dont les petits enragent; puis, à leur tour, les petits voudraient manger les gros, mais n'avouent à aucun prix que, devenus dévorants au lieu d'être dévorés, ils deviendraient à leur tour haïssables. Au fond encore, car il faut aller aux extrémités, c'est toujours la fâcheuse aventure de Caïn et d'Abel.

Léon Cladel a écrit un excellent volume de virulentes nouvelles, les *Va-nu-pieds*, à la gloire des petits, qui veulent happer les gros: le *nommé Quouel* est un des meilleurs types de ces récits. Il s'agit d'un vulgaire assassin qui mérite toute la bienveillance de la société, parce qu'on ne sait ni d'où il vient, ni où il va, qu'il adore une fille noble, la violente et la tue. Evidemment la société est dans son tort. Pourquoi l'honnête Quouel au lieu d'être bâtard, abandonné, ignorant et paresseux, n'est-il pas un de ces beaux Némorin qui épousent les Estelle! Il eût épousé la sienne, et nargué l'acariâtre société. Mais il est bâtard, et prend son bien où il se trouve. C'est un misérable, il a droit à tous les égards.

Parlons sérieusement. Que Léon Cladel fut un idéologue, on le peut concéder. Il paya d'un mois de prison sa manie de défendre les persécutés et de plaider la cause des pauvres. Il fut, du moins sincère, parce qu'il ressentait en lui un fond de croyance religieuse dont il ne parvint pas à se dépouiller. L'Evangile était sa robe de Nessus. Il en arracha des lambeaux, mais ce qui reste le consume.

Cœur dévoré de l'amour de son prochain, il eut toutes les charités, et surtout la plus précieuse de toutes, la charité intellectuelle, si rare, si méconnue. C'est un affamé de justice, avec l'illusion que ce monde doit donner à chacun selon ses œuvres, avec l'illusion que la justice peut régner parmi les hommes, ce qui exclurait pour ainsi dire l'idée d'une autre vie, devenue inutile. Il affirmait coupable, le riche qui n'est pas uniquement l'usufruitier de ses biens, coupable le vieux qui met un manteau d'or à ses vices, coupables l'avare, l'égoïste. Ce n'est pas de liberté qu'il a soif, on a toujours celle de bien faire : c'est d'égalité, et ce besoin d'égalité est particulier à l'ambitieuse race française qui n'admet pas les hiérarchies. Il a horreur du despotisme, de la guerre, des flots de sang répandus pour des intérêts dynastiques ou pour des fictions, et certes, il a horreur des échafauds de 93, des massacres et des noyades accomplis au nom du peuple, qui ne les commandait pas! Il plaide la cause des veuves et des orphelins, ne voulant pas reconnaître que c'est la faute du mari et la faute du père qui les a précipités dans les abîmes de la misère. Qu'importent les causes? il voit les effets. Tout pour les uns, rien pour les autres, lui crie notre société où l'extrême dénument cotoie l'opulence, où de fantastiques fortunes chiffrant le capital par centaines de millions absorbent la prospérité publique et oppriment des multitudes d'humains réfugiés dans la caste des esclaves. Et le joug de ces énormes finances, de la puissance de tant d'écus amoncelés pèse sur lui, que son génie rend l'égal des milliardaires et qui pourrait, du bout de sa plume faire un trou dans ces tas d'argent. Et il y essaie, il y tâche, il y peine. Il a compté ce que ces masses de métal représentent de fleuves de sueur, il en a la haine et il se révolte.

De tels sentiments, dans une âme généreuse, vibrante à tous les cris de souffrance, à toutes les douleurs des déshérités, sont-ils pour étonner? Ils se sont fait jour, pourtant, et non point dans les seules consciences des révoltés, dans le cœur des indigents, dans le cerveau des utopistes.

Qu'importe donc l'exagération des colères d'un écrivain sincère, que tant de dénis de justice ont indigné, que tant de malheurs publics ont attendri, dont le bon sens et le bon cœur se révoltent contre les conditions féroces du travail moderne, qui souffre avec les paysans écrasés d'impôt, avec les pères de famille privés de liberté, avec les filles du peuple condamnés à la misère ou au déshonneur, avec les enfants victimes de spéculations éhontées, avec les ouvriers plus attachés à la besogne, assurément, que les serfs du moyen-âge n'étaient liés à la glèbe ! Tous ces faits le fils du bourrelier, de Montauban les vit se produire et s'accentuer dès son âge mûr. Et peut-être, compara-t-il les situations présentes, avec ses années d'insouciante jeunesse, de labeur allègre, d'aisance dans la paix !...

De l'œuvre de Léon Cladel on peut inférer qu'il fut un laborieux, patient, persévérant artiste ; sincère, nourri d'intentions excellentes. Mais si j'honore en lui un grand écrivain, un honnête homme qui voulut être un bon citoyen, je le plains de s'être écarté de sa voie. Il me souvient d'un dîner où il fut, entre un vieux prêtre breton qu'il enchantait par sa sincérité et Barbey d'Aurevilly, qui tympanisait ses fanfares de révolutionnaire endurci. La veille, il avait écrit à son hôte : « *Crête-Rouge sera des vôtres dimanche, et nous blaguerons les monarques, y compris celui de Cahors, le plus coupable de tous* ». Le vieux maître en portant un verre de Xérès à ses lèvres s'écria :

« Cladel, vous mourrez dans l'habit d'un capucin ! »...

Sa prophétie ne s'est pas accomplie !

ERNEST HELLO

Etiamsi omnes, ego non!

Monsieur Ernest Hello, par la miséricorde de DIEU *a été soustrait aux peines de ce monde et appelé au* SEIGNEUR, *muni des sacrements de Notre Très Sainte Mère l'Eglise, le 11 juillet 1885.*
C'est en ces termes que la mort d'un grand homme inconnu fut notifiée à ses amis, et c'est de ce grand homme inconnu que je veux entretenir ceux qui ont encore le bonheur d'aimer les lettres et le malheur de croire à la gloire.

Il se trouve que parmi ceux mêmes qui partageaient les croyances de cet homme sincère, et précisément parmi ceux-là, on a fait le silence autour de lui, quand il vivait. Cet affamé de justice s'est vu dénier la suprême justice. Les gens qu'il appelait ses amis l'ont renié, et le coq n'a pas chanté; pourtant cette magnifique intelligence une fois rentrée dans le néant, personne ne la pouvait jalouser, et les polémistes forcés d'admirer la grandeur de ce méconnu, peut-être eussent montré quelque bonne grâce à jeter des fleurs sur sa tombe. Mais non. Le destin lui était fatal, décidément, et la Revue qu'il avait de longues années animée de son souffle, la Revue du monde catholique, qui avait porté son nom aux quatre coins du monde, de ce monde pour lequel il écrivait, a dédaigneusement emprunté à un journal l'article incomplet et médiocre d'un critique « d'actualité », pour célébrer hâtivement l'un de ses fondateurs, et pour l'enterrer à tout jamais, puisque désormais *il ne peut plus rendre service*. En vérité, c'est une honte, et il importait que, parmi les sincères, cela fût dit.

Il y a déjà plus de trente ans, on rencontrait fréquemment dans les rues d'un Paris qui n'existe plus, si ce n'est dans nos souvenirs, — car la Guerre et la Commune ont élevé une barrière formidable entre le présent et le passé, — un homme que dans les foules, il *fallait* infailliblement remarquer. On ne l'oubliait pas, l'ayant vu une seule fois. « A le voir passer dans la rue, — disait Barbey d'Aurevilly, — distrait parce qu'il est préoccupé, traînant son infortuné pardessus qui croule de son bras vers la terre, le chapeau en arrière comme un anglais, ayant la seule piété qu'eut jamais Sainte-Beuve, la piété de son éternel parapluie, la tête au vent dans ses longs cheveux ébouriffés, on ne dirait jamais ce qu'il devient le soir dans un salon. Spirituellement laid, quelque peu voûté et la tête de côté comme Villemain avec son *nez à l'ouest*, illustré par Balzac, il n'a pas la méchante physionomie de cet affreux cuistre, parvenu en trois temps, mais la bonne humeur qu'on n'attendrait pas d'un homme qui n'arriverait peut-être pas en trente-six! »

Il négligeait, avec la suprême indifférence du penseur pour les choses extérieures, sa mise et son costume. Si bien qu'on le prenait parfois pour quelqu'un de ces tristes bohèmes qui traînent par le monde leurs insouciantes misères. Un jour même, une duchesse le prit pour un mendiant, faillit lui offrir l'aumône, et, comme elle s'en excusait, l'ayant reconnu :

— Ah! lui dit Hello, vous avez bien raison : je suis le pauvre des pauvres, car quel est le pauvre sinon celui qui a besoin? Et mon besoin est immense, il est infini. »

D'une taille moyenne, fort maigre, les épaules très larges et un peu courbées, Ernest Hello avait les traits de ces bourgeois du moyen-âge qu'on voit souvent transparaître dans les vitraux du quinzième siècle. Je ne me représente pas autrement Louis XII, *le père du peuple.* Un profil très net, parfaitement découpé et qu'on dessinerait, semble-t-il d'un trait : le nez long, droit, carré du bout ; la bouche large, bien dentée ; les lèvres charnues, qui trahissent la bonté, le menton proéminent et rond, qui annonce la volonté ; le front développé, les tempes unies et sans rides, encadrees des boucles flottantes de cheveux jadis bruns et maintenant de couleur indécise, et les yeux sous des sourcils épais, d'un arc très pur. Mais ces yeux, ne les peindrait pas Goncourt, le plus raffiné des analystes; des yeux gris d'opale, ternes parfois, et parfois reluisant d'un éclat surnaturel, ayant comme un reflet d'or ou de gemme; des yeux *regardant en dedans* et non plus miroirs *de* l'âme, mais miroirs *pour* l'âme qui s'y contemplait, des yeux candides d'enfant ignorant les choses de la vie, innocent des fautes d'autrui, car la parfaite innocence exclut le sentiment de la faute personnelle. Et lorsque, d'aventure, le regard de ses yeux daignait se poser sur les choses extérieures, on y lisait un perpétuel ébahissement; il devenait vite profond, scrutateur, *fouilleur*; il pressentait le mensonge, devinait la parole à peine éclose sur les lèvres.

La voix aussi n'était point ordinaire. Tantôt basse, grave, très vibrante, et tantôt grêle, aiguë, vociférante, Hello psalmodiait certaines phrases, en glapissait d'autres à tue-tête : et le geste accompagnait le verbe éloquent : un geste unique, ramenant, par un croisement des mains, des épaules, un manteau royal ; ou le bras étendu avec autorité, ponctuant de grandes estafilades dans le vide, les mots toujours véhéments et toujours précis.

Car le langage d'Hello ne cherchait aucune fioriture dans la rhétorique. Sa qualité maîtresse était la précision. Froidement, nettement, tout ainsi qu'un mathématicien zélé à la démonstration d'un théorème, il parlait, par périodes saccadées, poursuivant au vol son idée, malgré les interruptions et les incidents. On eût alors tiré le canon des Invalides, qu'il ne l'eût pas entendu. Obsédé par la pensée, il allait tout droit comme le boulet de ce même canon, sans que rien pût le distraire. Et sa force était en lui, était dans son immense confiance en lui-même. Assuré *d'être*, *d'exister*, intelligentiellement, il n'avait plus à se préoccuper des contradictions, et pas du tout des gens qui s'agitaient autour de lui, ou de leurs pensées. Il m'a bien souvent *regardé*, puisque je fus un moment de ses familiers : je suis sûr qu'il ne m'a jamais vu. Ou ce qu'il a *vu* en moi, et en les autres qu'il regardait sans les voir, ce fut l'être de raison qu'il s'était forgé, et auquel *il fallait* qu'on ressemblât.

L'indulgence et la bonté d'Hello, a dit un de ses biographes, étaient sans bornes envers ceux qui cherchaient la vérité dans la simplicité de leur cœur. Sa charité, sa générosité, sa noblesse étaient de grande et haute allure, et ceux qui les avaient un instant senties et comprises s'en trouvaient embrasés. L'amour qui débordait de son cœur se communiquait à ses auditeurs et quelques-uns d'entre eux se sont retirés le cœur transformé, agrandi et touché pour toujours.

Dans le commerce de la vie, Ernest Hello était rempli de bienveillance ; sa fierté n'était point hautaine ; il aimait à communiquer et livrait volontiers les richesses de son esprit ; il maniait l'ironie de main de maître, s'emportait contre l'injustice ou l'indifférence des hommes, mais il se serait reproché une parole de dédain et n'accablait pas ceux qui l'approchaient du poids de sa supériorité. Sa conversation était souple, lumineuse comme sa pensée ; car, dans ses écrits réputés les plus mystiques, nous le voyons, scrutant les paroles de l'Ecriture, signaler et mettre en relief la simplicité du récit dont il fait ressortir à la fois la grandeur et le charme dans la sobriété.

Tel Ernest Hello m'apparut, quand le hasard me mit en sa présence : j'étais encore fort jeune, et lui déjà vieux. On m'avait parlé de lui, au collège, l'équipollant à Louis Veuillot, qui fut sa grande envie, sur lequel il comptait, et qui lui manqua. Mettez un second obélisque sur la place de la Concorde !... L'obélisque Veuillot ne voulait à ses côtés que des chasse-roues. Et voilà pourquoi, même parmi les siens, Ernest Hello fut relégué au dernier plan. Il en est mort. Plus tard, je vis ensemble Ernest Hello, Barbey d'Aurevilly, Paul Féval, François Coppée. Devant ces gens, capables de le comprendre, il donnait libre essor aux fantaisies vagabondes de son imagination. Il soulevait des questions, et de celles que les génies aiment à résoudre, et il les résolvait. Ayant pénétré dans les replis les plus arcaniens de la conscience humaine, il répétait que *nihil humani* ne lui était étranger, et, tranquillement, avec la certitude de sa force, il soutenait des théories que les plus indulgents des *sensitifs* appelaient des paradoxes. On l'écoutait, ce qui est un résultat. L'alliance prétendue impossible des doctrines les plus mystiques avec les recherches les plus vicieuses de l'intelligence surexcitée, il la comprenait et l'expliquait : il disséquait les sensations terribles, l'orgueil, la délicate modestie, la peur, la haine. On ne discutait pas avec lui : il s'imposait. Sa voix parcourait toute la gamme, tantôt sourde et voilée, tantôt aigrelette et criarde. Et le charme de cette voix étrange tout le monde le subissait : il voulait qu'on l'entendît, et on l'entendait.

Un journaliste, un moment à la mode, et qui prophétise volontiers avec l'emphase solennelle des gens pour qui la vie réelle n'a que des mystères, s'ingénia d'appeler Hello un *druide*, et mit en avant, à cette occasion, tout l'antique attirail du romantisme : les chênes géants de la Bretagne, les dolmens et les menhirs, et les ressouvenances lointaines du gui sacré. Pour celtique, par le type, qu'il fut, Ernest Hello n'avait rien du druide, si ce n'est pourtant la mystique flamme de la foi qui le brûlait. J'aime mieux le mot de Lamartine, qui dit un jour, après avoir longuement causé avec Hello : « Je viens de m'entretenir avec le Platon chrétien ».

Ces sortes de définitions d'un homme sont toujours fausses : on n'est jamais ce qu'un autre fut. Et même la similitude est souvent inexacte : elle l'est ici, car si Platon eût été chrétien, il n'eût pas été Platon. Aussi ne rapporté-je cette parole du poète sacrifié aux besoins de fanfare dont cette fin de siècle est malade, que pour avoir un témoin que mon héros fut bien un homme. Il en est peu, maintenant. Celui-là a été, parce qu'il n'a rien été. Il n'a eu que beaucoup d'honneur, et pas des honneurs, au pluriel. On ne le comprenait guère. On le redoutait beaucoup : ses coreligionnaires affectaient de le rabaisser, et même son éditeur se montrait excédé du besoin de gloire qui possédait « son auteur ». Aussi que de promesses vaines ! que de ruses faciles, pour écarter cet opportun, qui se permettait de penser et qui savait écrire, dans un camp où la discipline gouverne surtout la pensée, et où l'on affecte la suprême indifférence de l'art. Ce qu'il en souffrit, lui qui savait et voyait, je le sais aussi.

La biographie d'Hello peut tenir en quelques lignes. Il n'eut aucune aventure, ne fit pas le moindre bruit, vécut sans tapage, et mourut dans un désert. Il naquit à Lorient, en Bretagne, en 1828. Son père deux fois député, fut conseiller à la cour de cassation. De ses deux frères, l'un fut magistrat, l'autre prêtre. Il fit ses étude à Louis-le-Grand. Il fonda *le Croisé*, avec Georges Seigneur, — un illuminé catholique et napoléonien. — Il publia ses livres. Voilà tout. Sa vie tient dans ces quelques lignes.

Ce qu'il y a de plus apparent dans le caractère d'Ernest Hello, c'est, je l'ai déjà dit, le désir, la convoitise, le besoin de la gloire : la passion déréglée. Si je feuillette, en effet, sa correspondance, j'y trouve bien des traces de ce sentiment, que j'ai peut-être mieux compris que ses détracteurs : « Je viens de lire, écrit-il, un article sur les historiens où vous nommez avec beaucoup d'habilité tous ceux dont vous voulez prononcer le nom. Si vous vouliez me faire intervenir dans une de vos lettres, cela vous serait très facile, et à moi très utile. » - « Je m'étonne toujours de votre silence dans *Paris-Journal*. La nature des articles que vous y publiez vous permet de m'y adresser une lettre, sans aucune difficulté. Cette lettre serait opportune, et justifiée par votre signature. *Vindex* a écrit à Henri Lasserre, qui n'a aucun besoin d'être vengé, puisque son livre a obtenu un immense succès. Et *Vindex* ne m'écrit pas quand je suis l'objet naturel et indiqué de sa revendication ! » — « Puisque vous vous appelez de ce beau nom de *Vindex*, dit une autre lettre, je dois être l'objet de vos pensées. Si M. B... ne peut faire directement un article sur mon livre, *l'index* pourrait très bien m'adresser une lettre, comme il l'a si bien fait à Barbey d'Aurevilly. Il pourrait m'adresser une lettre sur l'état intellectuel du monde, ou adresser une lettre à n'importe qui sur la justice intellectuelle, et citer à ce propos, *Caïn, qu'as-tu fait de ton frère ?* Vindex pourrait, en un mot, avec le nom qu'il porte, me faire intervenir en mille occasions. Il n'aurait que l'embarras du choix. »

Une autre missive explique celle-ci..... « Voici peut-être à peu près le sujet, le sommaire de la lettre que vous pourriez m'écrire : (Ernest Hello veut faire pénétrer le christianisme dans la vie pratique. Il ne veut pas que ceux qui s'appellent les *bons* laissent aux *méchants* l'initiative et l'activité. Il croit que les *bons* ne doivent se borner à s'abstenir du mal, mais qu'ils doivent aussi faire le bien, mais qu'ils doivent aussi faire le bien. Il déplore l'insouciance et l'indifférence de ces *bons*, qui veulent qu'on les défende, mais qui ne veulent pas défendre leurs défenseurs. Les hommes du mal se soutiennent entre eux. Les hommes du bien s'abandonnent et se divisent. Ernest Hello voudrait les exciter à l'initiative des œuvres utile et à la charité envers ceux qui les font. Il y a une charité oubliée qui est la charité intellectuelle : c'est la charité envers ceux qui travaillent et qui ont besoin d'encouragement. Dans tous ses livres il a suivi cette idée. Il déteste et poursuit particulièrement deux vices qui sont l'avarice et l'égoïsme. Il déteste ces fautes d'omission en vertu desquelles l'homme de bien laisse à ses ennemis toute l'initiative, toute l'activité, toute la puissance, et abandonne ses amis qui se découragent et se désespèrent. Il a développé ces idées particulièrement dans l'*Homme, Physionomies de Saints, Paroles de Dieu* ; il les a appliquées et dramatisées dans ses *Contes extraordinaires* où l'intérêt dramatique le plus poignant, se joint à la plus haute moralité. Dans ce livre social et pratique, beaucoup d'hommes peuvent trouver, sous la forme la plus agréable et la plus intéressante, de grands secrets et de grandes révélations.) Voilà à peu près ce que vous pourriez dire. »

C'est ainsi, du reste, qu'il parlait dans son chapitre de *la Charité intellectuelle*, où il jette un cri superbe contre l'indifférence, mère des crimes *par omission*.

« L'Évangile nous dit sur quelles paroles sera jugé le genre humain, ces paroles mille fois étonnantes de simplicité et de profondeur : *J'ai eu faim et vous m'avez donné à manger ; j'ai eu soif et vous ne m'avez pas donné à boire*. La récompense éternelle est promise à l'acte, le châtiment éternel à l'absence de l'acte, à l'abstention. Car DIEU est acte pur.

« La charité est tout en acte. Or, cette faim et cette soif, qui devenues souveraines, décerneront, au jour de l'éternelle justice, l'éternelle récompense et l'éternelle justice, l'éternelle récompense et l'éternelle châtiment, sous combien d'aspects étranges, imprévus, inouïs, apparaîtront-elles? Quelles stupéfactions elles réservent aux hommes! Un besoin jadis oublié, jadis moqué sur la terre, un besoin d'âme qui aura eu l'air d'une fantaisie aux yeux des hommes malveillants et ironiques, apparaîtra souverain. Il apparaîtra rémunérateur et vengeur, et l'éternité avec ses deux perspectives de joie sans fin ou de désespoir sans aurore, l'éternité dépendra du regard qu'on aura jeté sur lui, quand on était sur la terre, *autrefois.* »

Et ce cri bien humain, sorti d'un cœur qui a souffert :

« En tête des crimes par omission, figure ce crime suprême qui a le double privilège d'être absolument inaperçu et absolument monstrueux : ne pas rendre justice aux vivants. On se dit : « Oui, sans doute, c'est un homme supérieur. Eh bien, la postérité lui rendra justice. » Et l'on oublie que cette homme a faim, et pendant sa vie. Il n'aura ni faim, ni soif, au moins de votre pain et de votre vin quand il sera mort. Vous oubliez que c'est pendant sa vie que cet homme supérieur a besoin de vous et que, quand il sera envolé vers sa patrie, les choses que vous lui refusez aujourd'hui et que vous lui accorderez alors, lui seront inutiles désormais, à jamais inutiles. »

Autres lettres encore, car c'est là que l'homme

se révèle : « Puisque telles sont votre intelligence et votre bonne volonté, puisque vous sentez quelque chose de la situation qui m'est faite, je m'adresse à vous comme à un ami, je vous prie de veiller autour de vous sur mon souvenir, qui s'éteint ». — « Je vous serais très reconnaissant quand vous voyez des hommes de journaux de ne pas me laisser oublier par eux, et si j'avais quelque chose à faire, de me le dire ». — « Connaissez-vous un journal quelconque qui, le cas échéant, prendrait de moi quelques articles? Que devient M. d'Aurevilly? Il m'avait annoncé un volume de lui. Je devais avoir un chapitre dans ce volume ». — « Pardonnez-moi si je suis silencieux. Un peu de succès me rendrait peut-être plus communicatif. J'ai besoin de quelqu'un, tâchez d'être ce quelqu'un. Je suis tombé dans des maladies et dans des découragements qui n'ont de nom dans aucune langue. Il arrive un moment où l'on se dit : Je vais mourir de chagrin. L'oubli où l'on me laisse peut me conduire au tombeau, et je valais peut-être la peine d'être sauvé. » — « J'étais à Paris au moment de Veuillot. L'émotion que cet accident et la vue de ce cadavre m'ont causée m'ont fait écrire quelques pages qui ont rencontré un certain succès. Les grandes admirations que Veuillot me témoignait autrefois ont aussi retrouvé un regain d'actualité. Je vous adresse certaines lignes superbes qu'il a autrefois écrites sur moi. Illustrées maintenant par la mort, ces lignes produisent un effet singulier. Je vous serais fort reconnaissant de les reproduire partout où vous le pourrez... Si vous

avez quelque porte à votre disposition, ouvrez-la
moi, et quelque conseil à me donner, donnez-le
moi. Vous connaissez merveilleusement le terrain
de la publicité, vous avez plus que moi le don d'in-
téresser. Vous avez la main sur plusieurs cordes à
la fois. Faites-les vibrer, suivant les lois de l'harmonie, et tâchez que mon nom trouve place dans
la vibration. Ceci est nécessaire à tant de points
de vue que je ne saurais vous les montrer tous ».

Il serait désolant que ces fragments, pris au hasard, dans une volumineuse correspondance, fissent
sourire. Ce n'est pas de réclame qu'Ernest Hello
était assoiffé, mais de gloire. Et encore ce mot
gloire ne répondait-il pour lui qu'à l'idée de justice. La gloire ne lui paraissait pas un *but*, mais
un *moyen*. Il avait quelques vérités à proclamer,
et ne voulait pas les proclamer dans le désert.
Comme Jean-Baptiste, il ne voulait point parler
au sable, aux pierres, aux nopals rabougris, aux
maigres sauterelles, mais que sa voix arrivât à
l'oreille des hommes. Et rien ne l'y a fait parve-
nir. Tous ses efforts ont été vains, toutes ses ha-
biletés, stériles. Et quand je dis *efforts* et *habi-
letés*, j'ai pitié, car Ernest Hello fut toujours naïf
et candide, et ces trompettes de la Renommée,
dont le vague souvenir hantait sa mémoire, et qu'il
souhaitait faire emboucher pour lui, ne sont après
tout, que de misérables mirlitons.

Ernest Hello fit partie — si l'on peut dire qu'il
fit partie d'une société qui le tint constamment à
l'écart — du groupe d'écrivains dont Louis Veuillot fut le chef, encore que contesté, groupe qui se

rattache par des ramifications visibles, mais avec des infériorités éclatantes, à celui de Donoso Cortès, de Bonald, de Blanc de Saint-Bonnet. La philosophie de ces écrivains a pour base la révélation, et leur système, c'est la foi. Il n'y a pas à discuter. Constater suffit.

Je ne veux juger ici ni le critique, ni l'écrivain, ni le philosophe que fut Ernest Hello. Il m'a été nécessaire de dire qu'il appartint à l'idée catholique. Non au parti militant, qui le repoussa ; mais au dogme et à la doctrine, qu'il défendit sans cesse. Les disputes théologiques ne sont plus de mise en un siècle de rationalisme à outrance, et qui en meurt sans en avoir vécu. Du reste, qui sait la théologie, c'est-à-dire la science de Dieu, en un temps où l'on tente surtout d'acquérir la science de l'homme ? On abandonne les vastes théories de la scolastique pour l'étude des infiniments petits, et la recherche du « document humain », qui n'est que de l'entomologie sociale, a succédé aux spéculations grandioses des scoliastes d'antan.

Au surplus, ses traductions d'Angèle de Foligno et de Rusbrock l'Admirable ne le font pas sortir de son centre. Il cherche la lumière, il la découvre suivant ses désirs, suivant ses décisions dans les méditations de ces âmes absorbées en Dieu, dont il reproduit les élans et s'approprie le langage, parce qu'il est l'écho même de sa pensée. Hello s'étonne de l'indifférence, il la déplore, il ne comprend pas que les choses insignifiantes « qui ne touchent en rien Dieu ni l'homme semblent seules offrir de l'intérêt au public ».

Je laisserai de côté, malgré l'attraction qui me pousserait à m'en occuper, la mystique d'Hello, son goût pour la contemplation, l'étrangeté de sa conception, ses théories du symbole. Je ne citerai même pas son livre de l'*Homme*, pour lequel il eut l'humilité de demander une préface à M. Henri Lasserre, qui s'évertue à faire comprendre ce qu'il n'a peut-être pas bien compris lui-même. Mais il y a deux livres d'Hello, dont il faut que je parle : Les *Plateaux de la Balance* et les *Contes extraordinaires*.

Le premier révèle en son auteur l'affamé de justice que fut Ernest Hello.

Il y étudie, les hommes et les choses de son temps, car il est de tous les temps, surtout des âges disparus. Il traite librement des questions les plus ardues, avec l'horreur du *convenu*, avec la brutalité du bon sens. Il n'est point curieux, et ce n'est aucunement dans le but de se donner une satisfaction stérile qu'il pénètre dans les profondeurs encore inexplorées de l'abîme humain. Son regard est pur, sa parole est chaste : la seule vertu qui lui manque, c'est la résignation devant l'injustice.

Personne peut-être n'a poussé plus loin qu'Ernest Hello l'étude des plus fugitives sensations psychologiques. Il procède à peu près comme les savants qui étudient à l'aide du microscope les microbes et les bacilles. Il soumet l'âme à la plus minutieuse expérimentation. Souvent on s'est moqué de ces poètes modernes, tels que Mallarmé et Verlaine qui ne veulent plus même du sentiment et n'en recherchent que la nuance. Ainsi procède notre philosophe, avec la précision d'un naturaliste. Un chapitre tout entier des *Plateaux de la balance* est consacré à l'examen des passions et il s'y élève à une hauteur surprenante.

Ernest Hello a fait dans l'*Homme* et dans les *Contes extraordinaires*, une étude de l'avare qui est une merveille, même dans la forme. Jamais Plaute et Molière, dit un critique (1), n'ont poussé l'analyse aussi loin qu'Hello disséquant l'Avarice dans les fibres les plus intimes du cœur humain peignant l'Avare dans les replis les plus cachés du vice qui le possède, et fait corps avec lui. L'écrivain qui a écrit le *Veau d'Or* est l'égal des plus grands romanciers, dramaturges ou moralistes. Nul réaliste n'arriverait, au point de vue de l'art, à une pareille intensité d'effet. Nul n'est descendu plus avant dans les profondeurs, nul n'a vu de plus près, nul n'a vu de plus haut.

Dans son chapitre : *les Passions au XIX° siècle*, il traite l'envie. Il saisit cette passion sous toutes ses formes, la dégage de ses apparences trompeuses, ne lui laisse aucun refuge dans l'abîme du cœur humain.

Ernest Hello, qui fut toujours et partout l'apôtre de la charité, avait deux vices en exécration : l'avarice et l'envie, et de tous les *péchés* il abominait le plus le péché d'omission, dont il a été la victime.

De tous les livres d'Ernest Hello, celui qui parle

---

(1) M. Edouard Drumont.

le plus à nos esprits sensitifs, celui qui révèle peut-être le plus de profondeur dans l'analyse aiguë et subtile des sentiments humains, c'est les *Contes extraordinaires*, que j'assimilerais volontiers aux *Histoires* d'Edgard Poë, avec une élévation d'âme plus sincère, avec une intuition plus parfaite de la misère de notre nature. Où Poë n'a vu que la passion ou la méchanceté, Ernest Hello a vu le *Péché*. Le *Péché!* mot admirable qui renferme en ses deux syllabes tout ce que l'homme peut commettre de mal contre Dieu, contre lui-même et contre ses semblables ; mot qui prête à rire peut-être aux païens inconscients de cette époque matérialiste, mais qui revèle bien mieux toutes les choses de l'âme que tous les artifices de langage imaginés par ce qu'on a l'audace d'appeler la « méthode scientifique ».

Les *Contes extraordinaires* parurent, si je ne me trompe, la même année que les *Contes cruels* de Villiers de l'Isle Adam. Il va sans dire que les aristarques dédaigneux de la presse n'accordèrent aucune attention au pauvre Hello, condamné comme toujours à être *vox clamans in deserto*. Quelques-uns, cependant, virent là une sorte de pastiche d'Egard Poë et se demandèrent si Ernest Hello, conteur, poète et physiologue était Ernest Hello, le philosophe catholique, l'observateur tenace, le moraliste profond, plus accoutumé à s'élever dans les régions sereines et pures de la philosophie mystique.

Ces *Contes extraordinaires* ont une portée qui n'a pas été comprise. Ils sont la synthèse de l'œuvre d'Hello, la concrétion puissante de sa pensée. Il y montre la créature à la recherche du nom de Dieu. Il y est inexorable en déclarant l'absence de charité un crime irrémissible. Il ne se console pas, il frappe. Il ne laisse rien au repentir, il est le juge qui condamne toujours.

Il n'est personne à qui j'aie conseillé de lire ce livre étonnant qui ne m'ait d'abord comparé à La Fontaine découvrant le prophète Baruch, mais qui ne m'ait ensuite remercié de l'aubaine. Il faudrait pour le bien examiner l'esprit et le procédé d'analyse que M. Emile Hennequin appliquait à Edgar Poë. On y viendra, car il est dans la destinée d'Ernest Hello d'être découvert après sa mort, par ceux qui n'ont pas su ou voulu, de son vivant, le voir. Son style grandiose, avec ses ressouvenirs du langage biblique, fait de lui un poëte en prose comme il en est peu ; il a la précision mathématique du conteur américain, il en a parfois l'apparente sécheresse, mais il a de plus que lui, l'éloquence chaleureuse qui vient du cœur.

On lui a reproché d'être obscur, de vaticiner : on l'a reproché aussi, avec plus de raison, à Victor Hugo. Tout est clair dans l'œuvre d'Hello, pour qui porte en soi la lumière, pour qui dédaigne les préjugés, et surtout les préventions. Et comme on sera étonné de voir que cet idéaliste a, longtemps d'avance, pénétré les noires ténèbres du pessimisme actuel, et poussé plus avant que la génération qui vient ne le saura faire, le raffinement de la recherche, la dissection des subtilités si fugaces de l'intelligence et de l'âme humaines !

M. EDMOND DE GONCOURT

Je viens de lire tout d'une traite, et de relire, les sept volumes du *Journal des Goncourt*, déjà parcourus et feuilletés aux diverses époques de leur publication, et je reconnais que c'est là une curieuse photographie, sinon de la société moderne, du moins de quelques-uns des éléments qui la composent. De plus, c'est l'œuvre maîtresse de ces écrivains, et surtout de celui qui survit et qui fait, en ces centaines de pages, la plus inattendue, la plus sincère, la plus âpre, la plus étrange confession, et inoubliable. (1)

Notre siècle finit dans la mélancolie, malgré le mal infini qu'on prend pour se donner du plaisir. Mais, chez M. de Goncourt ce n'est pas la mélancolie grave, sereine et douce à la fois qui embrume la vie, c'est la tristesse profonde et sombre qui l'endeuille. Il y a dans ce caractère aigri, désolé,

---

(1) Ce chapitre fut écrit en 1895, plus d'un an avant la mort du célèbre écrivain, et à la veille du fameux banquet.

sans la belle indulgence du vieillard, plus de rancune que de rancœur, plus d'amertume que de souffrance. M. de Goncourt se plaint de la destinée : il n'a pas eu un ciel assez bleu, des fleurs assez odorantes, des festins assez savoureux ; il n'a récolté ni assez d'argent ni assez d'applaudissements ; il redoute que sa gloire ne dépasse pas mille siècles, et, si la fin du monde lui semble une catastrophe, c'est tout simplement que le monde ne durerait pas suffisamment d'années pour exalter son nom au point qu'il le mérite — injustice à quoi Dieu a le tort de ne point songer !

Que si l'on dressait le bilan de cette existence de M. de Goncourt, on s'ébahirait sûrement de ses prolixes complaintes, et ses gémissements ne seraient pour apitoyer aucune âme sensible. Tout autre que M. de Goncourt parmi les gens de lettres passerait ses derniers jours à remercier les dieux, qui le comblèrent de dons et de bienfaits.

Né dans une famille honorable, assez noble pour jouir du vernis social que donne la particule, pas assez pour être astreint à des devoirs onéreux, bien apparenté, il reçut une éducation parfaite, poussa les études aussi loin qu'il le fallait pour se choisir une carrière, destiné qu'il était, par ses alliances et par ses allures, au fonctionnarisme. Ne retrouve-t-on pas en sa personne le type de ces hauts administrateurs si bien peints dans la *Comédie humaine* ? Je n'ai jamais pu penser à lui sans évoquer la figure intelligente de ce baron Sixte du Châtelet que Rubempré malmène si sottement !

Riche, ou plutôt possédant assez de revenus, issus d'un capital bien placé, pour vivre à sa guise, c'est-à-dire ayant les agréments de la fortune sans en avoir les inconvénients, il put garder toujours son indépendance et ne connut jamais les privations. De par sa naissance, comme aussi par son mérite, il eut des relations utiles, des amitiés agréables. Il fréquenta l'élite des écrivains et des artistes, dont il cite les noms avec complaisance; il est, depuis des années, honoré de l'intimité d'une Altesse impériale, aussi grande dame par les dons de l'esprit et les qualités du cœur qu'elle l'est par son nom. Il voyagea partout où le lettré peut réjouir ses yeux de la vue des chefs-d'œuvre et documenter sa mémoire de souvenirs historiques : il put admirer les musées de la Hollande, Bruges, Gand, l'Italie, Rome, l'Allemagne, et même surprendre en Algérie quelques-uns des aspects si pittoresques de la vie orientale.

Inventeur du dix-huitième siècle, qu'il aima au travers des traditions de son lignage et de ses ressouvenances d'enfant, inventeur aussi — du moins il le prétend — du *japonisme*, que peut-être Zacharie Astruc « lança » avant lui, il a pu réaliser le rêve de tout artiste : se donner une demeure distribuée selon ses goûts, spacieuse, élégante, loin du bruit, loin des visites importunes, et la remplir de la cave au grenier, de tableaux, de gravures, de bronzes, de faïences, de broderies, d'étoffes précieuses, de livres rares, de bibelots exquis, en telle quantité et d'un choix si sévère qu'il lui a fallu consacrer deux gros volumes à décrire ces merveilles. (1)

Dans cette maison créée pour sa joie de tous les jours, au milieu d'une société raffinée, où tout homme est célèbre par son talent ; n'ayant ni le regret de la veille ni la crainte du lendemain, ne subissant aucune dépendance, n'ayant point de charges : ni femme, ni enfants, libre enfin, pouvant se donner à son gré le luxe de la bonne chère et tous les autres luxes, M. de Goncourt s'est livré, à ses heures, à son loisir, aux travaux qui le sollicitaient.

Histoire, théâtre, roman, il se délassait d'un labeur par un autre ; si la plume le fatiguait, it prenait le burin ou le pinceau. La littérature ne fu point pour lui un métier : il ne lui demandait pas le pain de chaque jour, Promptement connu, il obtenait des articles de toute la critique : Jules Janin, Sainte-Beuve, Barbey d'Aurevilly, Paul de Saint-Victor et nos contemporains parlaient de ses livres. Il eut le bonheur d'échapper aux stériles discussions de la politique. On ne lui connut aucune de ces passions qui dévastent une existence.

Enfin, s'il n'a pas la gloire de son vivant — et pourtant il l'a ! — on lui a fait la surprise de le présenter à la postérité dans un volume copieux, orné d'autographes, documenté avec une minutie d'archéologue, où chacun de ses ouvrages est passé en revue, où sa correspondance est écrémée, où la

(1) On sait que la vente de ces collections a produit plus d'un million !

bibliographie de ses livres et son iconographie sont dressées méthodiquement, détail par détail. Et, s'il n'a pas revu les épreuves de cette biographie si fouilleuse, il en a certainement fourni les matériaux. Il n'y manque plus qu'un chapitre. Je souhaite qu'on tarde longtemps encore à l'écrire.

Il convient maintenant d'énumérer les maux dont a souffert M. de Goncourt, et qui lui inspirent tant de récriminations amères, tant de plaintes, tant de colère. Il garde, je me hâte de le dire, une de ces douleurs que rien ne peut consoler, sinon la foi. Il a sa plaie vive : le souvenir si doux et si cruel de son frère, enlevé par une mort prématurée. Quel est celui d'entre nous qui ne porte pas un deuil semblable? Quel fils, quel père, quel époux quelle sœur ne pleurent pas un être chéri? Inclinons-nous avec respect, toutefois, devant la tendresse qui survit au tombeau.

Mais le reste? Parce que, pour un articulet de petit journal on fit traduire M. de Goncourt en police correctionnelle à l'aurore des vingt ans de corruption; parce qu'il fut souvent assiégé par des quémandeurs; parce qu'il aura, çà et là, perdu quelques sommes; parce qu'il a été malade, ce qui ne l'a nullement empêché de dépasser allègrement la septantaine; parce que « le bon géant Tourguéneff » a quelque peu médit de ses amis, voire trahi ceux-ci, comme c'est la coutume, et prouvé une fois de plus que l'amitié est l'opportunisme du sentiment; parce que le siège de Paris, qui a vu brûler des centaines de villas, s'effondrer des centaines de maisons, ruiner de fond en comble des milliers de famille, a coûté cinq mille francs à M. de Goncourt pour réparer sa maison, dont les collections superbes ne furent, du reste, point perdues ; parce que sa servante Pélagie fut plus ou moins podagre, rhumatisante, valétudinaire ; parce qu'enfin il eut à supporter les banales contrariétés, les menus déboires de la vie, les désillusions qu'apporte l'âge, — M. de Goncourt peut-il vraiment se poser en martyr ?

Ce qui l'irrite, ce qui fait sa blessure cuisante, c'est l'insuccès de son œuvre.

Je ne dis *insuccès* que pour me servir de ses propres termes. Car la plupart de ses livres ont eu l'honneur de plusieurs éditions ; ses romans sont lus (mais Zola tire à cent mille !) ; *Henriette Maréchal* fut une belle bataille littéraire ; il trouva un « jeune et intelligent directeur » et subventionné par l'Etat pour jouer *Germinie Lacerteux*. Il fut JOUÉ, en un mot, et demandez ce que ce mot signifie à Henri Becque, à Emile Bergerat et à d'autres ! Que la critique l'ait jugé avec plus ou moins de sévérité, n'est-ce pas son rôle ? Et qu'est-ce qu'un écrivain qui s'offense de la critique ? Elle n'a fait ni le succès d'un mauvais livre ni l'insuccès d'un bon : Balzac fut en butte plus que M. de Goncourt à l'animosité du journalisme, et il se vend ! C'est le mot qui pare les triomphes d'aujourd'hui.

Mais ce qui horripile M. de Goncourt est ce qui fit le désespoir de M. de Pontmartin, il redoute que, gentilhomme, riche, vivant à l'écart de la mêlée, dédaigneux de toute concession et contempteur de toute souplesse, on ne l'ait pris et on ne le prenne pour un AMATEUR. Terrible mot, inscrit en lettres de feu partout où se portent ses regards ! Et c'est pour démontrer, prouver qu'il voue toutes les heures de sa vie aux préoccupations littéraires qu'il a publié ce *Journal*. C'est pour ce motif, et rien de plus.

Ah ! combien d'écrivains auraient plus que M. de Goncourt raison de maudire la destinée ! et que sont, à côté des leurs, les misères banales de sa carrière ?

Il en est qui, nés dans une condition obscure. ont reçu l'éducation médiocre d'un milieu plébéïen; aucune parenté, aucune relation, aucun protecteur pour les aider; le choix d'une carrière inférieure, difficile, contrarié; pas de fortune, pas de rentes, à peine un mince viatique pour gagner Paris ; une jeunesse enragée, sans plaisirs ou contrainte au plaisir brutal, aux liaisons équivoques ; un travail mal rémunéré ; l'obligation, pour être écrivain, d'être presque un écrivain public, de versifier des prospectus de savonniers, de bâcler de la prose au rabais ; puis, en un jour de fallacieuse prospérité, non durable, le mariage, qui règle la vie et qui est un endosseur; les enfants, les soucis, les inquiétudes, les dettes, les expédients, la bohême dorée; un logement au cinquième, d'horribles meubles achetés d'occasion, disparates; quelques livres arrachés à la rapacité des libraires, des bibelots du bazar à treize ; des amis aussi pauvres, aussi découragés, et qui apportent, par surcroît, la contagion du malheur; en fait de voyages, une hâtive excursion au pays natal, pour un emprunt ou pour un enterrement.

Quant à la production littéraire, forcée, pressée, exaspérée par l'aiguillon du créancier menaçant, des œuvres commencées sans enthousiasme, achevées sans satisfaction, vendues à vil prix, éparses chez vingt éditeurs, vingt fois sollicités, et qui paient en ayant l'air de faire l'aumône. L'histoire ? Il faut des secrétaires, des copistes, des documents, des livres : par conséquent, une mise de fonds... introuvable. Le théâtre ? Chacun a son auteur qui domine, ordonne, refuse, accapare, terrorise directeur et comédiens ; pas une pièce nouvelle n'est lue, discutée : c'est le commerce du marchand de plaisir, à deux doigts de la faillite, qui ne veut dépenser quelques sous en décors et en costumes que sous la garantie de cet « homme de théâtre » dont la signature vaut celle du caissier de la Banque de France.

Le voilà, le martyr, en butte à toutes les angoisses, arrêté par tous les obstacles, renié s'il échoue, calomnié s'il réussit, oublié s'il est malade, méprisé s'il reste pauvre, sans crédit, sans avenir, proie de la malechance, battu par les flots, ignoré, sublime, vaincu ! — et qui, lui, n'accuse personne, bénit la Providence et se résigne, sachant qu'un jour la mort le consolera d'avoir vécu.

Certes, M. de Goncourt se peut vanter d'avoir le bon lot. Il a, de plus, l'amitié fidèle de M. Alphonse Daudet, quoiqu'il ne soit pas du Midi et que, d'autre part, il ait noté avec une attention plus scrupuleuse que délicate les divers accidents de la santé du poète de l'*Arlésienne*, lequel devait être, j'imagine, fort anxieux d'ouvrir chaque matin le journal dont le feuilleton décrivait les diverses phases de sa maladie.

Au surplus, l'auteur du *Journal* est demeuré un provincial, par le goût du commérage, par l'esprit de dénigrement. Ce n'est pas un cœur tendre, et cet auteur qui n'aime pas les franchises de la critique se fait volontiers critique acerbe sous un style plein de commisération, ne serait-ce que dans ses jugements sur Flaubert, son ami intime, à propos de *Salammbô*. Il a écrit sur ce grand Flaubert une page qui serait un chef-d'œuvre de perfidie si ce n'était un chef-d'œuvre de naïveté. De même se montre-t-il assez réservé sur M. Zola, de qui les éditions accumulées le surprennent. De même encore ne perdit-il point l'occasion de lâcher tout à trac quelques bonnes vérités dans les jambes de feu Renan, d'où polémique assez roide entre ces deux augures du scepticisme.

Observateur des choses extérieures, avec la nécessité, pour forger sa description, d'appeler à son aide les arts plastiques, de chercher des comparaisons dans la peinture, de se servir enfin de ce qu'on peut appeler « l'adjectif peintre », il n'a que des notions confuses en matière de psychologie. Ses personnages, pour naturalistes qu'ils veuillent être, n'ont qu'une vie factice ou sont des êtres d'exception, telles la Faustin, Chérie, la fille Elisa, la Tomkins, l'énigmatique veuve Gervaisais. Je fais une réserve pour les portraits de *Charles Demailly* et de *Manette Salomon*, tous remis sous leurs vrais noms dans le journal. Et l'amour du document n'est pas si tenace qu'il n'induise M. de Goncourt à se garer de menues erreurs assez amusantes : par exemple, il parle de sa rencontre avec un duc d'Hérouville qui n'a jamais existé que dans l'*Enfant maudit*, de Balzac, et d'une duchesse de Bréant qui ne peut porter la couronne à feuilles d'ache que dans les brouillards du Rhône.

Il ne saurait m'appartenir d'apprécier en critique l'œuvre littéraire de M. de Goncourt. C'est la personnalité de l'homme plus que le génie de l'écrivain que j'ai cherché dans son *Journal*.

J'ai vu en lui un gentilhomme à petite tête, de taille haute, un peu frivole, un peu linotte par les gestes et les manières, entiché à outrance de ses mérites, d'un personnalisme singulier tournant à l'autolâtrie, d'une rare ingénuité dans son orgueil, et pas assez orgueilleux pourtant pour n'avoir pas de vanité. Mais, somme toute, respectable pour la belle ampleur et la noblesse de son culte envers son frère, pour le sentiment profond du patriotisme et l'amour du pays natal, et, par dessus tout, pour le respect de ces deux choses magnifiques, dignes d'être équipollées aux croyances religieuses qui les exhaussent : l'Art et les Lettres.

M. ALPHONSE DAUDET

Feu Poupart-Davyl narrait volontiers qu'il avait, un jour, rencontré un ami qui cherchait à louer, dans Paris, une salle, une grande salle, une très grande salle. On lui proposait successivement la Bodinière, l'Eden, le Cirque, l'Hippodrome, et toujours l'enceinte n'était pas suffisante. Fallait-il donc le Colysée ? Peut-être. Il s'agissait de réunir en assemblée plénière les anciens amis de M. Alphonse Daudet.

Poupart-Davyl est mort sans avoir trouvé la salle, et, l'eût-il trouvé, il ne l'aurait point remplie — entendez-le comme vous voudrez. Pourquoi donc s'acharnait-il ainsi après le délicat poète des *Amoureuses ?* et pourquoi celui-ci compte-t-il, en effet, tant d'anciens amis ? Je viens de feuilleter un dossier où s'accumulent cent articles pleins d'éloges d'ailleurs, de flatteries, de mots aimables et doux ; mais, dans tous, la goutte de vinaigre acidule le miel des louanges, aigrit le parfum des sympathies, et de ce fratas suinte comme une humidité moisie de marais, un ferment de rancune, d'envie ou de colère. Si donc l'on mesure la valeur d'un homme au nombre de ses ennemis, celui dont je voudrais parler librement, et toutefois avec le respect qui lui est dû et l'amitié fort discrète que j'ai pour lui, doit valoir beaucoup. Il est de ceux, en effet, qui ont le droit de dire : « Qui n'est pas avec moi est contre moi. »

Maître d'études à seize ans, M Alphonse Daudet introduisit le pion dans la littérature. Il fut Chérubin, en lévite et en gibus. Il conta le *frink, frink, frink* des clefs du censeur, les relents du collège et les aventures d'une âme tendre, en ce funeste *Petit Chose* qui incita tant de pions à faire l'école buissonnière dans les maquis du journalisme. Son roman, que le *Petit Moniteur* débitait avarement par tranches, aux âges antédiluviens où l'on n'avait pas encore enterré Mürger et la bohème, fut, après des succès catalogués, corroboré d'un livre où M. Ernest Daudet tirait parti, avant M. de Goncourt, de la phrase componctueuse « Mon frère et moi ». L'aîné voulait joncher de palmes et de fleurs la route du cadet, conquérant de Paris. En ses jeunes années, qui s'épanouissaient aux splendeurs du soleil impérial et dans la faveur d'un frère de César, choyé de la cour et redouté de la ville, M. Alphonse Daudet gardait le dandysme romantique : myope et chevelu, tapageur un peu, avec les expansions juvéniles d'un Tartarin adolescent qui n'eût pas été de Tarascon, il avait déjà les mœurs combatives, et probablement ne se souvient pas que nous faillimes nous couper la gorge à propos du ruban rouge qui venait de fleurir au revers de son habit peu avant qu'il définit sa vie par son mariage. Ame très ardente, intelligence ambitieuse, confiant et généreux, expansif et violent, volontaire et fin, amoureux de la gloire, tel il apparaissait alors, ayant par surcroît la beauté de la race.

Car ce témoin du duel Drumont-Meyer — *infandum!* avait le type sémite : nez busqué, barbe en fourche, longue et soyeuse chevelure noire, taille petite et fluette. On le comparait à une jolie chèvre, allant par bonds, escaladant les hauteurs escarpées. Il était plus jeune que son âge, et sera, d'ailleurs, toujours jeune, à cause de ses beaux yeux brillants et de sa voix chantante, nuancée à peine d'un accent de félibre discret. Quelques-uns voulaient que Daudet vint de « Davidet », qui serait « petit David ». Le Goliath manquait. D'autres l'appelaient « Carthaginois », ce qui dut, plus tard, amuser Flaubert. Il ne venait pas de si loin, et seulement du Midi, mais, en passant par Lyon.

Nîmes, où sa première enfance lui laissa tant de souvenirs, est une cité romaine, avec ses arènes, sa fontaine, sa tour Magne et sa Maison-Carrée. On y sent le mistral, on y respire la poussière : c'est une Afrique presque civilisée. Lyon, c'est la cité des brouillards, entre ses deux fleuves gris et mornes, avec ses maisons noires, ses rues à droguistes, ses pharmacies superposées. Ville de travail, où l'on a le mépris absolu, non de l'art visible et tangible, mais de l'artiste, toujours supposé gueux. Ville d'argent, où le génie d'un homme est mesuré à son gain,

De ces deux étapes dans la vie, pour M. Alphonse Daudet, une double impression visible en tous ses livres pour qui sait voir. Aux heures de soleil, Nîmes la brûlée, caressante et fêteuse ; aux heures de brume, ce noir Lyon dévot, parcimonieux et triste, où la lutte pour la vie est une escarmouche quotidienne, âpre mais humble. Par la continuité des années vécues en ces milieux différents, M. Alphonse Daudet est resté provincial. Par la volonté de se soustraire à leur influence, il a été un ironique. Point dans la causerie, où il se défend de briller, mais dans la tournure d'esprit, dans la parole vive et le mot cinglant, avec la rancune de ne s'être jamais dépouillé des habitudes de là-bas et la colère de redouter l'opinion des quelconques autrefois révérés.

Si l'on admet que l'homme absurde est celui qui ne change jamais, on doit reconnaître à M. Alphonse Daudet la volonté très impérieuse de ne jamais être absurde. En ses jeunes ans, il fut légitimiste, comme tous les siens. Il s'en vantait fièrement au duc de Morny, qui refroidissait ses scrupules et modérait ses enthousiasmes en l'assurant que l'impératrice Eugénie était aussi des fidèles de Henri V. Impérialiste, il le fut à peine, et si peu de temps! Il eut quelques sévérités pour Gambetta, devenu ensuite son ami. Puis il s'éveilla, un matin, républicain platonique, ayant dès longtemps renoncé aux croyances qui berçaient naguère ses belles années. Aujourd'hui, le scepticisme est venu, sans doute ? Et il est si commode, après avoir cru à tant de choses, de ne croire plus à rien ! Mais pourquoi jeter la pierre aux vaincus, surtout quand on est celui que J.-J. Weiss appelait le plus intrépide des écrivains contemporains ? Qu'on oublie l'enclos de Rey et le palais Bourbon, c'est pardonnable, L'est-il autant de s'en moquer ?

M. Alphonse Daudet a de ces haines inexpliquées. Son roman l'*Immortel* a révélé celle qu'il porte à l'Académie. Déjà il avait écrit au *Figaro* sa lettre altière : « Je ne me présente pas, je ne me suis jamais présenté, je ne me présenterai jamais à l'Académie. » Le *Figaro* ajoutait : « Tant pis pour l'Académie ! » Et M. Octave Mirbeau enchérissait : « Tant pis pour M. Alphonse Daudet ! » Qui avait raison ? Personne. Il est certain que le brillant écrivain eût bien tenu sa place au palais Mazarin. Il la tient mieux, suppose-t-il, en ce 41e fauteuil dont, pour ne citer que les contemporains, Balzac, Dumas père, Théophile Gautier, Banville, Veuillot, Flaubert, Barbey d'Aurevilly se sont contentés. J'ai souvent entendu dire que la modestie est la pire forme de l'orgueil. En somme, M. Alphonse Daudet a le droit d'être orgueilleux : on lui a fait la mariée très belle. Il pourrait se donner le repos dans la dignité, et il travaille toujours. Il a la fortune, et, si l'argent ne fait pas le bonheur, il fait souvent l'amitié. Il a une belle famille. Il a eu d'illustres alliances. Il a enfin la joie de léguer sa survivance à un fils bien doué, un des favorisés de l'Olympe, un aimé des dieux, — seulement, il y a la petite plaie vive, tout au fond du cœur !

J'ai eu le plaisir de voir souvent M. Alphonse Daudet. La première fois, chez lui, c'est en son cabinet, tendu d'étoffe brune, de l'ancien hôtel Lamoignon, au Marais. Je retrouvai quelque chose de notre causerie dans les *Rois en exil*. Plus tard, ce fut en son logis de l'avenue de l'Observatoire, à des soirées du mardi, où venaient beaucoup de gens de lettres ; MM. de Goncourt, Zola, André Gill et tant d'autres qu'il faut couper court à l'énumération. Plus tard encore, dans cet hôtel de la rue de Bellechasse, au beau milieu du faubourg Saint-Germain. En ces diverses demeures, aucun faste, rien du luxe extravagant des parvenus de tous les métiers. Les meubles qu'il faut, de bon style, confortables et simples ; de rares bibelots bien choisis ; quelques tableaux, presque tous modernes et modernistes ; des souvenirs de Provence ; point d'étalage ; une harmonie sobre, discrète ; l'intérieur familial, ordonné, propret, de tenue correcte d'un bourgeois qui serait artiste. Et, dans ce cadre d'une élégance un peu austère, le maître, frileux, en sa veste de peluche, assis à sa table de travail, qui a trop l'air d'un comptoir, surélevée d'une marche, en pleine lumière : un établi, en somme, sur lequel est penchée la jolie tête du poète, affinée et gracieuse sous sa toison parsemée de fil d'argent, auréolée par la vaporeuse fumée bleue de sa pipe.

Familier, bon enfant, avec une verve juvénile, il cause, interrogateur, avide de savoir. Il ne se cache pas de son plaisir de tirer parti de ses amitiés et des confidences qu'elles lui valent. Il y a le fameux petit calepin, ce calepin couvert d'une fine écriture de myope, d'un côté; de l'autre, d'une écriture féminine plus dessinée. Double observation qui se contrôle. Petit moyen et petit procédé. Utile sans doute à la minutie du détail, mais qui bouche les yeux à la vue des grands horizons de la pensée. Aimez-vous la littérature confectionnée à force de petits papiers? On appelle cet exercice la méthode expérimentale. Mais on est toujours, en causant, tenté de regarder si le partenaire n'a pas un crayon au bout des doigts. Le « document humain » n'est pas autre chose. Il y a pourtant l'art de s'en servir.

Et cet art, qui le possède mieux que M. Alphonse Daudet? Ses romans ont des dessous, et la plupart de ses personnages sont des portraits. S'ils ne ressemblent pas, ceux-ci, c'est qu'on a pris deux ou trois modèles pour les amalgamer en une seule figure qui n'est plus statue et à peine est statuette. Il en advient que tous ces héros de romans ont la physionomie de gens qu'on a rencontrés, pas nette, pas exacte, et troublante quand même. Ainsi, dans le *Nabab*, on s'obstine à reconnaître ce pauvre François Bravay, qui s'en alla au Caire pour y vendre des parapluies et s'en revint ayant gagné cent millions. « Je ne le vis, a dit de lui son barde, que le temps de le peindre et de le plaindre. » M. Daudet à le coup de pinceau rapide, comme la sensibilité. Dans *Numa Roumestan*, c'est bien son ami Gambetta qu'il a voulu pourtraire : un Gambetta légitimiste, ce que le vrai Gambetta eût été sans les années du quartier Latin et les *kneipe* du

Procope et du café de Madrid. Un livre de M. Jules Claretie, une rencontre inattendue, a éclairé ce *Roumestan*. C'est *Monsieur le ministre*, qui visait de préférence un avocat d'Auvergne, ébloui par le foyer de la danse, lequel faisait danser chez lui, et peut-être chantait au profit de quelques reporters.

Le Roumestan ne fut pas le Numa Baragnon qu'on a cru deviner, et pas davantage tout autre méridional. C'est bien le Cadurcien en proie aux foules, celui que personne n'a encore voulu comprendre, avec ses violences et ses douceurs, avec ses rêveries et ses tendresses, et qui serait, en notre temps dégénéré, le sauveur d'une république qu'il regretterait d'avoir servie, et l'espoir dernier du parti conservateur...

Les *Femmes d'artistes* vengent sans doute bien des rancunes. Ce livre a dû apaiser certains ressentiments exaspérés, comme *Sapho*, — le poème du « collage » — a pu excuser bien des enfants de vingt ans. Malicieux et malin, voire gamin d'allures et de gaieté, M. Alphonse Daudet, qui se ménage et ne se plaît guère à se compromettre, a fait de l'*Evangéliste* un roman contre l'excès de zèle de certaines sectes. Mais ce n'est point une protestante qu'il a voulu montrer victime de l'obsession religieuse : il s'apeurait de montrer une jeune fille captée par le couvent catholique et domptée par une vocation suggérée. Pour qui sait lire entre les lignes, son héroïne est *papiste*. Et comment l'eût-il connue autrement ?

Nous passerons sur les trois *Tartarin*, trois

moutures d'un même sac : le premier, blague spirituelle et lâchée, où l'homme du Midi se peint en se regardant dans un miroir ; le second, réclame habile, que la Confédération helvétique, faute de décoration, aurait du récompenser d'une pension viagère ; le troisième, lamentable acte d'accusation contre un vaincu, disparu, condamné ou mort. La morale est dans le provençal *Fen de brut!* Et je n'insiste pas.

Restent les *Rois en exil,* dont il fut parlé récemment, à propos de la mort de ce roi détrôné qui vécut à l'auberge et voulait avoir le convoi des pauvres, sans cérémonial et sans fleurs. Livre à clef, celui-là, et qui dut exiger plus d'un crayon. Ce récit, où l'auteur prête aux rois des propos qu'on ne pourrait pas répéter même dans un lycée de jeunes filles, devait s'appeler la *Petite Reine* et paraître à l'époque où le comte Maxence de Damas d'Hautefort achetait les chevaux des équipages de Sa Majesté, où Thomas-Baptiste faisait les voitures, où la livrée de France était commandée pour l'imminent retour du roi Henri V. Or la *Petite Reine,* à ce qu'il paraît, n'eût point été du tout ce qu'est les *Rois en exil :* il n'y aurait été question ni des démêlés de don Carlos avec le général Boë à propos du collier de la Toison d'or, ni des fredaines du prince d'Orange, ni d'un roi d'Illyrie qui par la dignité de sa vie et la noblesse de son caractère mérita le respect du monde entier. Et le brave Alfred Nettement, s'il eût encore été de ce monde, n'aurait pu me répéter cette phrase dite en un jour de mauvaise humeur :

« M. Alphonse Daudet est un gentil garçon qui a mal tourné. »

Je crois que M. Alphonse Daudet ne se méfie pas assez de son petit calepin et de son bout de crayon. Peut-être abandonne-t-il aussi l'un et l'autre avec trop de confiance au conseiller féminin, d'expérience et de talent, de goût superbe et d'esprit fin, qu'on lui concède comme collaborateur. Aimer les expansifs à la Goncourt, c'est charmant, mais c'est aussi dangereux que d'aimer les brutaux à la Zola. Rien n'est meilleur pour l'homme de lettres que d'avoir chez soi bon souper, bonne cuisine, bon gîte et le reste. Un intérieur correct, ordonné repose de bien des déboires. On écrit alors ses souvenirs d'abondance. On jouit de sa vie, et un peu de celle des autres. On se carre en ses joies d'époux et de père, et nul n'y peut trouver à redire. On jouit de la musique qu'on aime, de Gluck à Wagner, de l'*Armide* à *Lohengrin*. On se complaît au souvenir des garrigues brûlées, rochers et broussailles.

Toutefois, il convient de n'oublier jamais les ancêtres. Pas les Parisiens, bourgeois riches, indifférents et juste-milieu, mais les provinciaux entêtés à leurs croyances, ceux de l'enclos de Rey ou des rampes de Fourvière, qui révéraient le roi, désormais enseveli dans son drapeau blanc, et tous deux pour l'éternité, qui aimaient la Vierge et les saints, et pour qui le mot de *poète* signifiait prophète : prophète chrétien.

M. FERDINAND FABRE

N'est-ce pas un signe des temps que cette préoccupation, tout à fait spéciale à ces dernières années, de la personne du prêtre, de sa vie intime, de ses mœurs, de ses habitudes, de son rôle social? Elle témoigne, tout au moins, d'un singulier retour à des idées qu'on eût taxées de puériles, il y a quarante ans. On a mis le prêtre au théâtre, et il y fut applaudi. L'auteur de ces pages fut le premier à s'y risquer, et sa pièce, que l'on jugea très hardie, eut un grand retentissement. Après lui, ce furent M. Ludovic Halévy, M. Coppée, plusieurs dramaturges. Mais le théâtre a son optique, et c'est plutôt dans le roman qu'il faut chercher les preuves d'une conversion des intelligences lettrées de l'époque vers l'examen, l'analyse et la critique du caractère sacerdotal.

Les premiers essais du roman de cléricature remontent aux dernières années de l'Empire et aux méchants livres d'un transfuge défroqué qui signait l'abbé *** le *Maudit*, la *Religieuse* et autres pamphlets scandaleux : spéculation éhontée, vengeance médiocre, qui n'amusèrent que les Homais de la bourgeoisie. Il y a de ces renégats; mais ce n'est pas l'amour de la science qui les fait abjurer : « Pour tout prêtre qui jette la soutane aux orties, disait M. de Serres, vicaire général de Lyon, il n'y a que deux mobiles à choisir : c'est une question de vanité ou une question de culottes. »

En d'autres temps, Champfleury, qui voulut se poser en élève, voire en rival de Balzac, fut un beau jour piqué de l'envie d'écrire des scènes de la vie ecclésiastique et fit *Monsieur de Boisdhyver*, où il renvoyait un évêque dans son « épiscopat » (il voulait dire son « diocèse »). Il y prouvait son ignorance absolue de la hiérarchie, des coutumes, de la discipline et de l'enseignement de l'Eglise. Il en arriva autant à M. Ludovic Halévy avec l'*Abbé Constantin*, où l'on voit un curé très brave homme, animé des meilleures intentions qu'on ait pu extraire du pavé de l'enfer, mais qui, malheureusement, a oublié d'apprendre le catéchisme à son auteur, parce qu'il n'est pas très sûr de le savoir lui-même, ce trop bon curé privé de scrupules.

De même Stendhal, Louis Ulbach et Flaubert, quand ils ont eu à mêler à leurs récits la personne du prêtre, l'ont fait avec une ignorance absolue. C'est le reproche qu'il faut adresser aussi à M. Emile Zola, sceptique, fataliste, épris des théories scientifiques jusqu'à l'engouement, pour discutables et discutées qu'elles soient. Pour lui, le catholicisme n'est qu'un moyen, un système, une organisation purement humaine, dont il nie tacitement la nécessité, l'origine et l'existence surnaturelles. Il ignore que notre société, serait-ce à son insu — s'il faut lui faire cette concession — est gouvernée par le christianisme. il ne tient compte ni de l'éducation première, ni des principes sucés avec le lait maternel, ni des préjugés même qu'engendre en tout individu le fait qu'une religion existe, annoncée par l'Evangile, formée par le dogme et maintenue par des traditions vingt fois séculaires.

Toutefois, M. Emile Zola n'a point négligé la personnalité du prêtre, et il faut lui rendre cette justice qu'il ne l'a jamais insultée ni raillée. Mais de ce prêtre qu'il met en scène dans presque tous ses romans il ne sait ni les devoirs, ni les habitudes intimes, ni le langage, ni rien de l'économie personnelle que créent chez un homme l'éducation, l'isolement, l'obéissance, la soumission, le respect de soi-même. Aussi tous ses prêtres sont-ils « peints de chic », en dépit de ses prétentions à l'exactitude et à la documentation naturaliste. Dans la *Faute de l'abbé Mouret*, M. Zola apprend la liturgie à ses lecteurs avec un sérieux quelque peu bouffon. Il a lu le Rituel et copié des versets latins, et c'est au moyen de ce truc assez vulgaire qu'il décrit les cérémonies symboliques de la messe. Dans le *Rêve*, il s'essaie à refaire l'étude architecturale de *Notre-Dame de Paris* après Victor Hugo. Il n'y manque qu'un souffle : la foi, et, de plus, cette science que le catéchisme enseigne aux petits enfants et aux vieilles femmes.

C'est M. Ferdinand Fabre qui, parmi les écrivains contemporains, a fait du « roman clérical » sa spécialité. Elevé chez un prêtre, son oncle, au petit séminaire de Saint-Pons ensuite, et enfin au séminaire de Montpellier, où il endossa la soutane, qu'il abandonna dès les douloureuses épreuves du sous-diaconat, il vécut les plus belles années de sa jeunesse dans un milieu qui façonna son caractère, son esprit et ses manières aux habitudes de la vie cléricale. Il eut un moment le rêve de la vocation, l'illusion d'être un élu parmi quelques appelés, et il dut se soustraire à ces renoncements qui ne sont accessibles qu'aux âmes très hautes. Instruit, lettré, d'une grande sensibilité d'âme et d'une remarquable finesse d'esprit, il fut écrivain de talent dès qu'il prit la peine de tenir une plume, et, s'il n'a pas la réputation éclatante des conteurs populaires, il est, du moins, extrêmement goûté de l'élite des lecteurs. Ses livres sont construits d'après des souvenirs personnels; les types qu'il y présente ne sont pas de convention; il y exprime des pensées longtemps réfléchies; il s'y révèle par maint aveu et mainte confidence (1).

(1) L'éminent romancier voulut bien rendre justice à la sincérité de cette étude, en écrivant à l'auteur cette charmante lettre :

« Mon cher confrère, après trois mois d'absence, j'arrivais
« hier de Nice, fort éclopé et fort triste. Ce matin, je reçois
« votre si aimable, si bienveillant article, et je me sens moins
« accablé, et je me redresse. Que certaines paroles sont
« fortifiantes! et combien l'artiste est faible quand on lui
« secoue l'âme! Ce qui m'a touché particulièrement, c'est
« d'être loué par vous qui aimez les choses et les êtres

M. Ferdinand Fabre a certainement peint d'après nature les prêtres de ses récits, les vertus et les défauts qu'il leur donne : la charité, dans les *Courbezon;* l'ambition démesurée, dans l'*Abbé Tigrane;* l'orgueil, dans *Lucifer* — pour ne citer que ses œuvres capitales, parmi les vingt volumes qu'il a publiés et dont le moindre a du mérite. Il a observé avec sagacité les mœurs du monde clérical et s'est tenu en dehors de tout idéal de convention, voyant surtout l'homme dans le prêtre, l'homme avec ses faiblesses et ses erreurs, mais ne s'abaissant jamais à le bafouer, à le calomnier.

Un de ses premiers livres, les *Courbezon,* où l'on trouverait la synthèse de son idée dominante, de sa facture et de son procédé, met en action, avec une surprenante éloquence, la charité chrétienne. L'*Abbé Tigrane*, que je ne suis pas le seul à considérer comme un chef-d'œuvre, est autrement monté de ton, et ce n'est plus des peccadilles ni de rabelaisiennes descriptions de « conférences » qui soutiennent le pittoresque du récit Aucune femme n'y apparaît, mais seulement des prêtres et des moines. Toute l'action, circonscrite entre deux personnages, est si admirable de vérité qu'on pour-

---

« que j'aime. Par combien de côtés notre vie littéraire se
« ressemble! Je me souviens de la joie que me fit éprouver
« le grand succès du *Prêtre;* pardonnez-moi, il me semblait,
« en écoutant votre beau drame, que peut-être j'aurais été
« capable d'en écrire telle ou telle scène, tant l'écho de
« votre pensée résonnait fortement en moi. Les doux sou-
« venirs !

« Ferdinand FABRE »

rait faire sauter les masques et mettre les vrais noms sur les visages. L'abbé Ruffin Capdepont — de qui la lutte impitoyable contre son évêque est la trame du roman — incarne l'orgueil sans bornes, l'énergie inflexible, l'ambition poussée jusqu'à la monomanie. Ah! comme nous sommes loin du Rodin d'Eugène Suë, qu'il faut le talent de Paulin Ménier pour rendre supportable!

Quelle puissance de la pensée, quel saisissant tableau de la folie des grandeurs dans ce martyre d'une intelligence souveraine, qui s'exaspère et se désespère à regarder toujours trop haut! Quel drame émouvant et terrible que celui de ces passions ecclésiastiques déchaînées pour la conquête d'une crosse et d'une mitre! Et comme on comprend le mot fameux : « Sixte-Quint n'était qu'un gardeur de pourceaux!... » La scène de l'enterrement de l'évêque, les portes de la cathédrale fermées devant le cercueil inondé par la pluie, l'intronisation de Capdepont, retrouvant le calme et la sérénité lorsqu'il est parvenu au faîte de ses espérances, sont des pages merveilleuses de grandeur et des plus belles comme noblesse de style et comme vivacité d'impression.

Dans un long et fastidieux récit en cinq volumes, qu'il eut ensuite la patience de résumer en un seul, M. Ferdinand Fabre entreprit de démontrer que les œuvres catholiques ne peuvent aboutir que rarement à un résultat pratique.

Un Illuminé marque une hostilité presque franchement avouée, sinon contre l'*idée*, du moins contre le *parti* catholique. C'est aussi une satire assez violente contre les vocations religieuses, et, bien qu'il ait l'expérience de ces choses et ne soit pas un naïf, M. Ferdinand Fabre concède par trop à l'esprit du siècle en constatant le rapt d'une fille noble par un ordre religieux, l'internement forcé d'un homme dans un séminaire, d'où il ne peut s'échapper que par le suicide. Il en va de même pour le type de son évêque missionnaire, que, par une singulière aberration, il transforme en catholique libéral d'une école suisse ou germanique, en fébronien, en gallican ennemi des « doctrines ultramontaines » et qui, accusé de n'être pas catholique, lui que les païens ont aveuglé en lui brûlant les yeux, répond, en portant la main à ces yeux éteints à jamais : « Je le fus au moins un jour dans ma vie ! »

De telles contradictions abondent dans les œuvres de l'auteur cévenol. Il y peint de la même touche virile des prêtres selon le cœur de l'Evangile, des prêtres pervertis par l'esprit moderne. Il est à la fois apologiste et adversaire, et se réfute souvent lui-même.

Quand on a vu défiler successivement les travers et les ridicules des prêtres mêlés à la vie du village, comme dans les *Courbezon* ; l'ambition effrénée, l'envie dégradante, la manie furieuse, dans *Tigrane* ; l'astuce hypocrite, l'absolutisme orgueilleux, la vocation contrainte, la charité intéressée, dans *Un Illuminé* ; les vices crapuleux, les dévotions superstitieuses, les mensonges effrontés, les tromperies audacieuses, dans *Barnabé* ; la moquerie aimable dans le *Roi Ramire*, et la sensiblerie dégénérée dans l'*Abbé Roitelet*; puis tant d'autres types, divers et variés, épars au courant de l'œuvre, si l'on est un indifférent ou seulement un tiède, et quelque volonté qu'on ait de rester catholique, ne fût-ce que de nom, l'on conclut bien vite du particulier au général et, admettant pour des histoires vraies ces contes si ingénieux et si remplis d'apparente vérité, on se fait une idée en somme désavantageuse de la religion, de ses ministres, du sacerdoce.

Des quinze ou vingt livres de M. Ferdinand Fabre, le plus terrible et dont la critique a parlé très peu, ne le comprenant point, c'est *Lucifer*, l'esprit de révolte incarné dans un prêtre ; l'absence de vocation, trop tard constatée; la fidélité aux vœux formulés acceptée comme simple conséquence d'un engagement d'honneur ; l'effroyable situation d'un honnête homme sorti de sa voie, sans foi, sans croyance, et voulant quand même servir des institutions qui, à ses yeux, ne sont qu'humaines et non divines, mais utiles au gouvernement des hommes. Et le prêtre fourvoyé, devenu évêque, mourant par un accident, un crime ou un suicide, loin du Dieu auquel il croit à peine, près de l'église ou il n'entre qu'en tremblant, épouvanté d'y jouer une comédie sacrilège. M. Ferdinand Fabre n'est pas allé plus loin dans l'horreur morale et n'atteindra jamais plus à de pareils effets. Ce Lucifer est plus grandiose encore et plus poignant dans le doute qu'il fait naître que le terrible Jean Gourgue Sombreval, du *Prêtre marié*, de Barbey d'Aurevilly, ce noir sauvage apostat de Sombreval qui va déterrer sa fille pour en emporter avec lui le cadavre au fond de l'étang vert du Quesnay!..

Que doit penser un catholique de l'œuvre « cléricale » de M. Fabre qui plus d'une fois, lui-même, à dû se le demander? La question est épineuse, et le problème est complexe. Le romancier est d'une autre envergure que ses confrères et plane au-dessus d'eux de toute la hauteur d'un talent très éloquent, très puissant et très sincère. Il est un maître écrivain, charmeur quoique sévère, d'une parfaite dignité, répugnant à toute vile manœuvre. Il a eu certainement la foi; peut-être l'a-t-il encore, affaiblie et déchue ; mais, si, par malheur, il l'a perdue, il la demande, il la requiert, il la désire. Ses intentions sont d'une loyale et droite franchise : respectueux du prêtre, il le voudrait impeccable, dépassant toute critique, ange ou messager de Dieu. Il le ramène pourtant à des proportions trop au-dessous de son caractère et de sa mission : il l'*humanise*, il lui enlève ce que le surnaturel qui le pénètre lui donne de sublime, et, le rapetissant ainsi, le diminuant, il l'offense et il l'accuse.

Or, le prêtre demeure, ne serait-ce que par convention, la personnification de l'autorité, de la grandeur d'âme, du dévouement. Le peuple sait qu'il sort du peuple, qu'il en a connu dès son enfance les misères morales et les souffrances physiques. Il le voit au chevet des mourants, près des blessés, au triste foyer du pauvre, s'il ne le voit pas dans la chaire ou à l'autel. L'ouvrier parisien gouaille volontiers en son argot d'atelier ; mais ses moqueries, son atticisme ne lui gâtent pas le cœur.

Le peuple est irrésistiblement généreux. Il ne peut se défendre ni se déprendre des grands sentiments : il les comprend toujours et quand même ; il vibre aux aspirations vers l'idéal, salue tous les courages et flétrit toutes les lâchetés.

Qu'il y ait dans l'œuvre si remarquable de M. Ferdinand Fabre bon nombre de vérités, il le faut bien reconnaître. Mais Cham obéissait à un sentiment humain en se moquant de la nudité de son père, et il n'en était pas moins coupable. L'armée a ses déserteurs, la magistrature a ses prévaricateurs, comme le sanctuaire a ses transfuges. Est-il vraiment utile d'étaler une plaie sans avoir la plus infime espérance de la guérir? Pour une défaillance, combien d'actes héroïques ! Pour un chrétien offrant l'encens aux dieux de Rome, combien de martyrs !

Ce que j'aimerais à lire maintenant, c'est le livre où l'auteur de l'*Abbé Tigrane* montrera le prêtre tour à tour instituteur, soldat, infirmier, outragé, persécuté, aux prises avec les lois d'exception édictées contre lui et contre ce qu'il représente, obligé de choisir entre son devoir et ses intérêts. Quelle superbe apologie sous la plume de l'auteur de *Lucifer !*

Cette apologie, un autre l'a tentée : Barbey d'Aurevilly. Lui, du moins, connaissait tout du caractère sacerdotal et de la mission sociale du prêtre. Il souffrait de la petitesse de quelques-uns, il avait horreur et honte des apostasies. Il aimait *ceux qui ne prient pas pour que le calice s'éloigne d'eux, mais pour qu'il s'approche, au con-*

traire, et qu'ils puissent y boire à longs traits...

Beaucoup de ceux qui aiment et cultivent les lettres sont étonnés que l'Académie Française se soit privée de l'honneur de recevoir M. Ferdinand Fabre.

Il eût évidemment fait bonne figure parmi ces quarante représentants de l'esprit français. Il est de bonne compagnie. Il a l'urbanité, les manières simples, la bonne tenue, la dignité de la vie, l'ordre et la sagesse qu'il faut pour siéger entre les Vieux et les Jeunes, très loin du pays de bohème. On s'est cru dispensé de l'élire, en lui donnant la compensation d'une place à la Mazarine, en ce vaste palais de l'Institut, invalides de nos gloires littéraires. Il est modeste, calme, encore que méridional, et peut-être a-t-il gardé de son éducation cléricale trop de condescendance, pour ne pas dire d'humilité.

Plus tard, on lui rendra justice, et il tiendra une des places honorables parmi les écrivains de cette dernière moitié du siècle qui voit tant de conversions inattendues, et tant de retours inespérés vers ce que Voltaire nommait cyniquement « l'Infâme »!

M. ALEXANDRE DUMAS

Dans le monde littéraire, il n'existe pas de hiérarchie : les croix qu'on porte valent juste celles qu'on supporte, et les Académies ne donnent que le privilège des jetons de présence et la broderie de palmes vertes sur un habit bleu. Mais il est une aristocratie reconnue par les gens intelligents, les seuls qui ne croient pas à l'Egalité, peut-être pour n'avoir jamais cru à la Fraternité. La troisième déesse qui n'est point ici nommée, — et qu'on voit par hasard sur de rares écus, — appartient uniquement à la mythologie.

M. Alexandre Dumas est de cette aristocratie par droit de naissance. Une des branches de sa couronne de laurier est faite de la gloire de son père ; il s'est donné la peine de tresser l'autre de ses propres mains. Il est un peu plus marquis et un peu moins fils de général républicain que l'auteur des *Mousquetaires*. Ses cheveux sont moins en coup de vent, plus blancs sur un front moins basané. Il n'est pas du tout nègre, et un peu plus que français : il est parisien ; je dis à la façon de Gavroche, si philosophe dans un âge si tendre! Et du gamin qu'il aurait pu être il a gardé les rancunes amères, dont il a tracé par deux fois la psychologie assez troublante : dans le *Fils Naturel*, au théâtre, qui doit être son œuvre de prédilection — bien au fond du cœur — et dans les premières pages de son merveilleux roman l'*Affaire Clémenceau* (1).

Dumas père, qu'il ne faut pas comparer à Dumas fils, puisque celui-ci disait de celui-là : « C'est un enfant que j'ai eu quand j'étais tout petit », a tracé de M. Alexandre Dumas — le nôtre — un portrait aussi ressemblant aujourd'hui qu'il pouvait être il y a bientôt cinquante ans. Il procédait par antithèses, montrait son jeune modèle à la fois paresseux et actif, prodigue et économe, défiant et crédule, insoucieux et dévoué, blasé et candide... Oui! candide, et que cette candeur va bien au septuagénaire qu'on s'obstine à proclamer le plus ironique et le plus sceptique des désabusés !

Il est toujours simple, gai, bienveillant, charmeur, avec ce don de la grâce, de la courtoisie affable et familière par quoi il corrige ce que son abord a d'un peu hautain, et sa parole froide, de déconcertant. Tel il m'apparut, autrefois, en sa jolie maison de l'avenue de Villiers, où je vins quelquefois, très jeune, et peut-être un peu ébloui

---

(1) Ce chapitre fut écrit avant la mort de l'illustre écrivain, et je ne veux rien y changer.

Ch. B.

de rencontrer là Meissonnier, Deschanel et même l'évêque d'Orléans, qu'une sorte de communauté d'origines et que le goût de certains problèmes sociaux avaient rapproché de notre hôte. Des souvenirs d'enfance auxquels on revient avec allégresse me rappelaient un roman historique sur Jeanne d'Arc, *Tristan Le Roux*, que M. Alexandre Dumas fils écrivit sans doute au sortir du collège, mais duquel Walter Scott eût tiré un véritable chef-d'œuvre, car il ne manque à ce récit fortement coloré, dont les vingt premières pages sont superbes, que la magie du style... et aussi l'éclat de la conviction.

Rival heureux de M. Emile Augier, il passe, à cette heure, pour être le protagoniste de ceux qu'un argot spécial nomme les « hommes de théâtre ». Il a des succès retentissants. Chacune de ses pièces est doublée d'une thèse qu'expliquent les polémiques engagées avant, pendant ou après la représentation, — système excellent pour lancer un ouvrage nouveau ! — et que soutient une préface où se développe le fin du fin, où se trahit la pensée secrète de l'auteur. La plupart de ces personnages sont des portraits — un peu retouchés, n'est-ce pas? — et leurs passions, comme il l'a dit lui-même, sont des pantins qu'il fait jouer à son bénéfice. Il a une langue ferme et forte, abondante, et, s'il dédaigne les artifices de mise en scène, il ne méprise pas les ficelles dramatiques. Il se donne simplement le luxe de les tresser avec un fil d'or. De la *Dame aux Camélias*, douloureuse poésie qui fit verser tant de larmes, et que notre blague moqueuse ne supporte plus que par l'admirable traduction qu'en fait Sarah Bernhardt, à *Francillon*, mélange singulier d'invraisemblance et de réalisme, d'illogisme et de gros bon sens, on pourrait dire que le théâtre tout entier de M. Alexandre Dumas est une gageure contre les idées reçues, et qu'il a voulu démontrer cette vérité, émise par M. de Talleyrand, à savoir que l'opinion du plus grand nombre est le plus souvent une sottise.

Il se sauve de plus d'un pas scabreux par son esprit, qui n'est point de primesaut, mais patiemment cherché. Ses mots ont la fortune de courir la ville et la cour... un peu aussi les ruelles. Après le *Demi-Monde*, on ne parle plus que des « pêches à quinze sous » ; après les *Idées de madame Aubray* — subversives, ô combien ! — toute femme veut avoir « la ligne », et le boulevard pullule de Barentins qui vociférent : « C'est raide ! » Le « vibrion » de l'*Etrangère* justifie les malheurs conjugaux de plusieurs ducs et les amours illégales d'autant de duchesses. Enfin, la chasse à l'ours des *Danicheff* pose la première pierre de l'alliance russe — à quoi ne pensa point M. Porel, qui, ayant envoyé ses condoléances à une illustre veuve française, perdit, après la mort du tzar, l'occasion de les télégraphier sur les bords de la Néva ! Le mot le plus typique et le plus répété, peut-être, est le cynique « Les affaires, c'est l'argent des autres ! » de la *Question d'Argent*. Il est d'actualité. Mais il a toujours répondu à une visible préoccupation de M. Alexandre Dumas. On l'a dit fils avare d'un père prodigue ; il s'en est justifié dans une spirituelle comédie et, mieux encore, dans mainte bonne action qu'il ne prend la peine ni de conter ni de cacher, à moins qu'on ne lui force la main, comme il est arrivé pour feu Charles Monselet.

Ce qu'il y aurait de plus saillant à reprocher à son théâtre, si prestigieux, si merveilleusement agencé qu'on ne se peut soustraire à l'ingéniosité de la fable, à la séduction de la thèse, à la grâce du style, c'est qu'aucune de ses pièces ne finit. Le dénouement n'y est que l'exposition d'une pièce future, basée sur une situation toute nouvelle. Après la *Princesse Georges*, par exemple, on se dit aussitôt : « Et après? » J'ai toujours rêvé de faire le *Prince Georges*, pour conclure, et n'ai jamais tant regretté de n'avoir pas assez de talent.

M. Alexandre Dumas, qui a fait l'*Ami des femmes*, passe pour être le confesseur... laïque de quelques-unes. On le consulte volontiers sur un sujet qui fait le tourment des philosophes depuis qu'il en existe. Au fond, qu'en pense-t-il? On lui a reproché de n'avoir pas osé dire, mais d'incliner vers la formule qu'énonce un personnage de Balzac : « Les femmes, c'est des bêtes inférieures à l'homme ». C'est brutal et précis. Je ne crois pas que ce soit exact. Quoi qu'il en soit, il a le culte de la femme. et il a écrit que, en religion, il irait plus volontiers à Marie qu'à Jésus. Toute son œuvre est marquée de cette recherche de l'éternel féminin, du souci de plaire à la fille d'Ève, de la réhabiliter si elle est tombée — et peut-être du désir de faire choir celles qui restent debout. Ses théories sont fameuses. Il a inventé de classifier le sexe: il a donné la formule de la femme de rue, de la femme de temple, de la femme de foyer. Il me la résuma, un jour, en un aphorisme qui n'est pas sans quelque spécieuse vérité : « Il n'y a pour la femme que trois états : la virginité, la maternité, la prostitution. » Il oubliait à dessein le mariage.

Il préparait alors son livre sur le divorce, admirablement logique pour tout individu qui voit dans le mariage un *contrat* et non un *sacrement*, condamné d'avance par tout homme qui croit au *sacrement* et ne peut voir dans le divorce, selon l'expression de Barbey d'Aurevilly, qu'une impertinence contre le dogme.

C'est la femme de trente ans que confesse surtout M. Alexandre Dumas ; c'est l'incomprise vis-à-vis de l'homme qui « ne sait pas » ou n'a pas su, la méconnue, la chercheuse d'idéal, la fouilleuse de... dois-je dire « de consciences » ? Il a observé, je le crains, plus de femmes de rue que de femmes de temple ou de foyer. Peut-être a-t-il incarné avec plus de sophisme que de vérisme le caractère, l'esprit et le cœur de la femme dans son sexe. Il n'a vu que de très loin les épouses et les mères paysannes, les ouvrières, cette gent du peuple si robuste, si vaillante, qui fait des enfants, les allaite et les éduque. Il a connu peu de vieilles femmes et peu de religieuses, — je mets ici ce mot pour éviter le banal « sœurs de charité », car il y a des uniformes aussi respectables que la robe grise et la grande cornette, et moins en évidence. Les héroïnes de M. Dumas sont surtout des femmes du monde, des femmes de plaisir, des femmes de luxe, et les confessions qu'il en reçoit ont toujours pour objet le péché que notre langue pudibonde et gueuse désigne sous le mot le plus suave que bouche humaine puisse proférer: l'« amour »!

On dit que M. Alexandre Dumas est sur la *route de Thèbes* et qu'il s'y attarde. Je l'aimerai mieux sur le chemin de Damas. C'est dire que sa morale gagnerait à recevoir le coup de foudre de la grâce. Il ne ferait plus alors de livre sur le divorce, plaidoyer malhabile pour les mauvais ménages. Il trouverait au mariage des circonstances atténuantes et n'y verrait plus le simple exutoire des instincts de l'animal qui sommeille en nous.

Il comprendrait alors que, n'ayant pu, il l'avoue, pénétrer l'âme d'une jeune fille, c'est commettre une faute de présomption que d'éloigner cette âme des enseignements et des consolations que donne une croyance profonde et sincère à un au-delà invisible aux yeux du corps, mais visible et presque tangible pour un cœur pur. Libre-penseur plein de sincérité, affirmerait-il qu'il n'eût point contrarié la liberté d'une enfant décidée à chercher un appui moral dans la religion? Fait-il bon marché des différences de culte, et ne verrait-il, par exemple, dans le catholicisme qu'une secte comme le calvinisme ou le schisme oriental? Je ne le crois pas, et cela même condamne sa théorie, — que j'eus l'honneur un soir, à sa table, de combattre — à armes courtoises — mais avec le regret de déplaire, visiblement.

Comment, du reste, M. Alexandre Dumas jugerait-il de questions si fort au-dessus de sa compétence pour cette raison qu'il les ignore ? Il ne connaît pas l'histoire, n'en aime que le roman et l'avoue. On dirait que les ingénieuses fictions de son père ont déteint sur lui : Pour un peu, il croirait que le chevalier d'Artagnan, — ancêtre de M. le comte Robert de Montesquiou, — a réellement contrecarré la politique ténébreuse du duc Rouge. Il n'aime pas non plus la tragédie, qui est souvent un reflet de l'histoire ; il admet qu'on y découvre parfois un beau vers, mais Corneille ne lui semble pas « nature ». Les vieux auteurs français l'ennuient. Il est un des rares maîtres qui s'accusent de ne pas lire Rabelais. Il a son Rabelais, qui est Shakespeare, ancêtre, lui aussi, des trop nombreux Scandinaves dont on nous obsède. Il comprend Balzac, de quoi il le faut louer, car le créateur de la *Comédie humaine* n'est plus à la mode, et il faut pour qu'on en parle — j'entends dans le populaire — les querelles qui ont eu pour seul effet sensible de porter à la présidence des gens de lettres un homme d'esprit.

M. Alexandre Dumas est un honnête homme en littérature, éloge qui est ici un hommage, un accord de justice. Il est, en effet, saturé de bonnes intentions. Il veut être un moraliste, a rêvé de transporter la chaire au théâtre, s'est flatté de guider la nouvelle société vers un idéal nouveau. Ses théories de la *Femme de Claude*, des *Idées de madame Aubray*, de *Monsieur Alphonse* vont bientôt former un code du mariage, mais du mariage tempéré par le divorce, châtiment ou consé-

cration de l'adultère, devenu un accident... légal.
Montaiglin peut garder la petite Adrienne ; il ne trouvera pour l'épouser qu'un coureur de dot. Madame
Aubray peut marier Jeannine ; elle ne l'imposera
pas à ses amis, puisque le jovial Barentin lui-même
estime que *c'est raide.*

Il manque peut-être un peu d'équilibre philosophique à l'esprit de M. Dumas. On a dit de lui que
c'était l'esprit le plus faux qu'il y eût au monde.
C'est assurément exagéré. Il appert, simplement
que sa passion, ses intérêts, ses souvenirs, sa personnalité même l'emportent à des plaidoyers admirables, sophistiques et sans conclusion possible.
Je veux bien qu'il possède la lanterne : il a oublié
d'y mettre une chandelle allumée.

Voilà pourquoi l'influence de M. Alexandre Dumas disparaîtra avec lui. Il aura brillé comme un
météore de quelque durée. Il restera un dramaturge
de qui la postérité vantera les artifices, l'esprit
mordant, l'ironie, la verve étincelante, le charme
raffiné, la langue claire, précise, sobre, la parole
éloquente. Il ne sera un moraliste que pour ceux
que le paradoxe n'est point pour effrayer.

M. VICTORIEN SARDOU

Toujours à l'affut de l'actualité, M. Victorien Sardou, qui grignotait encore les restes du succès de la *Famille Benoiton*, donna au Vaudeville, au lendemain de la révolution du 4 Septembre, *Rabagas*, qui fit un savant tapage. Passé maître dans l'art de faire parler d'une pièce avant qu'elle paraisse au feu de la rampe, il laissa croire volontiers qu'il essayait d'une comédie aristophanesque. On prétendait qu'il avait incarné dans Rabagas un tribun que la moitié de la France acclamait et qui serait aujourd'hui l'espoir des conservateurs, s'il en reste. Il s'en défendit, au surplus, depuis lors, dans une des cent mille interviews qui furent pour lui les cent mille avatars de Vichnou. Ce n'était point Gambetta mais Emile Ollivier qu'il avait voulu peindre !

Or, je me souviens d'avoir assisté à l'une de ces représentations de *Rabagas* : deux acteurs, dont une comédienne de talent, mademoiselle Antonine

— que M. Sardou n'a, sans doute, pas oubliée — durent pendant trois quarts d'heure sinon plus, rester en scène sans mot dire, ce pendant qu'un monsieur, du balcon, haranguait les spectateurs; que des femmes s'évanouissaient; qu'une tempête de sifflets se déchaînait, interrompue seulement par un ouragan d'applaudissements. C'est de ce moment que date ma vénération pour M. Sardou. J'ai toujours aimé les gens qui font hurler la foule.

Vingt ans et plus se sont écoulés depuis ce soir où mes admirations me firent emmener au poste par des sergents de ville, pas très aimables. Je n'avais jamais vu M. Sardou, que je trouvai enfin, l'an dernier, bienveillant et désinvolte, en son logis somptueux de la rue de Madrid, plein de tapisseries, de bibelots et d'objets d'art, qui lui font, sans doute, oublier l'époque où, démuni de parapluie, mais emmailloté du cache-nez désormais historique où s'enfouit son menton à la Bonaparte, il allait de chez lui chez Paul Féval sous le fallacieux prétexte de collaborer au *Bossu*. J'ose avouer que, pour faire plaisir à mon hôte, je requis de son obligeance une place pour *Madame Sans-Gêne*. Il me la promit pour la deux centième. C'était un mois à patienter. J'y consentis volontiers. La quatre centième a passé, la pièce aussi, et je serai le seul Français qui n'aura point contemplé madame Réjane en maréchale, car son triomphal auteur oublia sa promesse, et je ne verrai jamais Napoléon discutant les notes de blanchissage de Bonaparte. Il s'en faut consoler : tout n'est qu'heur et malheur sur notre sotte boule!... J'eus, tout au moins, l'occasion de contempler le Maître : affable, hilare, très bonhomme, tisonnant avec art, énonçant divers aperçus nouveaux sur l'Académie. Je constatai qu'il est bon d'être glorieux, et glorieux d'être riche. C'est la meilleure façon de ne pas ressembler à tout le monde.

M. Victorien Sardou partage avec M. d'Ennery le privilège d'émarger les plus fortes mensualités à l'agence de la rue Hippolyte-Lebas, Son quinze pour cent grossit le pécule de la Société des auteurs dramatiques, et, n'était sa bonhomie, on enguirlanderait de fleurs les bureaux lorsqu'il y vient donner quittance. Cette année lui fournit abondante récolte. Renaissance, Gymnase, petits théâtres se disputèrent son répertoire, et, pour conclure, il nous gratifia d'un *Don Quichotte* remis à neuf, dont le protagoniste fut le ventre de M. Dailly. Sans doute, il nous réserve quelques surprises, car il existe encore des théâtres qui ne le jouent pas, ce qui semble extraordinaire. Nous avons toutefois des promesses pour l'an prochain, et peut-être nos fils auront-ils la bonne fortune que l'impavide dramaturge exhume de ses cartons, pour leur esbaudissement, telles de ses œuvres qui ne virent point, nous vivants, le feu de la rampe : la *Reine Ultra*, *Bernard Palissy*, *Fleur de Liane*, voire la trilogie sur la Réforme, en trois soirées, comme *Monte-Cristo*.

C'est que notre littérature — à ce qu'assure M. Porel, oracle plus écouté que les sybilles — manque d'auteurs dramatiques. Il faut éliminer premièrement Emile Bergerat, par trop taquin;

Ohnet, qui loue le Gymnase à Daudet moyennant la rente annuelle d'un oignon propre à lui tirer des larmes; Lemaître, voué au supplice de jouer les pièces d'autrui; Lavedan, cher à la noblesse, au faubourg et à M. de Grandlieu; enfin, Becque, à qui l'on reproche surtout — et combien justement! de n'avoir pas fait les *Polichinelles*, ayant tant de modèles sous les yeux. Quelques autres encore ont leur nom sur les affiches, mais ils sont inconnus de M. Porel, historien du seul Odéon, pétrifié dans l'attente du musicien de génie qui mettra les *Pattes de mouche* en opéra. Ce mélomane manque de flair — il souffrira que je le dise! — M. Sardou fit naguère le *Roi Carotte*, et, du couplet à la musique, il n'y a que la main.

Le théâtre tient la plus large place dans les préoccupations littéraires de l'époque. Il est assurément le reflet d'une société de cabotins. Il est un art officiel, décoré, subventionné; il mène à la fortune et crée la gloire. Il est le but de toutes les ambitions juvéniles. Soumis aux caprices de la mode, il revêt toutes les formes: comédie et vaudeville, opérette et féerie, pantomime et ballet. Insatiable de spectacles, comme les Romains de la décadence, notre monde veut s'amuser à tout prix; il passe des jeux du cirque aux exhibitions de femmes cuirassées de pierreries, du promenoir d'un *music-hall* à une salle de conférences: matinées, soirées, auditions, concerts, séances, fêtes de charité, comédies de salons, monologues, chansons, la journée ne suffit plus à tout voir, à tout entendre. On sent que le foyer familial est déserté, qu'on veut vivre hors de chez soi, qu'on brûle sa vie, qu'on redoute de penser et d'agir. La passivité trompe l'ennui, la fatigue des sens, éblouis, saturés, abolit la volonté, et bientôt l'âme et le cœur s'engourdissent dans une délicieuse torpeur, une fausse tranquilité.

Le *genre gai*, d'une gaîté douteuse, vulgaire, souvent macabre, est le préféré du snobisme, qui gouverne tout. On a décrété la fin du drame, de toutes les formes que revêt l'art scénique la plus accessible à la multitude. On accepte encore, à des heures d'engouement, la bonne vieille tragédie — « Il faut une tragédie pour le peuple ! » — sous le titre moderne de drame lyrique. Mais les grands sentiments, les passions violentes, les émotions fortes effraient notre faiblesse de féminisés, exaspèrent les nerfs et fatiguent l'esprit. Le sublime n'amuse pas. On ne veut voir la main de la Providence que si elle fait un pied de nez. Enfin, les petits enfants eux-mêmes ne sont pas dupes et savent qu'ici-bas le vice est toujours récompensé et la vertu toujours punie.

Il n'est donc plus facile de « faire du théâtre ». Les chevaleresques aventures, les beaux coups d'épée, les amours historiques, les rois qui épousent des bergères, l'innocence victorieuse des persécutions, tout cela est « vieux-jeu », prétendent les hommes du métier. Pourtant, lorsqu'un directeur est aux abois, il reprend le *Courrier de Lyon*, la *Grâce de Dieu* ou le *Bossu* et regagne un peu d'argent. Contradiction seulement apparente, car la vérité est que le drame est l'éternelle et vigoureuse forme du théâtre et qu'on le verrait bien si l'on se décidait une fois à renouveler un peu le stock des pièces retapées et repiécées. M. Victorien Sardou, qui est un habile, le sait bien : il n'est pas un de ses ouvrages, où il n'y ait la minute d'angoisse du frisson, la parole ou le geste qui va puiser un pleur au fond des glandes lacrymales, et le rire paraît meilleur, plus sonore et plus franc après cette minute attendrie qui fait vibrer la sensibilité, encore émoussée qu'elle soit, du monde qui s'amuse.

C'est le caractère du procédé de M. Victorien Sardou. Il cherche avant tout, on pourrait dire uniquement, à émouvoir son public, et ce n'est pas à l'élite qu'il s'adresse : il partage cette erreur commune que les lettrés sont sceptiques ; c'est au public bourgeois, de sens rassis, d'entendement limité, « gobeur », selon l'argot des coulisses, dont M. Francisque Sarcey est le trucheman accrédité. Sa dextérité est telle à manier les ficelles dramatiques, entrelacées à dessein, nouées, inextricables, semble-t-il, que l'on en reste ébahi. Il a vingt façon de perdre et de retrouver une lettre ou une clé, vingt manières d'escamoter une situation, et l'art de faire un type d'un personnage qu'on ne verra jamais, par exemple cette admirable Mme Benoîton, dont le rôle consiste à être toujours sortie. Il connaît à fond l'envers du théâtre, les machines, les trucs, les charpentes, les trappes, les dessus, les dessous, ce casse-tête où tout se désagrège, se démonte, se remonte, s'emmortaise et s'emboîte morceau par morceau.

On ne le prendrait pas à parler de corde dans ces maisons, où pourtant il n'y a pas de pendus. Il en sait à merveille le jargon, les usages, les lois draconiennes. De même, il possède au degré suprême l'art de la mise en scène, si difficile et compliqué. Son œil d'artiste compose le tableau avec la rapidité d'un peintre traçant une esquisse au fusain. Il combine les cortèges, dispose les groupes, leur donne le relief, les met à leur valeur, harmonise les costumes, ébauche les décors.

Son érudition immense, classée, cataloguée comme une bibliothèque bénédictine, lui fournit à l'instant même l'indication précise. Il ne laisse rien au hasard, à l'imprévu. Il ne néglige ni un détail ni un accessoire. Et c'est à quoi il doit son incontestable supériorité, qui, peut-être, ne lui survivra pas, car il est surtout le dramaturge de l'actualité, hormis en ses reconstitutions historiques, dont il est fier à bon droit.

Lorsque M. Sardou fait une pièce, il sait toujours d'avance dans quel cadre elle se jouera; il pourrait, à la rigueur, ne pas l'écrire : le scénario lui suffirait pour faire évoluer ses personnages, les masser, les aligner, les disperser Il sait qu'on ne lui refusera aucun des coûteux éléments d'un spectacle magnifique et rare : il aura des draps d'or et des velours couleur aurore écrasés entre deux cylindres d'acier; il aura des tapis précieux, des meubles artistiques; il désignera les peintres qu'il lui plaît pour brosser les décors, et les peintres subiront ses critiques et se rendront à ses avis ; on fouillera les recueils d'estampes pour lui donner des costumes exacts ; on dépouillera les serres s'il lui faut des fleurs ; on engagera l'amoureuse ou le comique dont il a besoin, fallût-il payer un dédit. Bref, Il n'a qu'à ordonner : on obéit.

Alors s'organise une minutieuse et savante réclame. Elle commence par des notes brèves dans tous les courriers de théâtre, que d'autres notes démentent le lendemain, qui sont discutées après deux jours ; on échange des lettres ; on change le titre de la pièce : nouvelles notes ; on distribue les rôles, on laisse entendre que tel père noble se verra en jouvenceau; tel jeune premier, en vieillard à barbe blanche; puis les interviewers se mettent de la partie; les uns vont « prendre une conversation » au Maître ; les autres content ses débuts : celui-ci a été l'ami de son élève Scander-Bey ; celui-là fut carabin avec lui ; cet autre a visité ses collections de Marly ; on décrit ses diverses résidences ; on le suit aux répétitions, où le célèbre cache-nez a les honneurs d'une publicité franchement sympathique. Tout Paris ne s'occupe que de l'évènement, et les journaux du boulevard se ruinent en suppléments illustrés. La location est assurée pour bon nombre de soirées. Au lendemain de la première, chaque journal donne trois articles, plusieurs notes, l'inévitable accusation de plagiat vient ranimer l'attention, accroître le tumulte des cymbales.

Quel auteur dramatique disposant de tels moyens, et d'ailleurs pourvu de talent, n'obtiendrait pas le succès? Mais M. Octave Mirbeau l'a dit : « D'autres ont le talent, Sardou seul a le génie. » Et, pour conclure, on le compare à Shakespeare.

Je ne crois pas que M. Victorien Sardou soit un plagiaire. Dans la préface de la *Haine*, il dit : « J'ignore comment l'idée dramatique se révèle à l'esprit de mes confrères. Pour moi, le procédé est invariable. Elle ne m'apparaît jamais que sous la forme d'une équation philosophique dont il s'agit de dégager l'inconnue. » Cela n'est pas d'un homme qui fait son profit des idées d'autrui. *Nos Intimes* est pourtant emprunté à une nouvelle du *Courrier des Dames* de 1832 ; les *Pommes du Voisin*, à un roman de Charles de Bernard ; *Maison-Neuve*, à un conte de Boccace ; *Fernande*, à un récit de Diderot ; mais s'il reconnaît ces quelques emprunts, M. Sardou ajoute que Molière fut appelé de son temps, un « arrangeur de pièces ». Il se faut défier, par conséquent, des méchants propos : ce n'est pas de la *Fiammina*, de Mario Uchard, qu'il a tiré *Odette*, ni de la *Saint-Aubin*, de M. Ernest Daudet, qu'il a extrait la *Tosca* ; c'est à tort que M. Cournier lui conteste *Andréa*, et, si la question du *Bossu* n'est pas résolue, Paul Féval n'en a pas moins « écopé » d'un formidable et retentissant article où l'académicien sans parapluie, mais nanti du célèbre cache-nez, déploya sa verve étourdissante, pour le plus grand plaisir de la galerie. Au reste, c'est bien assez de se plagier soi-même, et, pour citer qu'un exemple, *Patrie*, *Fédora*, *Théodora*, la *Tosca*, ne sont-elles pas la même pièce, en des milieux différents ; la femme jalouse livrant au traître, qui exploite sa jalousie, l'homme qu'elle aime ?

Le violon d'Ingres de M. Victorien Sardou, c'est

l'occultisme, et l'un de ses pianos, c'est la superstition. Il obéit à de surnaturelles inspirations, qui ne vont pas sans coquetterie, en donnant à ses pièces des titres en *a*, ce qui nous explique pourquoi la *Duchesse d'Athènes* est devenue *Gismonda* : il le fallait pour la rime, sinon pour la raison.

Que restera-t-il de M. Sardou après M. Sardou ? Quelle influence aura-t-il exercé sur son temps, cet homme qui fut comblé des dons les plus précieux, savant à traduire Erasme, à commenter Luther et Zwingle, à reconstituer les époques troublées de la Réforme et de la Renaissance, auteur de cette superbe trilogie, les *Merveilleuses*, *Monsieur Garat*, *Madame Sans-Gêne*, où il évoqua la Révolution sous son aspect pittoresque, après en avoir dépeint les âpres et sanglantes luttes dans ce *Thermidor*. dont nous priva la pusillanimité d'un ministre ?

Il a l'intuition qui fait deviner les personnages historiques tels qu'ils furent. Il a peint un duc d'Albe que l'érudit Forneron nous expliqua mieux, et un Napoléon plus populaire que le vrai. J'aurais voulu de lui un Calvin dans la même gamme, ce lamentable et douloureux Calvin de Balzac, succombant aux plus immondes maladies et voyant avec désespoir son œuvre finir avec lui, pour avoir cherché son héritier dans le mariage, pour avoir cédé, lui qui se voulait élever au-dessus de l'humanité, au besoin ignoble de chercher les vergogneuses satisfactions corporelles de l'animal humain.

Satirique dans ses pièces aristophanesques, moquerie éloquente et sincère d'une société décadente, M. Sardou sera-t-il un de ces moralistes à qui l'on va demander le secret mobile de certaines chûtes, le remède à certains maux ? Aura-t-il assez bafoué l'ingratitude dans *Nos Intimes*, la folie du snobisme dans la *Famille Benoîton*, le charlatanisme politique dans *Rabagas*, l'envieux socialisme dans *Nos bons Villageois*, l'hypocrisie religieuse dans *Séraphine*, femelle dégénérée de *Tartufe*? De la fille il s'est occupé le moins qu'il a pu, abandonnant cette spécialité à M. Alexandre Dumas fils, son émule ou son rival, ou tous les deux si bon semble. Pourtant il s'en est servi dans *Marquise*! audacieux défi, déjà oublié.

Causeur étincelant, logicien serré, disert érudit, collectionneur sagace, M. Victorien Sardou restera l'une des figures les plus séduisantes et les plus curieuses à étudier de notre époque lettrée.

De ses œuvres, certaines surnageront, et peut-être le siècle prochain les exhumera-t-il comme des documents singuliers, qu'il faudra déchiffrer à l'instar de palimpsestes, expliquer par des conférences, remonter avec un souci d'exactitude un peu suranné, ainsi qu'on fit chez M. Jules Claretie pour l'*Impromptu de Versailles*. Il sera un ancêtre agréable à montrer, une momie qu'on démaillotte. Mais de son œuvre écrite — la *Haine* et *Patrie* exceptées — les professeurs de rhétorique ne parleront probablement que comme ils parlent de Picard et de Guilbert de Pixérécourt.

Ce n'est pas assez.

SARAH BERNHARDT

Pourquoi n'aurait-elle pas sa place parmi les grands hommes de l'heure présente, puisqu'elle s'en est faite une si haute au brillant soleil de l'art, celle qui n'a point voulu se contenter de la petite monnaie de la gloire ? Sa robe de chambre est taillée dans le plus fin velours couleur d'aurore, et c'est même une dalmatique de drap d'or, armoriée comme le tabart des anciens hérauts d'armes, si elle l'écussonnait de tous les blasons des princesses qu'elle a incarnées, des héroïnes qu'elle a ressuscitées. Il fut question qu'on lui accorderait, aux premiers jours de cet an plein d'énigmes, la même faveur qu'à tels plumitifs d'outre-frontières et qu'un bout de ruban rouge attacherait désormais à son corsage la fleur de lotus bleu d'Izeyl. Mais à quoi bon? Pour le génie qui rayonne de sa propre lumière, l'estampille officielle ne peut être ni une faveur ni une récompense. Le poète l'a dit :

C'est quelque « hochet » d'or qu'on se va pendre au cou.

Il suffit à la vanité des opulents bourgeois qui perçoivent de notables sommes aux fins de jouer les pièces de l'Académie, et de refuser celles d'Emile Bergerat. Madame Sarah Bernhardt a pour se consoler les monceaux de couronnes, les jonchées de palmes et de lauriers que lui offre la multitude idolâtre de ses admirateurs. Son nom demeurera inséparable du mouvement intellectuel de notre siècle ; c'est à satisfaire la plus vaste ambition, et le reste n'est rien. Qui, dans les âges futurs, se souviendra que Balzac ne fut pas de l'Académie, et que M. Albert Sorel en est ?

Un soir, au foyer de la Comédie, Mme Jouassain — l'aimable, bienveillante, cordiale et silencieuse duègne de Verte-Allure — et de langue si clémente ! — annonçait à feu Thiron la mort de M. Adolphe de Leuven. — « Et, conclut-elle, devant témoins *quorum pars minima fui*, et les derniers mots de Leuven ont été ceux-ci : « Enfin !... « je n'entendrai donc plus parler de la Grande Tra- « gédienne et du Grand Français ! » Ferdinand de Lesseps entrait au même instant : il eut un sourire doux et distrait.

La « Grande Tragédienne », qu'il n'est point besoin de nommer, a pris ce grade d'assaut ; nul ne le lui conteste. Je ne veux pas énumérer ses triomphes : ce n'est pas de la « femme de théâtre » que je tiens à parler ; d'autres l'ont fait avant moi et mieux. Ses créations dernières l'ont remise à la place d'où le caprice de quelques-uns présumait la faire descendre.

Le pauvre Albert Delpit, dans le *Gaulois*, s'époumonnait à la déclarer désormais impossible à la Comédie-Française, sous prétexte que, vieillie et la voix d'or fêlée, elle compromettrait les épargnes — sans droit de mutation — de Molière. La galanterie bien connue de M. Arthur Meyer faiblissait à autoriser ces attaques, en ce temps où l'on pleurait sur la voix enchanteresse, faussée par les brouillards de Terre-Neuve, et sur sa fortune, dissipée à la rose des vents de la fantaisie. Elle, impassible, ne se défendait que par le silence. Puis doña Sol prouva qu'elle pouvait s'incarner tour à tour — comme si elle possédait l'inestimable don des métamorphoses — en Théodora, impératrice bohème ; en Cléopâtre, amoureuse et tyrannique ; en Jeanne Darc, vierge guerrière et sainte : en Izeyl, courtisane et princesse, Madeleine d'avant et d'après la conversion. Je ne parle pas ici de la Gismonda : je ne l'ai pas vue ; les cordonniers — j'en suis un et je méprise le *ne sutor ultra crepidam* — sont les plus mal chaussés. Il est probable que, si le pauvre Albert Delpit était encore de ce monde, le très galant M. Arthur Meyer le prierait d'un article sur un autre ton, ne serait-ce qu'en souvenir de la bonne grâce qu'on mettait aux dîners de la rue Fortuny, à lui passer et la rhubarbe et le séné.

Il y a des années déjà — et trop pour que je chiffre — que je connais Sarah Bernhardt et l'ai appelée, avant Haraucourt, une royale amie. Mon Dieu ! oui, amie, et « rien de plus », selon le triste et comique refrain du *Corbeau*, d'Edgar Poe. Assurément très belle et très jeune, avec ses cheveux de cuivre parfilé et ses yeux étranges, vert de mer, violet de pervenche, vert, violet, jaune, orange, aurait chanté Rollinat. Un visage qui revêt toutes les expressions, et qu'aucun Lavater ne s'est donné le plaisir d'examiner, parce que tout philosophe, sans doute, se complaît à l'illusion de l'amour devant ces traits si finiment burinés, où dans la minute même apparaissent, les transformant en un éclair, la plus suave poésie et la plus formidable puissance tragique.

Ce Protée femelle, je l'ai vue sous les aspects les plus divers. En cette rue Fortuny, où fut la période charmante de notre amitié toute neuve, une Sarah joyeuse, familière, moqueuse un peu, dans l'éclat et le bruit d'une renommée qui lassait presque la foule des admirateurs. A Sainte-Adresse, gracieuse et simple, à son tour fatiguée des adulations, calme, reposée, hôtesse accorte, rieuse et parfois mélancolique, ainsi que le trahissait l'inscription d'une plaque de faïence scellée au mur : « *C'est ici de Sarah, la joyeuse demeure ; on y chante, on y rit, et parfois on y pleure.* » Enfin, boulevard Pereire, en cet atelier regorgeant de souvenirs, d'œuvres d'art, de portraits aimés, de fleurs, d'oiseaux et de bêtes — je ne parle ici que de *vrais* singes et de quadrupèdes — où elle campe en attendant que la Divine Fortune lui ait bâti le palais digne d'elle, qu'elle veut et qu'elle aura, pour y gagner, au milieu de ses affections suprêmes, le repos laborieux de ses dernières longues années.

Mais partout, et depuis les années qu'elle a oubliées, je m'en assure, je l'ai toujours vue ce qu'elle est : vraiment bonne et vraiment simple. Ceci a mauvais air de paradoxe, et je vois sourire les malins. Fin contre fin ne vaut rien pour doublure ! Les malins ont tort, voilà tout !

Toutefois, il serait téméraire d'en disconvenir, il n'y a peut-être pas de femme qui ait amassé contre elle tant de colères et de haines. Et par un phénomène tout particulier, ce ne sont colères ni haines d'artistes à artiste : les « femmes de théâtre » ont l'instinct de la reconnaître tellement supérieure qu'elles ne sont plus jalouses d'elle.

Sarah Bernhardt a seulement contre soi tous ceux qu'il fatiguerait d'entendre appeler Aristide « le Juste ». Elle est trop applaudie, elle tient trop de place, elle est trop haut. Cela gêne ceux qui font de vains efforts pour s'enrichir, pour se faufiler ici où là, pour escalader ce rocher abrupt, escarpé, hérissé d'obtacles qui sert de piédestal à la gloire. Ce qui est a observer, c'est que la royale amie n'est odieuse qu'à ceux qui ne la connaissent pas. Elle n'en est pas moins très aimée, parce qu'elle possède ce don si rare : le charme, et très haïe, parce qu'elle est une force. Et plus elle vieillit — si c'est vieillir que d'ajouter une année à une année, comme on ajoute une perle à une perle pour former un collier — plus elle s'assagit. Elle a renoncé désormais aux vaines clameurs de la réclame. Elle cherche la paix bourgeoise et la vie retirée ; elle développe et cultive, dans un silence après tout relatif, son superbe talent, n'ayant plus d'autre ambition que de justifier, par le plus âpre travail, la magnifique louange qui l'a sacrée la plus grande artiste de l'époque.

« Je reviens des pays les plus extravagants », peut dire Sarah Bernhardt, à l'instar de don César de Bazan. Elle a vu toutes les splendeurs et toutes les convulsions de la nature ; elle a connu aussi, peut-être — et combien ce *peut-être* est proche du *que sais-je*? de Montaigne — toutes les joies et toutes les amertumes de la vie. Je garde au fond d'un tiroir parfumé à la citronnelle — son odeur favorite — une feuille de son papier margé d'un filet gris de perle et timbré à son chiffre, où j'écrivis, un soir, sous sa dictée, quelques dates et quelques phrases qui seraient comme la table des matières de ses Mémoires.

Ce n'est pas une biographie que je veux établir, non plus qu'une étude du génie de la tragédienne, à quoi je me suis attardé déjà, qui sait? avec trop de complaisance.

Il me réjouirait de dire d'elle, ici, ainsi que dans une réunion d'amis et accoudé à la cheminée, ce que j'en dirais là sincèrement, au hasard de la causerie, et me supposant interrompu à de fréquents intervalles par les pyrrhoniens, les sceptiques ou les imbéciles, ce qui me paraît grouper assez bien un ensemble d'auditeurs. Tel, qui prétend savoir tous les secrets du monde, la dit fille d'un hobereau de Berlin ; tel veut qu'elle soit juive, de religion et de profession ; celui-ci, qu'elle ait chanté dans les cours, et cet autre — qui des domaines paternels ne connut bien que le colombier — qu'elle ait été une perverse petite fille. Que répondre à ces niaiseries? Que le père de Sarah fut un très honorable officier ministériel ? Qu'elle reçut le baptême des mains d'un cardinal ? Que son enfance s'écoula au couvent? Qu'elle eut une adolescence mystique et faillit prendre le voile ? A quoi bon ?...

Je ne veux voir en elle que la créature privilégiée, comblée de dons extraordinaires, noble par l'ampleur de son intelligence, la culture de son esprit, la générosité de son cœur, par l'irrésistible et bouillonnante ardeur de son âme enthousiaste, passionnée pour le vrai, le beau et le bien.

Caractère complexe, plein de contradictions, inégal, parfois bizarre ; existence tourmentée, bruyante, à coups d'éclat ; poursuite acharnée du succès ; événements imprévus, dénouements singuliers ; passion du mouvement, de l'activité, du bruit. Soit! Mais qu'importe à qui plane si haut au-dessus des éloges ou de la critique ? Le seul être humain qui n'aurait pas d'ennemis serait celui qui n'aurait jamais rendu service à personne.

Compatissante à toutes les infortunes, c'est là une sorte de cliché qui s'applique à toutes les comédiennes. Sarah Bernhardt, qui n'aime point le banal, sourirait de ce médiocre et fade compliment. Elle ne se contente pas de cette bonté facile et vulgaire qui permet à la réclame de payer la charité.

Il me plaît davantage de conter qu'un jeune poète l'étant venu voir, sous prétexte de lui déclarer sa flamme, elle l'éconduisit en lui donnant vingt-cinq louis pour qu'il se pût nantir de livres, « instruments de travail » du débutant. Peut-être ledit poète se fit-il une bibliothèque. A coup sûr, il ne l'orna d'aucun *Traité de la reconnaissance*, car sa première œuvre fut un pamphlet contre sa bienfaitrice. Mais on me pardonnerait plus volontiers un ironique « débinage » que les récit de semblables anecdotes ; j'en pourrais narrer quelques-unes. Ce m'est un charme si doux s'il arrive, d'aventure, que ma royale amie soit calomniée en ma présence, de me dire *in petto :* « Et pourtant s'ils la connaissaient !... »

Parfois, on lui reprocha ses duretés de directrice. Elles ont une excuse : sa passion du théâtre. Elle sait qu'il n'y a sur la scène aucun détail qui soit indifférent. Et, comme elle se dépense sans compter, elle exige que ses partenaires fassent comme elle : les laborieux sont durs aux paresseux. Des légendes ont couru, tissées, comme tant de légendes, de demi-mots, de réticences et de menus mensonges.

Il n'y a pas à s'en défendre. On parle toujours de la comparaison que Charles Baudelaire faisait des noix fraîches avec la chair de petit enfant, des somptuosités sultanesques de Balzac, et de la perle fondue de Cléopâtre. Le populaire aime le merveilleux, et les intellectuels croient à l'excessif.

Il n'y a rien de merveilleux ni d'excessif dans l'existence apaisée, tranquille et presque retirée de Sarah Bernhardt. Elle a le train de maison qu'il faut à son état, le luxe discret et sans tapage d'une femme artiste. Elle vit avec sa famille, avec de vieux amis et garde de vieux serviteurs, ce qui dit mieux que tout son caractère. Elle aime les bêtes ; les chiens, ces amis qui ne parlent pas, les oiseaux, ces amis qui chantent. Peintre, sculpteur, écrivain, elle ne quitte le pinceau que pour l'ébauchoir ou la plume ; elle a des livres, bien choisis, coquettement vêtus. Ce sont là ses loisirs, trop rares à son gré, mais qu'elle prépare pour embellir les jours à venir.

Sa vie est encore toute au théâtre. Elle a écrit une pièce, l'*Aveu*, un drame en un acte, qui dit comme elle comprend l'émotion et quels sentiments vibrent le plus en elle. Elle se plaît aux difficultés des résurrections héroïques ou historiques. Elle a été la touchante aveugle Posthumia ; elle serait une superbe Elisabeth d'Angleterre, une hautaine et féroce Isabeau de Bavière, une virginale martyre chrétienne, une altière Sémiramis.

Des poètes lui font des rôles, mais la veulent trop amoureuse, et point de la façon dont elle l'eût été. Ils la rêvent plus tendre que tragique, orgueilleuse de volupté, féline et cruelle. Elle m'apparaîtrait moins humaine, plus en dehors des réalités, la tête gouvernant le cœur ; enfin, une de ces femmes d'exception qui sont de grandes reines, mais des épouses sans soumission ou des amantes éphémères : une Catherine II accordant une heure à son plaisir... sans plaisir.

Dans le plein épanouissement de son génie et de sa gloire, Sarah Bernhardt espère, dit-on, conquérir une fois encore la Toison d'Or. Une dernière course à travers le monde, pour un retour sur une escadre de galions. Elle veut une dot d'impératrice à sa petite-fille Simone, qu'elle chérit comme une bisaïeule, puisqu'elle a pour son fils un amour de grand-mère.

S'il l'osait, le pédant que je suis citerait ici la fameuse règle de la grammaire de Lhamond : *Sua hominem perdidit ambitio*. Les voyages ne forment que la jeunesse, et l'argent qu'on va chercher trop loin coûte plus cher qu'il ne vaut...

Quand même! répond la devise de Sarah, qui est aussi la devise de la duchesse d'Athènes. Il faut accomplir ses destinées, aller en avant toujours, se jouer de toutes les difficultés, dompter les obstacles, vaincre la nature, braver les éléments, se donner sans cesse et s'épuiser...

Il n'y a que la mort qui soit inéluctable !

M. FRANÇOIS COPPÉE

Comme, autrefois, à la cour de France, nos rois entretenaient leurs bouffons, les *fous en titre d'office*, les empereurs, rois des Romains, choyaient à Vienne un poète courtisan, historiographe et annonciateur, qui jouissait d'une opulente prébende avec le titre de *poeta cesareo*. Le divin Metastase eut cette charge et sut en profiter avec l'adresse d'un abbé galant, qu'il était.

M. François Coppée aurait pu être le *poeta cesareo* de la République. Il naissait à la célébrité peu avant qu'elle succédât à l'Empire; il avait la jeunesse, la popularité, la verve et l'esprit; il aimait les petits, les humbles et les pauvres; il n'était point enchaîné par des traditions de famille, ne devait rien aux régimes déchus, aux dynasties exilées; il pensait librement sans être libre-penseur; il aurait peut-être doublé ses chances de bonheur, lui qui avouait naguère que sa plus vive terreur est d'avoir un jour à rendre compte à Dieu de tout le bonheur dont il a joui.

Mais ce poète n'est pas une âme faible, et il ne voulut pas s'incliner trop bas devant l'astre à son lever. Un habile reprochait à Berryer sa fière pauvreté, lui disant qu'il n'aurait eu qu'à se baisser pour ramasser l'or à la pelle. « Oui, répondit Berryer, mais il aurait fallu se baisser !... » M. François Coppée a l'échine tout aussi raide. Conciliant peut-être, mais point l'homme des compromis et des palliatifs. Il est resté honnêtement ce que l'avaient fait ses origines, son éducation, ses habitudes, son caractère. Il n'a rien désiré, hormis la gloire littéraire, qu'il eut très vite et qui lui coûta peu d'efforts. Il vécut de sa plume et en fit vivre les siens, ce qui n'est pas un mince mérite. Il ne quémanda ni sinécures ni pensions, ne brigua point les suffrages de la multitude, s'évada de toutes les galères politiques, ne milita dans aucun parti et se contenta d'être heureux.

En sa jolie maisonnette du quartier des Invalides, au jardin plein de roses, aux chambrettes pleines de livres, de tableaux, de souvenirs, dans un silence doux, parfois troublé par les fanfares de clairons d'une caserne voisine, par le chant grave et sonore des cloches des couvents, il sut vivre en philosophe de goûts modestes, ennemi du faste, sobre, laborieux avec délices et flâneur par tempérament, comme l'est tout gamin de Paris. Sa sœur aînée — une maman grondeuse et bonne — tenait son ménage avec la savante économie qu'impose le budget régulier ; mais, si bourgeoise qu'elle se flattait d'être, elle laissait la bride sur le cou aux fantaisies artistiques, accueillait avec bonne grâce les nombreux amis qui heurtaient à l'huis du logis hospitalier, se querellait de bonne amitié, chaque dimanche, avec Barbey d'Aurevilly, qui l'appelait son Gramadock, et supporta même patiemment le bohème Nicolardot, « cette punaise-Nabuchodonosor ».

Il venait là beaucoup de monde. Le matin, des blondins timides et des bruns farouches, les uns patoisant le bas-normand, les autres grasseyant le bas-breton, ceux-ci avec le redoutable accent du Quercy noir, ceux là zézayant comme les cigales des garrigues provençales, mais tous la mine éveillée, l'œil vif, le sourire aux lèvres, nippés sans souci de la mode, et chacun un livre sous le bras ou un manuscrit dans la poche — un pour le moins. C'étaient les poètes qui venaient saluer l'aîné, les apprentis, rouges d'émotion devant le maître. Plusieurs sont aujourd'hui devenus célèbres, qu'on voyait alors enveloppés d'invraisemblables ulsters et chaussés de lamentables souliers, que Corneille n'eût point pris la peine de rapetasser.

Le soir, c'étaient d'autres amis déjà en route pour le succès, quelques-uns déjà arrivés : Théodore de Banville, qui roulait des cigarettes, riait de son rire aigrelet, toujours agité, gai, pimpant et plus étonné d'avoir découvert la *Douloureuse Passion* de Catherine Emmerich, que La Fontaine, d'avoir lu Baruch ; Lescure, l'historien de François Ier, presque un géant comme son héros, et qui devait publier sur Coppée le gros livre qui sera la préface de ses œuvres complètes; Paul Haag, l'ingénieur qui ne fera pas le métropolitain; Huysmans et Bourget, très jeunes; des parnassiens, des revuistes, entre autres celui qui nous conta les théories de Flaubert sur la littérature, bonne ou mauvaise selon qu'elle est ou n'est pas « de gueuloir ».

Je revois encore le petit salon, le cabinet de travail accroché à la maison, en verandah close, sur le jardin; le maître, en veston rouge, puisant des pincées de tabac dans une jarre du Japon ou une sébille de laque russe, roulant une cigarette, en tirant trois bouffées et recommençant l'exercice, à perpétuité, avec un geste fébrile.

On riait, *in illo tempore!* Au lendemain des années sombres, à ce moment de transition où naissait une génération nouvelle, où la société s'orientait vers d'autres idées, où la guerre funeste s'interposait, énorme rempart, entre un « hier » dont on ne voulait plus se souvenir et un « demain » encore dans les ténèbres de l'incertitude, on jouissait d'une accalmie que l'on n'espérait guère aussi durable. On essayait de se consoler des misères subies par le culte de l'art, par l'amour de la poésie et des lettres. Le glas des illusions n'avait sonné que pour un petit nombre d'entre nous: la destinée souriait à nos jeunes ardeurs... Combien ont touché au but? Combien sont restés en arrière sur la route poudreuse?...

M. François Coppée, tout en escaladant le Parnasse, garda toujours le respect de la fonction rétribué par l'Etat. C'est à la fois un effet d'atavisme et une question de première éducation. Il débuta dans la vie par un emploi à la Guerre. Le brusque succès du *Passant* et de ses premiers recueils de vers le ravit aux bureaux. Mais il entra à la bibliothèque du Sénat et céda bientôt la place à un homme de lettres qui en avait besoin. La Comédie-Française lui offrit la garde de ses archives qu'il abandonna au mari de sa nièce, le bon moliériste Georges Monval, le jour où il fut élu à l'Académie. Entre temps, il fit le feuilleton dramatique du lundi à la *Patrie* jusqu'en 1884. Ce constant souci de la régularité dans la vie indique un esprit d'ordre, méthodique, parfois méticuleux. Ce poète est un sage. Il a de la mesure, un jugement droit, un cœur loyal. Parfaitement désintéressé, d'ailleurs, très libéral, sachant donner, prudent. C'est la raison en équilibre avec l'imagination. Il n'est pas cependant sans caprices ni fantaisie. Il est de ceux à qui leur franchise ne fait pas d'ennemis, peut-être aussi de ceux à qui leur sensibilité ne fait pas d'amis. Trop jeune pour avoir pris part aux grandes luttes romantiques, il en a toutefois subi l'influence. Sans être de l'école d'Hugo, il a eu des élans de lyrisme : ses *Récits épiques* rappelaient d'assez près la *Légende des siècles*. Son théâtre est romantique.

Il a pourtant inventé le modernisme : *Olivier*, les *Intimités*, les *Humbles* sont des romans modernes, la vie de chaque jour décrite en une langue familière, facile, d'un charme trop réel. Il y a de belles envolées dans le *Cahier rouge*, dans l'ode fameuse à Frédéric III, et de la satire mordante, d'une fine ironie, dans certaines chroniques rimées, qu'on dirait improvisées au coin d'une table, au milieu des causeries à bâtons rompus d'une *beuverie* entre amis.

L'homme est bon, simple, narquois, avec la verve gouailleuse de Gavroche, le mot de primesaut, la répartie vive et imprévue. Causeur charmant, il ne sait pas médire. Il a le rire naïf d'un collégien — ou, selon les temps et les lieux, le sourire amer et nerveux du désabusé. Fidèle à son indifférence en matière politique, il n'est paradoxal que par un scepticisme trop affirmé pour être absolument sincère. Il n'est pas plus un Renan clérical qu'un Saint-Beuve sans amours ancillaires, qu'un Hugo sans panache, ainsi que l'ont défini tour à tour des observateurs de seconde main. Il est trop parisien de Paris pour n'aimer pas la représentation. Il préside volontiers aux cérémonies : distribution de prix, inaugurations, banquets ; il y prononce des discours qui sont imprimés dès la fête finie et qui formeront un volume, ou deux, de *Conciones* pour compléter son œuvre. Il n'y a pas longtemps, il refaisait, en prose, l'épître à son habit, de Sedaine. L'habit d'académicien, cela va sans dire, brodé et surbrodé de palmes vertes sur drap bleu et qui devait, au jour de l'an, parader à l'Elysée, parmi les uniformes dorés et les fracs noirs de « seigneurs de moindre importance » disait le poète, du bout des lèvres, en parlant des sénateurs et des députés. Le suffrage des Quarante, même s'ils ont de l'esprit comme quatre, inspire ce dédain du suffrage universel.

M. François Coppée soigne son iconographie. Il

a chez lui l'occasion de se contempler en diverses poses, peint sur toile, taillé en marbre ou coulé en bronze. Voici son portrait à quinze ans, un autre, l'*Homme au veston rouge*, un autre encore, le buste en bronze de Delaplanche, un émail splendide de Claudius Popelin. Si l'on cherchait bien, on trouverait quelque tiroir plein à déborder d'estampes, de gravures, de photographies, voire de caricatures, qui consacrent aussi la gloire. Les documents ne manqueront jamais pour que la postérité statufie l'auteur de *Pour la couronne*. Cela est pour nous consoler de n'avoir pas l'effigie d'Homère.

Si l'on constate ici, non sans quelque malice bénigne, ce culte de soi-même, ce n'est point pour accuser le poète d'égoïsme : — il n'est pas d'âme plus généreuse — ou de vanité enfantine : — il n'est pas de caractère plus ouvertement simple. Cette préoccupation de se survivre par l'image est commune à nombre d'écrivains. L'un des plus illustres, Barbey d'Aurevilly, allait plus loin. Il se refusait à se reconnaître en tous ses portraits, sans exception. Sur une photographie, il écrivait ce mot : *Cadaver*, et de la magnifique toile d'Emile Lévy, qu'on admire dans la galerie Hayem, il disait : « Ressemblant pour qui ne m'aime pas : mais, pour qui m'aime, non ! »

L'éclectisme de M. François Coppée s'étend à ses habitudes. Il fréquente aussi volontiers chez les princes chez les simples bourgeois. S'il déjeune à Chantilly, — en avance d'hoirie, — il ne méprise pas un repas de cabaret. Il se montre peu à l'Opéra, car il estime que la musique est le plus coûteux des bruits, et baillerait tout Wagner pour un quatrain de Ronsard; mais il se hasarde au café-concert et s'y amuse des calembredaines à la mode. Je ne sais pas s'il va au Chat-Noir et chez Bruant; mais il m'a fait faire connaissance avec Bullier. Nous y fîmes la rencontre d'un vieux Monsieur guilleret, béquilard, décoré, bien couvert et flanqué à droite et à gauche de deux jolies filles, étudiantes ou grisettes, pas assez fières de leur conquête. Ce n'était ni plus ni moins qu'un grave historien, fort savant, lauréat de l'Institut, fils d'un célèbre ministre de la Restauration, ferme défenseur du trône et de l'autel. Par surcroît, il avait de l'esprit, de la bonne humeur et pas du tout de respect humain. Si bien qu'il nous fournit une agréable et pétulante causerie, ce pendant que les petites demoiselles valsaient. Lorsque ce sexagénaire mourut et fut conduit au cimetière *in fiocchi*, M. François Coppée prononça une oraison funèbre très éloquente. Il omit toutefois de narrer cette rencontre au bal des étudiants de trois hommes de lettres qui n'y étaient plus à leur place, la jeunesse ayant fui.

A l'heure où j'écris ces lignes, j'ignore quel sort est réservé à *Pour la couronne*, que j'entendis lire par l'auteur, il y a peu d'années, en Suisse (1).

(1) Cette rapide exquisse paraissait le jour même de la « première » de *Pour la Couronne*. Le drame eut un grand et légitime succès. Comme dans *Severo Torelli*, il s'agit d'un fils amené par l'amour de la patrie à tuer son père. Le motif est puissant, mais est-il nécessaire de chercher des excuses au parricide, ce crime si énorme que les anciennes

L'œuvre est grandiose ; il ne m'appartient pas d'en parler davantage. Il est permis de remarquer, néanmoins, que, très heureux dans ses pièces de moindre importance : le *Pater*, le *Trésor*, le *Luthier de Crémone* — je ne parle pas, à dessein, de ce délicieux *Passant* devenu classique — François Coppée l'a été moins dans ses drames de proportions plus amples : *Severo Torelli* et les *Jacobites*. Il avait de la chance d'y présenter des artistes qui lui accordaient les prémices de leur talent, inconnu la veille, célèbres par lui le lendemain : ici Albert Lambert fils, que servaient à miracle sa radieuse jeunesse, son inexpérience, sa voix chaude et veloutée d'adolescent ; là, mademoiselle Weber, alors acclamée comme l'émule, sinon la rivale, des plus éminentes tragédiennes, hélas ! presque oubliée aujourd'hui.

Des scènes puissantes, des situations vraiment dramatiques, des tableaux animés, le prestige de costumes et de décors superbes, des vers bien frappés, des sentiments d'une noblesse infinie, tout ce concours d'éléments rares et combinés avec art ne suffisait pas à vaincre la résistance du public, à

législations ne le prévoyaient même pas ? A-t-on jamais le droit d'ôter la vie à qui vous l'a donnée ! Ici le fils tue le père pour lui sauver l'honneur, mais « par un juste retour des choses ici-bas » il souille l'honneur du nom, et qu'importe au nom de Brancomir, que le traître et le transfuge soit le père ou le fils ! La thèse me paraît trop audacieuse : elle exalte un sentiment admirable, en le portant au-delà des forces humaines. Mais M. François Coppée aurait-il tracé cette magnifique page lyrique, s'il avait eu des enfants ?

désarmer la critique. On discutait, on ratiocinait à perte de vue, et, tandis que nous voyons des drames médiocres, vulgaires, mal pensés, mal écrits escamoter d'énormes succès, *Severo Torelli* dépassait à peine cent représentations, et les *Jacobites* ne les atteignaient pas. Comment expliquer cette sorte de défaveur? Comment expliquer aussi que M. Jules Claretie, si bienveillant d'ordinaire pour ses collègues de l'Académie, ait permis à M. François Coppée de se contenter de l'Odéon? Ce sont là petits mystères du théâtre.

Le poète peut maintenant partager sa vie entre son logis de la rue Oudinot, si paisible et si calme, et sa villa de Mandres, qu'on dit ravissante, se délasser d'un labeur de trente années, jouir aussi de *l'otium cum dignitate*, qu'il a gagné noblement. Il pourrait aussi peut-être — et c'est encore mon souhait — renoncer à la tâche aride qu'il s'est imposée en « faisant du journalisme », selon le jargon professionnel.

J'aime la prose facile et abondante de Coppée : elle rappelle d'un peu loin, plus légère et plus délicate, Charles Dickens. Elle est familière, négligente et négligée, alerte, agréable ; c'est du style parisien sans recherches vaines, sans prétentions. Mais j'aime cette prose-là dans *Henriette*, dans les *Deux rivales*, dans les *Contes rapides*. Elle étourdit un peu comme de la mousse de champagne. Ecourtée, serrée, tassée, dans le lit de Procuste de la chronique, elle ferait sans doute la fortune et la joie d'un débutant ; elle étonne, signée de l'un des Quarante. Rien n'est plus terrible pour l'écrivain digne de ce nom que l'obligation du travail à jour et à heure fixe. On attend, c'est naturel, jusqu'au dernier moment pour livrer sa « copie ». On est à l'affût de l'actualité, on est l'esclave de l'engouement du public : il entend qu'on lui parle de ce qui l'intéresse ; on cherche un sujet, on passe à côté, on s'emballe sur la rosse, et le jour d'après, on pleure de regrets d'avoir enfourché Rossinante alors qu'on pouvait galoper Bucéphale ou Pégase.

De guerre lasse, on en revient à ce « moi » qui n'est haïssable que pour les autres, quoi qu'en dise Pascal. On est enivré de ce « moi » si souvent victorieux. On se souvient de Victor Hugo provoquant l'empereur allemand en combat singulier pour vider la querelle de la race latine et de la race germanique. On se leurre de l'idée que le poète est l'égal de César. On plaide la cause des nations opprimées, ce qui est louable en soi, mais ridicule si l'on considère la disproportion de l'avocat au juge. On invente des poètes de génie, on quête pour des pauvres très riches, on raconte ses petites affaires, ses petites misères, ses petites infirmités ; on joue au bonhomme, on glisse à n'être que le Béranger de la République — un Béranger-Trim! — dont on n'a pas voulu être le *vates*.

Et l'on s'amoindrit de gaieté de cœur, pour quel résultat ?

Ah! oui, que *Pour la couronne* laisse au poète, au cher poète de la Jeunesse, si jeune lui-même en son arrière-saison à peine commencée, la liberté de rompre les chaînes d'or ou de fleurs qui l'enchaînent au rocher de Sisyphe du journalisme !... Et qu'il ait alors le loisir des réflexions salutaires, des retours opportuns, des larges et profondes vues sur les fins dernières, à quoi ses livres d'antan nous ont préparés. Je suis bien sur qu'il pourra, un jour, au jour des suprêmes aveux, dire à l'ami assis à son chevet ce qu'il s'entendit, il y a cinq ans, dire par son vieil ami le Connétable :

« J'ai traversé bien des misères, mais j'ai toujours gardé mes gants blancs ! »

M. J.-K. HUYSMANS

De tous temps, la société littéraire a subi la tyrannie ou, tout au moins, l'influence des cénacles; mais à aucune époque elle n'eut davantage, grâce au byzantinisme des mœurs parlementaires, la manie des classifications et des formules. Il y a déjà des années, M. Emile Zola proclamait : « La littérature sera naturaliste ou elle ne sera pas. » C'est le naturalisme qui n'est plus. Il s'est percé le flanc, à l'instar du pélican symbolique. Mais il n'a nourri de son sang que des ingrats. Après la *Terre*, un manifeste célèbre le répudiait en son chef, qui est aussi son armée, car il cumule la personnalité et le nombre. L'un des premiers apôtres de la religion nouvelle qui eut l'*Assommoir* pour évangile fut M. Joris-Karl Huysmans ; il en fut aussi l'un des premiers dissidents, ses allures fières et son indépendance ne pouvant point s'accommoder des officiatures pontificales de Médan. Il s'évada discrètement, sans tapage, n'ayant aucun besoin de réclame. Il ne voulait être d'aucune école, d'aucun cénacle, d'aucune taverne artistique, d'aucun banquet littéraire. Il se dérobait aux effusions des Labadens. Il se retirait des voisinages importuns. Et, n'ayant cure des hauts patronages, des relations onéreuses, il reprenait sa vie de solitaire, fuyant même les coruscations, les falbalas et les pimpeloches de la chambre bleue d'Arthénice, qui s'appela quelque temps le grenier de Goncourt.

Celui-là est un mâle, et il faut compter avec lui. D'autres ont conté son atavisme et que son aïeul Cornélius a des toiles au Louvre, et qu'un autre de ses « vieux » sculpta des bonshommes dans la pierre de l'arc de l'Etoile, et qu'il est d'une famille de peintres. Son père, en effet, vint de Bréda — nom qui ne rappelle aux parisiens qu'une rue de Cythère, où l'hospitalité se vend et ne se donne jamais, nom qui se burine dans l'histoire pour ce que les derniers Bourbons y végètent, non loin de la plage de Scheveningue, où Monck vint chercher Charles Stuart, et de cette ville de Delft, où s'élève,— ironie furieuse des choses! — le mausolée de Louis XVII, roi de France et de Navarre, décédé en l'an 1845, inscription tombale que Guillaume III des Pays-Bas ne voulut jamais effacer — ni pour or ni pour argent.

Paris, que personne ne connaît, renferme des curiosités inouïes. Qui se douterait qu'il y existe un ancien couvent de Prémontrés, l'ordre des chanoines de saint Norbert, avec ses cellules, ses larges et profonds corridors, ses escaliers énormes, son cloître, changé en cour de service, et ses jardins, maintenant chargés de maisons « de rapport »? Je l'ai visité par un sombre, humide et brumeux crépuscule, cet ancien monastère, d'aspect monumental et triste. M. Huysmans me conduisait là, chez lui, à je ne sais quel étage, presque sous les toits, et il escaladait les marches d'un degré tournant de son pas leste et silencieux de chat, tandis que je comptais pesamment chaque marche. Je n'ai vu le logis qu'à la lueur des lampes. Trois cellules exiguës, hautes de plafond, ouvertes l'une sur l'autre par des guichets étroits comme des gouttières.

Les murailles, tendues d'andrinople rouge, mais chargées de cadres : dessins de Forain, de Redon, eaux-fortes d'après Gustave Moreau, vieux tableaux bitumineux, gravures enfumées, faïences polychromes. Des bibliothèques pleines de livres curieux ; tous les mystiques : Marie d'Agréda et Rusbrock l'Admirable, Angèle de Foligno et Catherine Emmerich ; des incunables rares, de précieuses éditions, sans doutes héritées de Jean, duc des Esseintes. Puis des meubles anciens, pas sculptés, pas de « style », mais d'une belle vieille couleur brune, luisants aux moulures et aux angles. Des bibelots curieux : un crucifix s'ouvrant comme la boîte d'un damier et plein de reliques munies de leurs « authentiques ». Un doigt du martyr saint Victor dans un reliquaire fruste et rustique, en bois de poirier. J'ai vu, dans l'église des Augustins-en-l'Auge, à Fribourg, le squelette du même saint Victor, cuirassé de clinquant et de fausses pierreries.

Ce logis de célibataire, calme, recueilli, loin des bruits de la rue, clos tout ainsi que la cellule d'un père prieur, est un asile de travail, austère, simple, artistique. Il faut n'y être que deux. C'est trop luxueux pour un moine, trop sévère pour un mondain. Une femme s'y perdrait, sans y être perdue. Il n'y a là de place que pour travailler, dormir, rêver ou prier. Le plaisir n'y trouverait pas son gîte, non plus que les inutiles importunités de l'amitié bavarde et frivole.

M. J.-K. Huysmans est l'homme de sa maison. Long, maigre, svelte, il a la démarche féline, l'allure mesurée, le pas rapide, une singulière prestesse de mouvement. Le visage, encadré de cheveux coupés ras et d'une barbe rare, en pointe, qui déjà s'argentent de mèches blanches, s'est adouci. Jeune, il était plus tourmenté, plus expressif, avec des yeux plus scintillants, des angles plus accusés. La maturité l'a arrondi, pacifié. Ce n'est plus cette physionomie de tigre apprivoisé. Ce n'est plus la voix acerbe, dure, martelée, stridente. Ce n'est plus le ricanement saccadé ou le rire aigu. La sérénité de la certitude s'épand sur ce masque autrefois si inquiet, et les yeux, miroirs de l'âme, trahissent un suave et profond apaisement. Ces transformations révèlent dans l'homme ce qu'il fut, ce qu'il est.

Sa gloire n'est révélée qu'à une minorité d'initiés : les lettres l'admirent, la multitude le méconnaît, le vulgaire le dédaigne. M Emile Zola l'a renié, ne se souvenant plus que l'idéaliste Paul de Saint-Victor menaçait de quitter la place dès qu'on prononçait le nom de M. Huysmans en sa présence. Enfin, si M. Descaves l'appelle un « tentateur littéraire », d'autres lui ont prodigué des épithètes désobligeantes: satanique, misanthrope aigri, âme inassouvie, poète anémo-nerveux. Il accepte allègrement ces gentillesses et ne s'en désole pas plus que des ordinaires « dégoûtations » de la vie, pour employer un de ses vocables favoris. D'une suprême indépendance de pensée, obligé de se plier à certaines conventions sociales, il met tous ses soins à être et à paraitre correct. Son caractère n'est connu que des rares amis qu'il admet dans son intimité. Caractère complexe, bizarre, inégal, que distingue surtout l'aristocratie.

Ceci a l'air d'un paradoxe, car M. J.-K. Huysmans passe pour le peintre des déchets de la vie, des tares secrètes, des misères inexpliquées, et l'on a dit de lui qu'il a plus que personne le sens du laid. Il se peut. Néanmoins, c'est un méprisant, un ironique, un méfiant, à la fois très bon et cruel, très doux et très sec, un sceptique crédule. Cet incantateur s'est laissé tromper souvent. Cet alchimiste n'a pas su deviner telles perfidies, contenter tels hypocrites, prévenir certaines trahisons. D'ailleurs, il n'en a point souffert, ne s'est même pas donné le plaisir de se plaindre, s'est fermé hermétiquement dans son altière solitude.

Du naturalisme brutal de ses premiers livres, il s'est élevé peu à peu à l'idéalisme par l'étude constante de soi même et d'autrui. Il arriva bientôt à comprendre l'ordre surnaturel, qui lui apparut par le côté diabolique. D'abord néo-chrétien, suivant la tendance qui prédomina, il y a quelques années, parmi la jeunesse littéraire, il s'épura au contact de croyances dont il n'avait jamais, naguère, connu même la poésie. Cependant on crut que ces aspirations nouvelles ne le mèneraient pas au-delà du satanisme de *Là-Bas*, et nul ne prévoyait l'épanouissement d'une foi qui n'a que le tort d'être trop savante, dans ce livre *En route*, qui a consacré définitivement la gloire de l'écrivain, en apaisant en lui la conscience de l'homme.

Après les recherches bizarres d'*A Rebours*, après les frénésies de *Là-Bas*, M. J.-K. Huysmans aura-t-il trouvé la belle santé de l'idée et du style qu'on lui reprochait de n'avoir pas ? Il nous plaît de l'espérer. Les fougues de son tempérament ont cédé la place à des réflexions austères ; il s'est assagi ; à l'exemple des chrétiens primitifs, de ceux des temps troublés, il ne voit bien l'Eglise que dans le monachisme. Le prêtre séculier le déconcerte. Ce qui l'attire, c'est la mystique, c'est surtout cette loi mystérieuse de la répercussion du bien et du mal, c'est le rôle extraordinaire des contemplatifs, que notre société ignore profondément. Il a visité la Trappe, s'est assujeti de longs jours à cette règle formidable des moines du désert, aux jeûnes, au silence, aux nuits sans sommeil, aux labeurs incessants, qui dompte et broie le corps, l'âme, le cœur et l'esprit comme le marteau-pilon du Creusot malaxe les fers et les fontes. Il a goûté les charmes infinis de cette existence, incompréhensible pour tant d'hommes, sous les arceaux du cloître de Notre-Dame d'Igny. Il a vu les bénédictins modernes continuer la mission de leurs anciens monastères, suivre pas à pas les progrès de la science et des lettres. Il ne reste donc rien en lui du vieil homme d'*En rade*, ce poème d'horreur où fermentent toutes les pourritures de l'animalité.

Dans l'œuvre de J.-K. Huysmans, trois livres sollicitent l'attention de l'artiste et du penseur, en attendant que la synthèse de ce prodigieux talent se manifeste par le sublime et dernier effort. *Certains* révèle toute son esthétique, ses admirations dans l'Art, qui vont de Gustave Moreau à Degas, à Raffaëli, à Forain, Chéret, Whistler et Rops, tous artistes exceptionnels et, pour ainsi dire, reproducteurs de l'exception. Sa fantaisie les juge plutôt que sa raison. Il voit en eux des rénovateurs ; leur modernisme âpre, leur procédé, surtout, le ravit. Comme s'il les avait inventés, il se complaît à les mettre en relief, il les vante, il en exalte quelques uns, Moreau, par exemple, sur lequel il a écrit de si merveilleuses pages.

Mais j'avoue que son froid enthousiasme ne m'a pas gagné. Vieux-jeu je suis, vieux-jeu je reste. J'aime la vigueur, la sincérité, la santé ; le factice m'éblouit, le raffiné me gêne, et l'excessif m'épouvante : reste d'éducation classique, où le sot et trop raisonnable sieur des Préaux laissa son empreinte. On ne change pas : on fait semblant.

A Rebours est le manuel de l'onanisme de l'imagination. Ne parlons pas de l'art parfait, du style magnifique, de la trame savante de ce livre, qui éclata, un beau jour, bombe fulminante, dans le gris poussiéré et la brume humide de littératures déliquescentes, idoine à en absorber l'inquiétante corruptivité. Ce qu'on voulut y voir et qu'on y vit fut cette théorie que, la vie étant mal faite, ainsi que la société, qui est son cadre, une âme éprise d'idéal peut s'appliquer à prendre toutes choses à rebours de la vérité convenue. Le prototype ou, mieux, le type unique de cette étude singulière fut désigné : on soupçonna d'en être le modèle un gentilhomme de haut parage, célèbre pour quelques affectations d'excentricité et des caprices d'art, au fond très médiocres, par comparaison. Peu importe. Le prétexte était suffisant pour disserter de questions que la littérature n'osait point aborder, pour exposer des théories d'une hardiesse encore inexploitée, pour arriver enfin à cette conclusion que rien n'existe, ne mérite, ne dure, ne satisfait, sinon l'immuable vérité.

Le naturalisme montrait le bout de l'oreille dans l'épisode de l'éphèbe dont le duc des Esseintes veut faire un assassin en lui créant des besoins passionnels. Document humain. L'anecdote se retrouve dans les *Mémoires d'un journaliste*, de Villemessant, et c'est lord Seymour — le fameux « Milord l'Arsouille » — qui fut le triste héros de la triste aventure. Mais les notes d'art, l'étude des littératures anciennes et modernes, les indications de mise en scène, l'analyse des raffinements sensuels du goût, du toucher, de l'odorat, de la vue font de ce livre inimitable un superbe bréviaire du déséquilibré, du dégénéré, et les invectives multipliées à l'infini contre la vie absurde et bête, contre l'inanité de toutes choses en font aussi le psautier de la désespérance. La phrase finale, développée en tout un chapitre où se trahissent de cruelles déceptions, de sombres retours, des luttes atroces — phénomènes que le grandiloquent Victor Hugo résumait par cet exergue d'un chapitre : *Une Tempête sous un crâne* — cette phrase finale est un appel lamentable, une invocation d'exténué, le *De profundis clamavi* du pénitent. Mais ce cri n'est que bégayé, et point clamé. C'est le murmure confus de l'âme pécheresse qui n'ose et qui doute. Après un pareil livre, il ne restait à faire que ce que Barbey d'Aurevilly conseillait à Charles Baudelaire après les *Fleurs du mal* : se brûler la cervelle ou se convertir.

M. J.-K. Huysmans écrivit *Là-Bas*. C'est un livre compliqué : il établit une corrélation directe entre l'effroyable histoire du maréchal de Rais et les pratiques contemporaines de la sacrilège messe noire. Pour quiconque observe, les vols d'hosties consacrées dans nos églises de campagne, les précautions prises par les évêques, les étranges révélations venues de Suisse, de Belgique, de Hongrie disent assez qu'il se passe des choses où la police ne veut rien voir, mais qui ont leur importance. Quoi qu'il en soit, M. Huysmans tenait ses documents de bonne source ; encore ne savait-il pas tout. J'aurais pu l'édifier sur le chanoine Portaz, Cantianille, Théotiste Covarel, dont les agissements troublèrent tout un diocèse de 1868 à 1876. L'abbé Boullan, son ami, celui que *Là-Bas* nomme le docteur, fut mêlé à cette histoire, qui se rattache, — par quelles étranges ramifications ! — aux infortunes de David Lazzaretti, descendant de Charlemagne, tué en Italie, dans une émeute, il y a peu d'années, et aux intrigues des Bourbon-Naundorff, auxquelles fut mêlé notre grand Villiers de l'Isle-Adam.

Cet abbé Boullan, prêtre interdit, directeur des *Annales de la sainteté*, avait pour acolyte un abbé Cloquet, également interdit, qui vivait du commerce du purgatoire. Il se donnait pour la réincarnation de Jean-Baptiste le Précurseur. Il célébrait à Lyon, dans un sanctuaire de la rue de la Martinière, le sacrifice pro-victimal de Marie. M. Jules Bois se souvient, sans doute, d'y avoir assisté? On accusa même M. J.-K. Huysmans d'avoir succédé à l'abbé Boullan comme souverain-pontife, selon l'ordre de Melchissédec, dans l'église du Carmel, héritage de l'hérésie de Vintras, lequel fut mêlé à l'affaire des Naundorff sous Charles X et qui eut pour zélé partisan un prêtre de ce même diocèse où devait refleurir, avec Cantianille, Portaz et Théotiste, la tentative de rénovation du préadamisme.

Les coïncidences, ici, deviennent presque fantastiques. Le héros — misérable, ô combien ! — de *Là-Bas*, le chanoine Docre, existe. Je l'ai vu à Bruges, ce sacrilège en cheveux blancs, dans ce bijou gothique, la chapelle du Saint-Sang, où l'on montre aux fidèles, tous les vendredis, le sang de Jésus-Christ, rapporté des croisades par un comte de Flandre. Et la femme Chantelouve, on la connait aussi : que de gens auraient peur de dire son nom ou qu'on le prononçât !...

Je ne pourrais désormais que parler avec des sous-entendus et des réticences. *A Rebours* et *Là-Bas* sont des coffrets d'acier cloutés de diamants, qui renferment de redoutables secrets. *En Route* ne nous donne pas encore la clef de ces forteresses en miniature. Il importe peu! puisqu'il nous livre celle de l'âme de son créateur et nous apporte la consolation de retrouver en J.-K. Huysmans un *adelphe*, — c'est-à-dire un frère dans l'amour de la justice et de la vérité.

Un livre tel que *En route* ne se raconte pas. C'est un examen de conscience en quatre cents pages; c'est une âme humaine disséquée fibre par fibre, mise à nu, avec une analyse de la plus troublante psychologie, avec les plus subtils raffinements de torture sur soi-même. L'homme qui a fait ce livre n'est pas, certes, un homme banal, et j'en sais peu qui oseraient l'acte de courage presque sublime qui est cette confession d'une vie criminelle, au point de vue du péché strictement compris dans le sens théologique.

Le héros de ce récit profondément émouvant prend le nom de Durtal, un homme de lettres, poète et artiste, un cérébral qui a dévoré son existence à user et abuser de tout, au moral et au physique, désormais insensible à tout ce qui ne parle pas à son intelligence, blasé autant qu'on peut l'être, accessible seulement aux suprêmes jouissances d'un art délicat, châtié dans sa chair, ses nerfs et ses moëlles des outrages qu'il a fait subir à la nature et à ses propres forces, excédé de regrets et de remords, les sens errénés, le cœur en pantenne, en un mot une épave roulée par les houles, submergée, broyée contre les récifs, et que seul un miracle peut rejeter à la côte, sur le sable où elle séchera au soleil, enfin vomie par le gouffre. Durtal est cet être lamentable. Il agonise du besoin de croire, il a soif de rédemption, il aspire à la Foi, il la possède à son insu, car il blasphème, et blasphémer c'est affirmer Dieu.

Ce désespéré s'est raccroché, par une monomanie de sensitif, à l'Art qui lui arrache encore des étincelles d'admiration et lui distribue des parcelles de bonheur. Il erre dans les églises, il en compare les architectures, il en goûte le silence et l'obscurité, il y ressasse, par un triste jeu de sa mémoire, ses infortunes, ses rancœurs, ses fautes, ses lâches misères. Il y trouve, par des rencontres inopinées, l'inspiration du salut possible. Un prêtre, qu'il connait à peine et n'aime qu'à demi, l'envoie à la Trappe Il y va sous une impulsion de curiosité, de lassitude, obéissant à la nécessité de se transfigurer : il est le vagabond cuirassé de boue et de poussière, loqueteux, nauséabond, immonde, qu'on trempe dans l'eau tiède, limpide et parfumée d'un bain. Il hésite jusqu'au bout, jusqu'à la porte même du monastère, qui n'est pas le cloître poétique aux arceaux en ogive, mais une laide bâtisse jaune, délabrée, vulgaire. Il y voit des moines très simples, sans emphase et sans pose; des « orants » pénétrés et imbibés de mystique, soumis à la règle dure, au silence perpétuel, au jeûne sans trêve, à la prière continue, au travail sans relâche. Il subit les rudes épreuves de la confession, de la communion, de la lutte contre le scrupule, ce choléra des saints! Il souffre dans son orgueil, dans ce qui lui reste de charité, de raison. Et il s'en va après huit journées splendidement remplies, reprendre parmi les foules son lourd collier, qui ne lui pèsera plus. Et c'est tout. Il a fallu quatre cents pages pour dire cela : il n'y en a pas une de trop !

On comprendra qu'un pareil livre ne puisse être analysé ni résumé, puisqu'il analyse et résume lui-même une vaste et tumultueuse existence, les plus redoutables problèmes, les combats de la raison contre la foi, les doctrines et l'histoire de la religion, les mystères de la mystique ignorés de la plupart des hommes qui vivent à l'ombre des sanctuaires, et bien plus encore de la multitude. Il faut donc le lire, et surtout le relire pour le comprendre et l'admirer selon son mérite. Je n'en louerais pas volontiers la forme, le style « l'écriture, » comme on dit aujourd'hui. Joris-Karl Huysmans n'a pas dépouillé le naturaliste qu'il fut, et pour tranquillisé qu'il soit, il garde la vision du laid, du difforme, du sale. Telles pages, brûlantes de volupté, sont à rapprocher de cette étrange et superbe description de la porcherie du frère Siméon, complaisamment détaillée : l'animalité, avec ses pourritures et ses fumiers, se trahit dans celle-ci et dans celle-là. Des expressions, matérialisant les choses abstraites, répugnent; des familiarités équivoques de langage, des recherches d'invectives inutiles, m'affaiblissent la grandeur de la pensée.

Je sais bien que M. Huysmans a voulu cette

affectation de cynisme dans les mots, cette violence, cette âpreté; je ne saurais m'y accoutumer, en mes parti pris de romantisme. Plus sobre, plus net, moins expressif par le verbe, d'une allure plus calme et plus hautaine, *En route* m'aurait plu davantage. Peut-être eut-il moins porté sur ceux à qui l'œuvre est destinée : les fanfarons d'impiété, les sceptiques d'éducation, les incroyants et les incrédules momentanés, qui font blanc de leur épée entre l'adolescence vicieuse et la vieillesse apeurée. Eux ont besoin, sans doute, du coup de fouet de cette langue virulente et parfois grossière, de ce déballage d'impuretés ardentes, et il fallait ces tenailles pour les retenir. Je les défie de se soustraire, s'ils lisent avec bonne foi, au martèlement de cette éloquence véhémente qui saisit, transporte et vainc, par la puissance d'une pensée supérieure, servie par un extraordinaire génie de prosélytisme inconscient.

Il m'est arrivé d'entendre suspecter en ma présence, la sincérité d'Huysmans. Non pas la sincérité de la conversion, ce qui serait une injure inadmissible, mais la sincérité artistique de son œuvre. Les détracteurs l'avaient mal lu, ce qui veut dire qu'ils ne l'avaient point lu. Toutefois il convient de les assurer que ce livre n'est pas à la portée de toutes les intelligences : il est urgent, tout d'abord, de se rappeler le catéchisme, d'évoquer ses souvenirs, de se reporter aux âges où l'on s'avouait chrétien. Et les plus dépravés ressentiront alors, en certaines pages, la douleur aigüe de cette plaie que nous portons tous en quelque repli de nous-mêmes. J'en sais qui ont clamé du fond de l'abîme et poussé des sanglots, au récit de cette confession de Durtal, agenouillé aux pieds d'un moine, de cette matinée d'oraison et d'extase où il surprit dans leur laide chapelle, à l'aube blafarde, les pauvres trappistes prostés sur les dalles.

En route ne sera peut-être pas goûté de notre génération condamnée aux stériles escarmouches du *struggle for life*, d'ailleurs imbue du positivisme scientifique développé par les programmes universitaires, et qui a substitué à l'éducation le surmenage, non pas intellectuel, mais simplement scolaire. Nous nous apercevons, très vite, et à temps, que la science fait banqueroute. La génération qui va venir repudiera nos procédés, blâmera nos excès, verra mieux que nous le danger des sophismes, et, assagie, reviendra à l'idéalisme que nous convoitons sans oser l'aborder. C'est donc plus tard que Huysmans aura le bénéfice de son œuvre généreuse. Il lui en sera tenu compte, ici-bas et ailleurs, et nous en aurons la preuve lorsqu'il écrira le livre qui, de *Là-Bas*, l'aura mené *Là-Haut !*

M. PIERRE LOTI

Ce fut par un jeudi maussade et brumeux de mi-saison, entre mars et avril qu'on reçut M. Pierre Loti à l'Académie française. Il faisait froid dans la cour du palais Mazarin, où beaucoup de gens attendaient, car la foule aristocratique des élégantes avait envahi la salle de la coupole, et madame Carnot elle-même assistait à la solennité, parmi toutes les cosmopolites de cette société parisienne où, sur dix noms cités, on en trouve à peine un seul qui soit français. Mais il faisait aussi très froid au dedans, malgré les velours, les fourrures et les broderies.

Le discours du nouvel élu glaçait de désillusion ses plus ferventes admiratrices, et, pour amener le sourire du dégel, il ne fallait rien moins que la célèbre phrase, malicieuse et pointue, de M. Mézières : « Vous venez de parler de vous-même comme j'aurais aimé à le faire si vous ne m'aviez prévenu. » C'est qu'en effet M. Pierre Loti, d'une voix morne et sombre, avait beaucoup parlé de sa personne, de ses écrits, de son enfance, du bord où le surprenait naguère la nouvelle de son élection. Si Octave Feuillet méritait d'être appelé le Musset des familles, son successeur prétendait ne se point souvenir du mot de Pascal et jouait avec désinvolture du « moi haïssable ». Au lieu du triomphe, ce ne fut qu'un succès gris, et n'eussent été les lettres courtoises échangées au lendemain, entre M. Zola et le récipiendaire, qui venait d'oublier qu'on ne frappe pas un adversaire à terre, le silence eût aussitôt plané sur l'évènement.

C'est que M. Pierre Loti, personnage indéfini, n'était pas très connu de sa personne. On savait qu'il appartenait au corps de la marine, et qu'à l'instar du petit navire il avait beaucoup voyagé. Mais on le voyait peu à Paris : il venait incognito, tel un monarque en bordée, et de rares initiés l'appelaient par son vrai nom. Les écrivains qui parlaient de lui restreignaient le choix des épithètes. Paul Bourget le déclarait *divin* — le titre d'un César — mais Anatole France le qualifiait *enfantin* et *pervers*, Maurice Barrès lui reprochait d'avoir tous les défauts de l'homme de lettres et de les montrer avec encore plus de maladresse ; enfin M. Zola, qui n'est pas tendre, enchérissait : talent mou, flottant ; absence d'idées générales, cerveau mince, tête d'enfant, vision étroite et mesquine.

Toutefois, on se passionnait pour les aventures du gabier célèbre sous le nom de frère Yves, et que des amiraux avaient l'honneur de rencontrer chez madame Adam. On s'ébahissait des travestissements multiples d'un lieutenant de vaisseau et de son maquillage, empereur romain, comme Néron, pontife de la Pierre Noire, comme Elagabal, ou Arabe au teint bistré enfoui sous des *gellabieh* de soie, ou trouvère en maillot d'azur, ou Louis le Unzième de France en garnache de velours fourrée de vair. On assistait à ses fêtes, au festin du paon, aux danses de bayadères. On décrivait sa cabine, encombrée de toutes les pacotilles qu'il rapportait des pays fabuleux, et son logis mystérieux, décoré à l'orientale, et d'un luxe de musée.

Et tout le reste n'était que littérature !

Ce qui offusqua davantage la gent lettrée fut cet aveu de M. Pierre Loti qu'il n'avait jamais rien lu : elle se crut humiliée par ce dédain. Ne point lire et prétendre écrire, était-ce paradoxe ou affectation de dandysme ? Ni l'un ni l'autre. M. Pierre Loti n'a jamais lu, et cela se voit de reste. Ainsi que l'a fait remarquer un critique allemand, son talent s'est développé sous des influences de milieu et de temps, et non sous des influences de lectures ou d'école. Il n'a aucun procédé, il manque de métier, il ignore l'art de la composition. Il voit, il regarde il note ce qu'il a vu et regardé, simplement. « J'étais là, telle chose m'advint. » Il séduit par la netteté de sa vision. Il ne cherche nullement l'analyse psychologique : la complication des sentiments le trouble, et l'étude patiente, minutieuse, délicatement fouillée d'un caractère serait pour l'énerver. Il n'a pas volonté de philosopher ou de discuter. Un examen rapide lui suffit, mais seulement pour un objet tangible, qu'il décrit à larges traits, puis caractérise par de légères touches, vives, claires, fanfarant sur un fond nuancé de tous les gris.

De là une prose simple, sans sécheresse, fluide, dépourvue d'images, qui ne renouvelle pas ses adjectifs, qui répète les mêmes mots sur le même ton et qui impressionne comme ces complaintes populaires, naïves et monotones, bourdonnées plutôt que chantées, qui finissent par obséder.

Le *Roman d'un enfant* explique un peu cette mièvrerie des moyens, cet art souple, cette langue musicale sans virilité. M. Pierre Loti a été élevé par des femmes, de vieilles tantes aimables, ayant les coquetteries du temps de nos aïeules. On dut lui chanter *Fleuve du Tage*, et lui pincer de la harpe et le caresser des « mon chou » et « mon cœur », mignardes gentillesses d'avant les crinolines. Et cela en un coin de province, dans une de ces vieilles demeures d'aspect fruste, aux décorations effacées et ternies, sans poussière et où tout n'est que poussière, où tout parle du passé, d'un passé qui ensevelit, avec une génération d'aïeux, et non de pères, toute une société : ses mœurs, ses usages, son langage, laissant entre lui et le présent un précipice pas encore comblé. Cette éducation, douce par la tendresse, rigide par les habitudes protestantes, avec les récits et les histoires des vieilles dames qui aiment à disserter, a fait de M. Pierre Loti le rêveur qu'il est, le bas-bleu mâle qu'il voudrait ne pas être.

Car il l'est par sa note dominante, que le mot *enfantillage* n'exprime que superficiellement.

L'ingénuité n'est en lui que de la coquetterie, la candeur n'est que le voile d'une âme blasée, et la simplicité naïve cache un cruel raffinement. Il se défend d'être matérialiste, et pourtant il n'est spiritualiste qu'à la façon des musulmans : il souhaite l'âme libre dans ses aspirations, mais le corps libre dans ses convoitises. Sa doctrine, qu'on pénètre à son insu, est un fatalisme très conscient. Tout se résume et se conclut, pour lui, par la terrible parole : « A quoi bon? » La mort l'attire et l'effraie : elle n'est pas, en sa pensée « le but de la vie et le suprême espoir » ; elle est le néant et ne le console que parce qu'elle est ce néant, fin de tout.

Ces théories désolantes sont toujours l'indice d'une âme faible, aspirant à jouir sans remords des félicités qu'elle s'est choisie et cherchant à justifier par la négation d'une vie future l'amertume de sa désespérance et l'âpreté de ses désirs. Elles dégagent un spleen intellectuel, un abandonnement de la volonté, une pernicieuse subtilité de sensations qui vicient les plus robustes caractères.

A certaines heures troublées, la lecture de tels livres de Loti, *Fleurs d'ennui*, *Propos d'exil* par exemple, engourdissent comme des stupéfiants, provoquent les tristesses languides de l'opium, une sorte d'anesthésie de l'esprit. Au lieu de la mélancolie charmeresse du rêve, l'angoisse pénible et l'effroi de vivre. L'irréel se substitue brutalement à la réalité ; les formes s'imprécisent, les sentiments se dénaturent, la personnalité s'abolit, et, dans une torpeur invincible, on se dérobe, on s'affaisse, on s'anéantit.

14.

Ce n'est pas une force vulgaire que celle qui s'impose à ce point, et, pour exercer une influence de cet ordre, il faut du talent exquis et rare. Il faut, en M. Pierre Loti, chercher celui-ci et celle-là dans le don particulier qu'il possède : l'impression. Par lui, le premier, on a pu connaître le réalisme de la vie du marin à bord, aux escales des longues croisières, aux congés dans les ports d'attache ou au foyer familial, visité entre deux embarquements. Par lui encore, on a connu, compris, et peut-être un peu trop aimé l'exotisme, qu'il offre sans l'amalgame de harangues sentimentales et de prosopopées vertueuses du bon Bernardin de Saint-Pierre, sans les romanesques péripéties des contes horrifiants d'Eugène Süe. Il est le peintre éblouissant des splendeurs de l'Asie et de l'Afrique : débris de leurs civilisations disparues depuis des siècles, monuments de leurs arts, à la fois puérils et grandioses, paysages étranges, faits de végétations monstrueuses, de roches aux couleurs innaturelles, de ciels verts ou roses, d'eaux glauques ou violettes, que peuplent de fantastiques figurines jaunes ou noires de peau.

Qu'il nous mène au Japon, où tout est laid, petit et comique, et qu'il nous décrive la fête des Chrysanthèmes, la cour de l'impératrice Printemps, les temples mortuaires de Nikko, ou qu'il nous fasse admirer les pagodes souterraines, les côtes de l'Annam, la baie de Tourane, les féériques forêts des Maldives, toujours il nous donne l'impression nette, juste et profonde du pays et de la race qui l'habite.

Son Extrême-Orient n'a rien de conventionnel : pour le peindre, il n'a besoin d'aucune image plastique. Ce n'est pas un Fromentin coloriant ses paysages du bout de sa plume. C'est le mosaïste ravivant par la fréquence d'une coruscation d'or ou d'une touche de vermillon l'harmonieux ensemble de son œuvre. Un Japon comique, petit et laid; une Inde léthifère, un Ceylan surchauffé, humide, étouffant sous l'amas des fleurs et des plantes; l'Annam équivoque et sans sexe, le Maroc mystérieux et clos, la mer Rouge et Obock, brûlés aux ardeurs de la fournaise, éternellement flamboyante dans l'implacable azur...

Il outre la sensation à cette extrémité de la rendre odorante : *Rarahu* distille les relents de l'huile de coco, des guirlandes cuites par la sueur; *Aziyadé* exhale cette odeur de musc et de fiente qui sature l'air de Stamboul. Dans le *Roman d'un spahi*, l'œuvre la plus vigoureuse et la plus virile de Loti, le sombre continent africain est dépeint dans toute l'horreur de sa morbide et vénéneuse beauté. Il y bouillonne de si sauvages passions, de si formidables ruts, de si fauves tendresses, qu'on s'étonne du reproche de naturalisme adressé par le poète de ces ardeurs animales à M. Émile Zola, qui n'écrivit rien de plus brutalement corrupteur.

A ces barbares tableaux, si violemment enluminés, où les parfums capiteux, les âcres puanteurs des sexes, le goût fade et nauséabond du sang composent une si odieuse et fétide mixture, combien préférables ces merveilleuses descriptions de la mer, des grandes houles, des colères de l'Océan, des tempêtes effroyables du nord, des calmes si perfides et des chatoyants reflets du Pacifique !

L'atmosphère s'y imprègne de sel et d'iode, sains agents de la vie, l'œil plonge dans les transparences de l'abîme, s'égaie aux chevauchées des vagues crétées d'écume, s'attendrit au murmure berceur de ces masses liquides. Loti est un peintre prestigieux de la mer : il en a, pour ainsi dire, scruté toutes les profondeurs et observé tous les aspects. Il a vécu d'elle, par elle et pour elle. Il l'aime, malgré ses trahisons. Elle est aussi belle, à ses yeux, furieuse et démontée, que nappe argentée, sans une ride et servant de miroir au firmament. Peut-être a-t-il parfois désiré s'y engloutir, trouver au fond de l'abîme inexploré un tombeau que nul regard humain ne pourrait profaner...

Dans le domaine psychologique, deux sentiments se partagent la sollicitude de M. Pierre Loti : l'amour et l'amitié. Peut-être même un seul mot suffirait-il à définir ce qui est ici définissable. Les passions amoureuses que veut narrer le poète n'ont rien de grand, d'héroïque, de puissant. Il ignore ou il dédaigne ces romantiques fictions qui exaltent les cœurs enthousiastes. Il ne s'assouplit qu'à des *passionnettes* toujours vagues, presque chastes, rarement précises : ses femmes restent dans la pénombre, figures plutôt estompées que dessinées d'un crayon vigoureux ; excepté Fatou-Gaye, l'Africaine en qui s'agitent les fureurs de la Vénus noire, elles ne sont que des instruments de plaisir : odalisques nonchalantes comme Aziyadé, rieuses sauvagesses comme Rarahu, gentilles poupées comme madame Chrysanthème. Le cœur est ce qui vibre le moins en elles ; prêtes à tous les amours, fleurs effeuillées pétale à pétale, elles n'ont que des sens, et tout juste ce qu'il faut pour n'être pas du genre neutre. Elles se ressemblent aussi, la Turque blanche, la Maorie cuivrée, la Japonaise jaune : elles ont la même mignardise, les mêmes soupirs, les mêmes curiosités. Ondoyantes, mais pas diverses.

Et c'est aussi le même type que, dans les héros mis en scène au premier plan par le conteur, on reconnaît sous des noms différents. Yann ne diffère pas sensiblement de frère Yves et de Sylvestre Moan, le spahis et Samuel, tous ceux qui défilent pour représenter le sentiment que Dumas fils, je crois, définissait « le dévouement de l'autre » : l'amitié.

M. Pierre Loti doit avoir beaucoup d'amis. Il ne les connaît pas tous. J'en connais quelques-uns, sans me compter. Je fus un des rares Français qui ne le lurent qu'à son dixième volume. J'avoue que j'aime les gens qui ont la bravoure de leurs amitiés : ils sont rares. L'intérêt en détourne beaucoup, la vanité aussi. Nous nous défions peut-être un peu trop des exemples fameux légués par l'antiquité.

Il se trouve que M. Pierre Loti eut l'occasion de traiter de cette question, épineuse seulement pour les soupçonneux chimistes de l'âme, dans un livre écrit pour répondre à un autre livre où s'affirme une indépendance du cœur parfaitement cynique. On se souvient d'un petit bruit fait autour d'évènements assez mystérieux qui eurent pour théâtre une petite cour semi-orientale... Une reine souffrait, émue de l'ingratitude plus encore que du déni de respect. Sa haute vertu, sa haute intelligence dédaignaient une vengeance trop facile. Son champion fut un poète qui fit alors non seulement une belle œuvre, mais une bonne action. Elle lui sera comptée. Rien ne se perd en ce monde. Le mal a sa répercussion; le bien a ses effets, point immédiatement visibles, toutefois certains. Ne serait-ce que pour l'*Exilée*, je garderais à M. Pierre Loti une sympathie qui, pour être exprimée avec des réserves nécessaires, n'en est pas moins sincère, et très vive, et qui lui sera, d'ailleurs, toujours indifférente.

Je ne l'ai vu qu'une seule fois, à une époque où il pouvait désirer cette rencontre. Dans une loge d'actrice, où il faisait très chaud, où des lampes électriques nimbaient des dragons japonais, où des parfums saturaient l'air à le rendre irrespirable. Je vis un petit homme, très petit, pas comique, serré dans ses habits, le nez busqué, la barbe en pointe, les yeux... Oh! des yeux très étranges, lumineux, dardant le regard. Nous nous étions reconnus sans nous être parlé. Nos noms furent prononcés. Poignée de main. Correcte mais sans chaleur. Il eut hâte de s'en aller, après rendez-vous pris, afin de causer, le rideau tombé (1). Il ne vint pas, s'excusa maladroitement. Un camarade, au-

---

(1) Au lendemain du jour où fut publiée, dans un journal, cette étude, un peu différente de celle qu'il publiait naguère dans la

quel je me plaignis, riposta par cette boutade :
« Loti?... Un Yann Nibor qui a réussi ! »

Et, le lendemain, j'évoquais cette figure singulière, si semblable à celle que je rêvais de l'homme des *Propos d'ennui* : l'homme à la barbe bleue, un Gilles de Raiz pour qui l'armure du sacrilège de Chantocé, Tiffauges et Machecoul serait trop large,

Revue Bleue, l'auteur eut l'honneur de recevoir de M. Pierre Loti la lettre suivante :

« Monsieur,

« Qui êtes-vous ? Je crois reconnaître que vous parlez de la
« loge de X···, mais je ne me rappelle pas notre entrevue et
« je suis d'ailleurs tellement à l'écart que votre pseudonyme
« m'est inconnu.

« Non, je vous assure, votre sympathie ne m'est pas indiffé-
« rente, parce que je sens que vous êtes quelqu'un, et parce
« que, dans l'article que vous avez bien voulu me consacrer,
« il y a, à côté de passages erronés et très injustes, des
« choses vraies et profondes.

« Et puis aussi vous parlez avec respect d'une reine mar-
« tyre...

« Il y aurait peut-être moins de réserves dans votre sympa-
« thie si vous me connaissiez, au lieu de croire au personnage
« de la légende, ou bien au personnage glacé que je deviens,
« dans ce Paris où je sens tant de sourde haine m'entourer.

« Veuillez, Monsieur, recevoir une poignée de mains moins
« correcte » que la première, mais meilleure.

« PIERRE LOTI »

Assurément non, il ne faut croire ni à la légende de M. Pierre Loti, ni aux légendes que l'on invente, à propos de tout homme littéraire ou politique jouant un rôle en évidence. Pas plus que M. Pierre Loti ne doit croire qu'il est entouré de haines sourdes, en ce Paris où l'on admire tout ce qui est beau. Il n'a que le défaut d'obéir trop strictement au conseil du Sage : « Cache ta vie ! » Paris aime à voir ceux qui l'honorent. Se cacher, n'est-ce pas le priver d'un de ses plaisirs?

trop grande et trop lourde. Et cette évocation du maréchal de France compaing à la guerre de Jeanne Darc, fut pour moi une telle obsession que je dus l'avouer à l'actrice. Elle me répondit, les yeux vagues, la voix oppressée, incrustant sa rêverie à la mienne :

« Vraiment?... Loti!... cet homme bleuâtre!... »

M. PAUL BOURGET

Dans un article sur *Cosmopolis*, l'académicien François Coppée, que touchent aussi des retours inopinés vers le passé, concluait en ces termes, qu'il est utile de citer : « Nous assistons, dans cette lugubre fin de siècle, à la banqueroute de tant d'idées que le plus grand nombre prenait naguère pour des certitudes... Comment s'étonner que les esprits les moins mystiques, les plus rebelles au dogme reviennent, par le plus long, à la morale du catéchisme, à la doctrine d'espérance et d'amour et qu'ils se tournent vers le gibet qu'on dressa sur le Calvaire, il y aura bientôt deux mille ans, pour un innocent divin, et dont le symbole éternel brille sur Saint-Pierre de Rome. »

Ces graves paroles, peut-être imprudemment jetées dans l'improvisation d'un article de journal, déterminent l'évolution que subit non seulement le talent d'écrivain de M. Paul Bourget, mais encore sa vie de penseur et de moraliste. Et c'est à ce moment précis où tout en lui se transforme qu'il convient d'examiner son œuvre et d'analyser son caractère, l'un des plus complexes de la littérature de ce temps et qui en est devenu un des plus simples, car sa loyauté, sa sincérité, son amour du vrai et du bien le ramènent d'une façon invincible à son point de départ. « Quand un homme qu'il aime s'écarte du droit chemin, disait Raymond Brucker, le bon Dieu l'y ramène à grand coups de pied dans le ...! » Il n'a manqué à M. Paul Bourget que ces coups de pied-là... et encore, s'il l'avouait !...

Un abstracteur de quintessence me disait récemment que M. Paul Bourget est le plus pauvre des littérateurs connus et que c'est pour cela qu'il voyage, à l'instar des fabricants de rasoirs de Sheffield, qui jouent les « milords » à l'étranger. Il a beaucoup reçu et ne peut beaucoup donner. Il voudrait mettre en scène les redoutes d'Arsène Houssaye dans le manoir de Monte-Cristo d'Alexandre Dumas, offrir des fêtes sultanesques à toutes les belles Madames qui l'ont fêté, et le voici contraint de vivre souvent à l'auberge et de clore son *buen retiro*, qui n'est point un palais à son gré. Il montre en ces détails sa merveilleuse entente de l'existence, qu'il eut dès l'âge tendre où les Muses le biberonnaient.

Fervent disciple de Balzac, dès l'issue du collège il organisa sa vie tout ainsi qu'un héros de la *Comédie humaine,* un Rubempré sans Vautrin, un Marsay honnête, un Rastignac sublimé.

Débutant comme petit professeur, à vingt ans,

dans quelque « bahut à bachot » il eut le bon goût de ne se point autobiographier dans ce rôle de pion, et il ne fit que passer dans le phalanstère de la rue Guy de la Brosse, où les poètes Bouchor, Ponchon et Richepin « turbinaient » de compagnie pour la quotidienne pitance. Il ne s'échappa qu'en un volume de vers, la *Vie inquiète*, duquel il ne parle plus. L'ambition de la poésie excusait ces quelques mois de bohème, soigneusement cachés et qui n'ont pas laissé trace. On le voit, en effet, s'appliquer à prendre dans le monde l'attitude et le maintien desquels il ne déviera plus désormais.

Si Balzac a été son bréviaire, il a choisi son modèle parmi les diplomates d'Octave Feuillet. C'est un Camors très jeune et un Maxime Odiot très renseigné. Son premier soin est de choisir un logis dans la demi-teinte : en un coin discret et silencieux du calme faubourg Saint-Germain; non pas une mansarde, mais un « tourne-bride », à l'étage supérieur d'un hôtel Louis XIV, dans cette rue de Monsieur, aristocratique par son nom, par les souvenirs qu'elle évoque, à deux pas des demeures de Coppée et d'Aurevilly, et aussi des nobles hôtels d'une comtesse à musique et du duc de Rohan. Là, rien de tapageur ni d'excentrique. Un salon vert, aux tentures un peu fanées, aux tapis épais, de nuances éteintes, maintenu dans la pénombre par une verrière en grisailles, orné de rares tableaux, point encombré de bibelots, nanti de fauteuils vastes et profonds, du guéridon à thé de la femme de charge d'un *manor* anglais, d'une large table à écrire, propre et froide, et, dans tout cela, un ordre étonnant, pas un grain de poussière, pas un brin de papier, aucune fantaisie, le calme et la tranquille régularité du *home* d'une vieille miss, bas-bleu, dévote et protestante.

A côté, pas une chambre, mais une cellule à coucher : un lit dans les mousselines, étroit, consacré aux sommeils solitaires. Le seul luxe, la toilette : un peu du dandysme de Brummel, corrigé par le caprice méridional, exalté par le goût Aurevillyen des pantalons à bandes de satin et des cravates en papillon. Collection péniblement entretenue de gilets brochés. Linge irréprochable, et tout le mobilier du jeune homme : bagues, cannes, lorgnons, maroquineries. Avec cela, un budget mieux réglé que celui de la plupart des notaires. Pas un centime de dette. Pas le plus petit appel à la bourse de l'ami le plus familier. La netteté, la simplicité, la candeur, le repos d'une institutrice.

Il portait alors toute la barbe, pour se vieillir et se décore seulement aujourd'hui de la moustache, tout en or, qui le rajeunit. Fidèle à des habitudes qui l'ont classé, il est resté dans ce milieu austère jusqu'après son mariage. Et qui le blâmerait d'avoir subordonné ses intimités, ainsi qu'il a su canaliser ses passions, à la rectitude et au dédain des apparentes jouissances qui l'ont placé où il voulait s'asseoir ?

N'avait-il pas, d'ailleurs, quelques dérivatifs pour éclairer d'un rayon de gaîté ses journées laborieuse ? L'amitié de Barbey d'Aurevilly, qui le décorait de la dédicace d'un de ses derniers livres;

celle de Coppée, chez qui, pour quelques heures, il redevenait un jeune homme, les petits soupers du café de la rue de Sèvres où se réunissaient Huysmans, Valladon, Georges Landry, quelques autres, jetaient la « note jeune » dans sa vie, et le bohème Nicolardot y ajouta même, un jour, la note comique.

Cet extraordinaire Nicolardot, qu'il a photographié dans un de ses contes sous le nom de Legrimaudet, venait de publier un fort méchant livre contre Sainte-Beuve. Et il sollicitait de Bourget, alors critique au *Parlement*, de M. Ribot, un article sur ce livre. Mais le jeune écrivain qui voulait bien combler de sa défroque le bohème, le fournir d'habits et même d'argent, résistait; il offrit cinq francs pour éviter la corvée. L'autre empocha l'écu et se retira avec majesté sur ce mot : « Vous n'êtes qu'un ingrat ! »

M. Paul Bourget est parti de l'intellectualité pure, de la joie de comprendre, qui n'a peut-être été pour lui que la vanité de comprendre, et il est arrivé — pour n'y point rester, heureusement — à la littérature malsaine, qui est le reflet d'une société malsaine. Il s'est appuyé, de préférence et, qui sait? inconsciemment, sur le fatalisme, la théorie la plus opposée au dessein de Dieu : le fanatisme de l'hérédité, du tempérament, de l'éducation sentimentale. Il a clamé éperdument contre l'injustice et la stupidité de la vie, partant de ce principe faux que l'homme est ici-bas pour être heureux. Il y a d'autres reproches à lui faire, et dans l'ordre philosophique, il ne sont point sans gravité. Passons sur le pessimisme qu'il affiche, et d'un contraste singulier avec ses goûts exagérés d'élégances mondaines ; mais il est par trop indulgent pour les riches, pour les heureux et n'a point médité cette grande parole d'un évêque : « Les riches qui ne travaillent pas sont des voleurs, parce qu'il sont payés d'avance. »

Il aime visiblement la décadence, qui marquerait le dernier degré de raffinement dans l'ordre intellectuel. Sa philosophie amère et dégoûtée, ses angoisses de douleur, son malaise moral cherchent un appui, bien plus, une excuse dans la théorie du déterminisme. Il voit triste, a-t-il avoué, et « il traîne sa muse », a dit Elémir Bourges, dans de la boue faite de pleurs. Talent complexe et contradictoire, il est bien dans ses écrits l'homme aux manières alanguies, au geste délicat, aux allures penchées, au sourire fatigué. Il est un grand écrivain, assure M. Zola ; il ne lui manque peut-être que d'être un homme simple. Pour lui, la pensée n'est pas une débauche : elle est un sacerdoce.

M. Paul Bourget est atteint jusqu'ici de cette maladie que Cicéron définit *morbus animi* et que, depuis Alfred de Musset, on a appelée le mal du siècle. C'est avec une absolue sincérité qu'il analysa l'impuissance d'aimer, tout en faisant de l'amour, ou plutôt du culte de la femme, l'unique but de la vie, le seul remède à tous les maux, le mobile réel de toutes nos actions. Quel mépris se cache pourtant sous cette idolâtrie sensuelle du sexe qui, selon lui, confond l'imagination du cœur avec la sensibilité vraie ! Et quel égoïsme dans sa théorie qu'en amour « la grande affaire est d'avoir le plus d'émotion possible » ! Aussi, malgré les succès qu'il eut auprès des femmes, ne connut-il parmi elles que des créatures d'exception, produit d'une éducation dépravante, et qui toutes paraissent n'avoir pas été lavées par le baptême de la tare du péché originel. Il s'apitcie alors sur des sentiments si futiles, sur des peines si menues qu'on gagerait qu'il entend s'en moquer avec la fine et dédaigneuse ironie du psychologue qu'il veut être.

Il y a de bien autres souffrances plus réelles, plus profondes et plus saignantes que celles de ces épouses qui, ne trouvant pas auprès de leur mari la satisfaction de leurs exigences sensuelles, se posent en victimes ; de ces névrosées qui courent le monde à la recherche de sensations nouvelles, pour lesquelles Rome conservait le temple d'Isis et les mystères de la Bonne Déesse, et qui, ayant épuisé toutes les délectations de Cythère et de Lesbos, tombent aux rêves monstrueux de Pasiphaé ; des sempiternelles chercheuses d'au-delà, gongoristes bas-bleu, qui font de la poésie lunaire et lunatique ou de la politique nébuleuse, mystagogique et érotique, en s'adonnant aux pratiques libertines; de ces mondaines déséquilibrées, folles de luxe, éprises de raffinements bizarres, qui souhaitent de la brioche aux pauvres manquant de pain, et qui ne comprennent pas qu'on se puisse passer d'orchidées, de dentelles et de fourrures ; de ces vertueuses enfin qui gémissent des fautes d'autrui et consentent à n'être pas adultères parce qu'il leur répugne de se compromettre aux scandales de la promiscuité, ou simplement parce qu'il leur suffit du lit conjugal pour accomplir la corvée.

Toutefois, on affirme que M. Paul Bourget a peint toutes ces héroïnes d'après nature, et même on s'est murmuré de bouche à oreille les véritables noms de quelques-uns de ses personnages. Ce ne sont pas de beaux modèles que son esthétique a offert à ses lectrices, et la contagion s'en est suivi. Quelques-unes ont voulu se refaire à l'image des madame de Moraines et résoudre, dans le train ordinaire de la vie, les questions scabreuses de *Crime d'amour*. La subtilité des raisonnements du psychologue attendri sur des fautes dont l'homme profite, en somme, ses plaidoyers délicats, ses absolutions faciles lui conquirent maints suffrages, et, certes, il garde une influence considérable dans le monde un peu façonné à l'image de celui qu'il a créé. Il est prophète en son pays, et les salons ont acclamé son élection à l'Académie, habilement menée contre le naturalisme.

Car M. Paul Bourget fut toujours un idéaliste, et même quelque peu théologien. M. Zola n'a-t-il pas dit que chacun des livres de ce jeune homme résout un problème de casuistique passionnelle ?

« Ah! qu'en termes galants ces choses-là sont mises » ! Les cas de conscience soumis à l'examen de ce confesseur laïque voudraient plus de sévérité, un plus ferme propos : en un mot, la contrition parfaite ; non ces indulgences souriantes et la complaisance voisine de la complicité.

L'œuvre de M. Paul Bourget, à peine un peu plus que quadragénaire et tout brillant encore des magiques séductions de la jeunesse, point taries par l'ennui ni lassées par le succès, est déjà de conséquence et promet un avenir littéraire du plus haut vol. Tour à tour poète et prosateur, il a successivement abordé la critique, moins aisée que ne le prétend Boileau; le roman, cette histoire de ce qui aurait pu arriver; le récit de voyage, étude intuitive de soi-même en des milieux différents. A l'exemple de son maître Balzac sur qui, dans la *République des lettres*, il publia jadis un suggestif article, il a même effleuré d'une main légère la monographie de l'amour, sous une signature de convention, dans cette *Vie parisienne* qui est le *Moniteur*, sinon de la galanterie, du moins du *galantisme*. Du poème d'*Edel* à *Outre-Mer*, cet hymne au Nouveau-Monde si amoureusement étudié, il a publié volume sur volume. A *Céline Lacoste*, qui, à vingt-deux ans, lui ouvrait la sévère *Revue des Deux-Mondes*, où ne régnait plus, du reste, ce premier des Buloz qui n'eut

> qu'un seul œil à fermer,
> Et, comme on sait, point d'âme à rendre!

et à l'*Irréparable*, que madame Adam voulut pour sa *Nouvelle Revue*, bien ancienne déjà, hélas! — succédaient *Cruelle Énigme*, *Crime d'amour*, *Mensonges*, le *Disciple*, et d'autres aux titres sonores, infatigablement voués à des analyses d'une pénétration extraordinaire : l'acarus du cœur humain disséqué au microscope. En même temps, c'étaient de compendieuses dissertations sur des écrivains impopulaires ou inconnus, et que le critique passait au crible avec perspicacité et une impeccable vigueur de style.

Enfin, ayant satisfait et le cœur et l'intelligence, il se délectait à réjouir son âme d'artiste en décrivant les lacs anglais, les paysages verts, froids, humides de la grande île, puis les villes italiennes que néglige le snobisme des touristes. Il empruntait alors à son maître Barbey d'Aurevilly ce titre de « Sensations » qui dit exactement ce que sont les pages dont il est l'étiquette. Fugitives impressions, très vives, lestement exprimées en une langue alerte, d'une science rare en ses technicités artistiques, avec le rappel évocateur des maîtres de la plastique, des sculpteurs de l'antiquité et de la Renaissance, des peintres d'avant Giotto et d'après Raphaël.

Ces patientes études de l'âme humaine et de la vie, poursuivies à Oxford, en Ecosse, en Italie, très loin des reflets de la fournaise parisienne, l'amenaient peu à peu à une évolution dès longtemps latente en son for intérieur, mais qu'un accident extérieur pouvait seul contraindre à se manifester. L'accident fut le bonheur, soudainement révélé et capté. Et ce furent les splendeurs si grandioses et à la fois si humbles de la Rome chrétienne qui déterminèrent un arrêt subit dans la voie néfaste où l'engageaient ses antécédents, son éducation sans croyances fondées, ses théories esthétiques dépourvues de doctrine et de règle. Déçu des métaphysiques impurement spéculatives et des moralités immorales comblées de tendresses pour le péché, M. Paul Bourget douta de l'infaillibilité de la raison, de l'accablant servage de la nature, de la suprématie de l'esprit. C'est alors qu'il écrivit *Cosmopolis*, où, très courageusement, il marque son retour vers la foi, non pas la foi poétique et d'une sentimentalité fausse des néo-chrétiens, mais la foi catholique, réglée par le dogme. Ce n'est pas la soumission pure et simple : c'en est le prélude.

Et M. Paul Bourget n'est pas le seul à revenir sur ses pas, à préparer à sa carrière d'autres visées et un autre but, car, dans un article sur *Cosmopolis* de M. Émile Zola, je relève ce précieux aveu de l'apôtre du naturalisme, du libre-penseur, effaré devant Lourdes, et qui sera la conclusion logique de cette page : « Certes, la foi catholique est un solide bâton de voyage quand on a la chance de la posséder. Je suis convaincu moi aussi, que rien n'est meilleur que de croire et que la foi résout la question du bonheur. »

. . . .

Et alors ?...

M. MAURICE BARRÈS

> Ma cocarde a les trois couleurs,
> Les trois couleurs de ma patrie :
> Le sang l'a bien un peu rougie,
> La poudre, bien un peu noircie ;
> Mais elle est encore bien jolie
> Ma cocarde des jours meilleurs !
> (Paul Déroulède : *Œuvres complètes*).

Lorsqu'il m'arrive, aux heures ou l'on relit, pour se refaire un état d'âme, *Le Rouge et le Noir*, de Stendhal, d'évoquer la personnalité physique de Julien Sorel, c'est la figure de M. Maurice Barrès qui m'apparaît, avec des cheveux plus longs et plus bouclés, mais ayant la même charpente noueuse de fils de charpentier, les mêmes yeux braisillants au fond de l'orbite cave, le nez en forme de hache et le sourire, ambigu, découvrant les dents dorées d'un macheur de bétel.

C'est peut-être que je me remémore qu'il a plus d'ambition que d'orgueil, à l'imitation de son modèle, le petit séminariste franc-comtois ce qui peut, outre ses qualités intellectuelles, résumer son caractère d'adorateur de Bonaparte, même amant de Joséphine, protégé de Barras et massacreur de Vendémiaire.

M. Maurice Barrès n'est, que je sache, le Giaffar d'aucun khalife Haroun-al-Raschid, mais il aurait pu devenir le grand-vizir de l'empereur Boulanger, car il ne craignit jamais de faire acte d'audace, et j'ignore si ce n'est pas lui qui m'a dicté cet aphorisme : « Le scepticisme est une forme supérieure de l'intelligence, qui n'exclut ni la notion du devoir, ni le sentiment, ni la foi. » Sa première incarnation fut, en effet un scepticisme doux et pyrrhonien. Il apparaissait alors, éphèbe imberbe, à la voix déjà caverneuse et sombre, dans les cénacles du quartier Latin, voire dans les brasseries où l'on esthétise à la fumée des pipes et aux relents de la bière allemande. Il fréquentait avec des poètes, dont l'un portait un bouquet de violettes au cou en guise de cravate, et dont l'autre eut quelque fugitive célébrité, plus comme créateur de l'école romane que comme héritier de l'héroïque Tombakis. L'amitié de Jean Moréas, dont Laurent Tailhade traduisait le vrai nom de Papadiamantopoulos en celui de « Générateur des escarboucles », commençait à le consoler d'avoir le menton glabre et de ne pouvoir imprimer le cinquième fascicule des *Taches d'encre*, périodique aimé de la jeunesse pour ses paradoxes intrépides et ses chevauchées à travers l'idéal. En ces temps déjà reculés, la mode était aux décadents, qui admiraient la beauté partout où elle se trouve et raffinaient sentiments et sensations à seule fin de ne ressembler point au vulgaire.

On aimait alors les chevelures crespelées et couleur de cuivre, les yeux pers, les parfums exotiques, les fleurs tropicales, et l'on choisissait parmi les poètes les Mallarmé que la foule n'aurait pu comprendre, car, si elle avait compris, la décadence aurait, elle, cessé de comprendre ! On cherchait l'impression fugitive, qui vibre et se répercute ; on n'acceptait ni l'amour tout prêt ni les théories toutes faites ; on narguait les Corinnes surannées et les Lindors avachis ; on avouait que, si la plus belle fille du monde ne peut donner que ce qu'elle a, le plus beau fils du monde ne peut aimer que ce qu'il n'a pas. Toutes idées et choses raisonnables autant qu'ingénieuses, ainsi qu'on peut s'en persuader, et qui ne gâtaient point — au contraire — l'admirable et divine jeunesse. Dès cette époque de transition où, pour tendre bachelier qu'il fût, M. Maurice Barrès dédaignait le rôle blond et langoureux de Chérubin et discutait déjà la philosophie de Renan, il pratiquait avec une ferveur d'extatique ce culte du moi qui, d'instinct, lui inspira ses premiers livres. Il n'avait peut-être pas lu cette lettre désolante qu'écrit à son fils le comte de Camors à l'heure d'en finir avec la vie ; il en avait deviné les préceptes et, s'il ne les suivait pas, se donnait les gants d'en être féru, très éclairé sur ce point « qu'il faut livrer aux hommes l'apparence de soi-même, être absent. »

Il ne dévoilait donc pas sa pensée, toutefois sans

mentir, ce qui encombre inutilement la vie. Il s'appliquait à n'être qu'un dandy, procédant plutôt de Stendhal que de Balzac, et ne se doutait guère du proverbe que l'auteur de la *Chartreuse de Parme* eût pris à tache de justifier, si ce n'eût été fait avant lui, en ses montagneuses régions : « Fin, faux, fourbe et courtois comme un parfait Dauphinois. » L'élégance de M. Paul Bourget lui souriait : il eut aussi son *souffroir*. Il ne se souvint de Rubempré que pour habiller suivant les règles du pur dandysme sa précieuse personne, et, s'il n'eut pas Staub pour tailleur — Staub, grand oncle de Boulanger par alliance — et par les femmes — c'est que la mode n'est plus de décrocher ses habits dans les galeries du Palais Royal. On le vit arborer ces cravates étincelantes dont il a gardé le goût ; témoin celle de pourpre qui le colletait au dernier Congrès de Versailles. Il eut à foison les atours somptueux d'un « lion » de l'ancien boulevard de Gand et sut conquérir — si jeune ! — l'estime de tous les boutiquiers. Aussi publia-t-il au moment opportun une monographie du quartier Latin, plus lestement nommé le « grand Q » par les amateurs de calembours. Il y sema d'agréables confidences et n'y commit aucune notoire indiscrétion. Ne disait-il pas ce qu'il a répété dans l'*Homme libre* : « Il n'y a rien de sérieux au monde. » Fort indulgent, d'ailleurs, et sachant pardonner à la vertu aussi volontiers qu'au vice. Assez timide sous son impertinence apprêtée, et gardant quelque chose de la rudesse du Lorrain — probablement matiné d'Espagnol, car il a le masque de Torquemada —

sous les manières affinées et polies, l'aristocratique maintien du gentilhomme parisien, très insoucieux des anglomanies.

La joie me fut souvent donnée de l'entendre disserter, charmeur et discordant, original, parfois volontairement poncif à l'effet de plaire à des philistins. Il se donnait pour rêveur, ondoyant et divers, indifférent à l'avenir et seulement occupé de divertir l'heure présente, et on le devinait homme d'action à sa voix, un peu glapissante, faite pour commander, à son geste ample, à ce port en arrière de la tête par un mouvement impératif et bref. Sa marque distinctive est l'ironie, non pas narquoise, bienveillante et profonde, comme celle de Villiers de l'Isle-Adam ; mais âcre, virulente, sarcastique, et vraiment par trop continuelle. Autant plaît la moquerie légère et subtile qui raille sans amertume et fait rire sans grincer des dents, autant est fastidieuse cette moquerie sardonique, hargneuse et arrogante qui ricane de tout, n'accorde aucune trêve et s'exerce au hasard, prenant à partie avec une égale férocité Dieu et Satan, l'individu et la société, flagellant de son mépris tout ce qui lui paraît infirmité morale, humiliante pour qui la supporte par courage, patience ou vanité, odieuse aussi aux forts qui préfèrent combattre à armes aiguisées. Pourquoi, d'ailleurs, un si vaste réservoir d'ironie en un jeune homme bien doué, riche, heureux, dans l'épanouissement de la vingtième année et qui n'a jeté par dessus les moulins qu'une seule poignée d'illusions? Ambitieux, soit. Mais pourquoi blasé? A cause de cette « sensualité ardente et triste » qui se trahira plus tard ? Ou parce que la réalité n'a pas répondu aux rêves ? C'est justifier le réchaud d'Escousse et, qui sait ? le revolver de Chambige !

Ces lamentables théories de l'à-quoi bon de toutes choses ont pu, aux ans découragés qui suivirent la défaite, satisfaire la morbidesse de quelques-uns, excuser l'épicuréisme ascétique de quelques autres. Elles ne sont plus de mise au sein d'une nation retrempée, forte, saine, prête aux luttes et que tant et de si douloureuses péripéties n'ont pu ravaler. Au surplus, ce ne sont là, en M. Maurice Barrès, que des origines, que les germes de sa culture intellectuelle, et son avenir l'incarnera espérons-le, en cet « homme libre » qu'il n'a pu analyser qu'à la surface, sous l'influence de milieux qu'il abandonne, puisque le voici jeté désormais en pleine mêlée, dans le combat de chaque jour, où toute parole est vaine qui n'est pas secondée par l'action,

Quiconque a lu les cinq volumes publiés jusqu'ici par ce dilettante a constaté que le « culte du moi » l'a fortement éloigné des femmes, qui font les hommes. On sent qu'aucune passion n'a pesé sur sa destinée et qu'il n'a eu même que de vagues curiosités. Il n'a dû aimer que par le cerveau, et, de préférence, des Béatrice Portinari, de préraphaëlites images, de suaves figures immatérielles. Il a sans doute par trop cherché la nuance, fidèle au précepte de Verlaine qui s'effarouche des couleurs, et l'excès des subtilités et des analyses préserve évidemment des aventures à la hussarde, où l'action vivement engagée prime sans feintise les spéculations de l'esprit, Il ne faudrait donc point demander à M. Maurice Barrès les troublantes analyses psychologiques de son ami Paul Bourget, que je n'ose appeler son maître, non plus que ses expertises savantes dans le domaine passionnel. Il comprend mieux Célimène qu'Arsinoé, si tant est qu'il comprenne l'une ou l'autre, et vivant loin des orages, dans la paix de son foyer, fidèle par le bonheur, heureux par la fidélité, l'amour n'est pour lui que littérature.

Il vient toujours un moment où l'on s'aperçoit qu'après avoir eu du génie l'heure sonne d'avoir un peu de talent. C'est M. Jean Moréas qui proclame cette patente vérité, précisément à propos de M. Maurice Barrès. Et celui-ci, né malin, jugea un beau jour qu'il en fallait finir avec les petites revues, les petites brochures, les petits cénacles — et le grand... Quartier: en raison de quoi, il aborda résolument la carrière par l'ordinaire apprentissage des gens de lettres qui n'ont pas commis de vers : le journalisme. Il y passa le temps qu'il faut pour que le nom retentisse et que la signature soit commercialement cotée « sur la place » Puis il donna son premier livre, *Sous l'œil des Barbares*, que suivirent, à intervalles bien calculés, *Un homme Libre*, le *Jardin de Bérénice*, l'*Ennemi des lois*, enfin le recueil d'articles, sensations de voyages et d'art paru sous ce titre bizarre et voulu tel : *Du sang, de la volupté, et de la mort*.

Ces livres ne se peuvent classer ni parmi les romans ni parmi les traités. Ce sont des thèses, étranges pour la plupart et où se développe le caractère complexe que j'ai essayé d'esquisser. Le paradoxe y fleurit à chaque page, les aphorismes, les axiômes, les sentences, toute la panérée des philosophies s'y épanouit en corbeilles de parterre. On y trouve des atômes de vérité, des affirmations surprenantes des hardiesses d'enfant gâté, des timidités de vierge trop savante ou niaise. Echeveau difficile à débrouiller. La conclusion est au gré de chacun ; la moralité se déduit de la fable, pour peu qu'on y mette un soupçon de bonne volonté. C'eût été le cas de méditer ce distique du *Petit Faust* :

> Ainsi que tout commence, il faut que tout finisse :
> C'est une vérité de monsieur La Palisse !

Mais le style exaspère. M. Maurice Barrès emploie une langue idoine à ses idées : précieuse, affilée torte, s'échappant en gerbes de mots ou condensée jusqu'à pleine sécheresse, souple, ténue — ténue, oh ! combien ! — savante — oh ! combien savante ! — à laquelle, en définitive, je préfère le parler net vigoureux et mâle du premier pacant venu de la Touraine qui, suivant le conseil de Boileau, appelle un chat un chat... honnêtement et sans malice. Après quoi, nul n'est tenu de partager mes opinions littéraires, et je serais malavisé de tenir rigueur à l'« écriture » amphigourique du *Jardin de Bérénice*. Il y a des traducteurs jurés pour toutes les langues, et le barrès n'est pas plus difficile que le javanais. Virtuose de la plume et réalisant lui même le type du jeune homme moderne, positif, pratique, économe, réfléchi, de foi tiède, mais d'ambition méthodique. M. Maurice Barrès est l'oracle de cette fraction de la jeunesse que la sécheresse hautaine de Stendhal séduit plus que la passion romanesque de Balzac. C'est l'école de la société. On n'y laisse aux sentiments qu'une part mesurée avec parcimonie. Et l'évangéliste du groupe est Béroalde de Verville.

L'aventure du général Boulanger, ce roman politique au dénoument de tragédie, ravit M. Maurice Barrès au journalisme et le conduisit au Parlement comme député de Nancy. Cette élection fut, a dit quelqu'un, une expérience sentimentale. Socialiste, individualiste, par dessus tout idéologue, point sectaire, ayant plus de culture littéraire qu'aux jeux de la politique et du hasard, M. Barrès tint peu de place dans les débats parlementaires, y fut juste assez bruyant pour qu'on n'oubliât point son nom, se confina dans une sage turbulence et s'amusa peut-être de se voir le Daniel imberbe de cette fosse aux lions. Il savait assez qu'on y goûtait médiocrement la littérature. Il tira profit, néanmoins, de ce nouvel avatar pour continuer ses observations de l'âme humaine.

La tempête de scandales que déchaîna l'affaire de Panama fournit à sa curiosité un copieux aliment. Il regarda et sut voir, écouta et sut entendre. Il oublia peut-être un peu la parole de l'Apôtre : « Soyez miséricordieux, comme votre Père est miséricordieux. » Il ne jeta pourtant pas la première pierre, bien qu'il se vit sans péché : il se contenta de lancer la dernière.

Sa pièce *Une Journée parlementaire* mit l'apothéose d'une flamme d'incendie sur les scandales qu'étouffaient peu à peu les cendres de l'oubli. Il avait, dans un journal, dessiné à l'eau-forte « leurs figures », et, dans son député Thuringe, on voulut voir — hélas! on le reconnaissait trop! — un malheureux, vaincu, châtié, qui pleurait, au fond d'une prison, l'enfant que son crime avait tuée. La vertu romaine admettait le juge inflexible. Au collège, nous avons tous admiré Brutus. Mais, quand on vit à notre siècle et dans notre société, jamais on n'est assez riche d'indulgence. On ne pêche jamais par excès de bonté. Il ne me déplaît pas d'avouer que Thuringe m'inspira plus de pitié que de colère ou de mépris, et que j'eus des larmes pour le pauvre petit enfant qui apportait dans le sombre drame de M. Barrès la douceur de sa voix et la grâce de son ingénuité en même temps que l'horreur des fautes dont, innocent, il sentait le poids et la peine. La presse discuta cette œuvre, d'une impression si pénible, et je ne crois pas que malgré sa cruelle perfection, elle ajoute beaucoup à la gloire de son auteur. Au sortir du théâtre, j'entendis bien des hommes graves paraphraser cette phrase, qui est aussi d'un apôtre : « Qui donc es-tu, toi qui juges ton frère » ?

Nous assistons à une incarnation nouvelle de M. Maurice Barrès. Un peu moins imberbe, il est un peu plus homme d'Etat, mais surtout sous forme littéraire. Ce n'est pas plus un Horace Walpole qu'un Rastignac. Il cherche sa voie ; il élabore son programme, à peine ébauché, encore énigmatique. Sera-t-il dieu, table ou cuvette ? Il croit au principe d'autorité et propage les idées démocratiques. Il braque son monocle sur les opinions et voudrait les concréter pour les étudier mieux, de même qu'il cherchait naguère à saisir et à peindre les moindres velléités de sentir et de penser. Il apprend aussi l'art de gouverner les hommes. Il suffira que je lui en indique un des préceptes les plus essentiels : « Etre pitoyable aux vaincus. »

M. EDOUARD ROD

Sur le coup de midi, la place Saint-François, à Lausanne, se remplit tout à coup de la foule bruyante et animée de messieurs les étudiants. Presque tous, ils portent en sautoir, comme un grand-cordon, le large ruban de soie aux couleurs de la Société dont ils font partie et sont coiffés d'une casquette aux mêmes couleurs. Ces sociétés se multiplient, c'est le goût du pays, et, dès que trois Suisses abordent dans une île déserte, ils en fondent une, avec président, secrétaire et trésorier. Il y a Zofingue, Belles-Lettres, Helvetia, Stella, dix autres encore, pavoisées de blanc et rouge, de vert, de violet, de bleu et d'orange. Etudiants et étudiantes — il faut ici prendre ce dernier titre en bonne part — sont cosmopolites: ils viennent d'Angleterre, de Russie, d'Amérique, des Balkans, du Nord et du Midi. Pour compléter des études françaises, la Suisse romande est le seul pays protestant qui offre des ressources, avec la garantie de l'absence du prosélytisme religieux. De plus, il y a quelque chose de vrai dans cette opinion que tout citoyen suisse est à la fois aubergiste et maître d'école. Tout ce jeune monde travaille et s'amuse, mais sous une surveillance méticuleuse que nos mœurs n'admettraient guère. On y permet tous les genres de sport importés d'Albion, on y peint sur porcelaine, on y fume énormément, on y boit des océans de bière, et, par manie de dandysme et de dilettantisme, on y fait beaucoup de musique, ce qui a fait dire que Genève, Lausanne et Neuchâtel n'étaient que trois pianos.

C'est de cette Université de Lausanne, alors simple Académie, que M. Edouard Rod prit un beau jour sa volée pour venir conquérir Paris.

Peut-être va-t-on m'accuser de distribuer trop libéralement cette épithète de grand homme, banalisée par l'un de nos vices intellectuels : l'abus du superlatif. Mais l'honnête écrivain de qui je disserte arbore des palmes officielles, le ruban rouge, des titres académiques, les lauriers du prix Montyon. Quasi célèbre, il deviendra triomphal tel jeudi qu'on l'entendra discourir au palais Mazarin, sous l'œil bienveillant du vicomte de Vogüé et le sourire figé de M. Paul Bourget.

Suisse ! Il est donc Suisse ? Peut-on être Suisse! Oui, ma foi, et ce n'est pas d'Amiens que pour remplir cette fonction dans la littérature, M. Edouard Rod est venu, mais de ce charmant pays de Vaud, si vert et si fertile, étendu entre la chaîne des Alpes et du Jura et l'éblouissante nappe d'azur du Léman où la nature déploie toutes ses séductions, et que peuple une race robuste d'esprit et de corps, intelligente, sensée, laborieuse, économe, pratique. Le joli vin blanc qu'on y récolte entretient la jovialité du caractère, comme la splendeur du paysage nourrit les aspirations poétiques, mitigées d'un raisonnable amour des agréables réalités.

C'est dans cette contrée, chère à mon cœur pour d'autres motifs, que M. Edouard Rod naquit d'une de ces familles de bourgeoisie de condition modeste où règnent l'ordre et la simplicité et qui sont l'honneur de cette patrie helvétique, exiguë comme territoire, mais glorieuse par ses annales. Il n'est point le fils d'un pasteur, et c'est à ses propres efforts qu'il doit sa réussite. Car il a cette double bonne fortune d'être un grand travailleur, de produire beaucoup et de trouver tous les débouchés qu'il souhaite à son commerce de littérature.

Il n'existe peut-être pas de Revue depuis la *Bibliothèque Suisse* jusqu'à la *Revue des deux Mondes*, qui n'ait publié une de ses œuvres. Le *Correspondant*, lui-même, ce recueil catholique où le libéralisme des grands seigneurs du faubourg, les Broglie, les Costa, les Meaux, les Haussonville s'étaie de la collaboration copieuse de quelques prélats, de moines savants et d'abbés diserts, a ouvert toutes grandes ses portes armoriées à l'auteur de *Palmyre Veulard*, au calviniste libre-penseur.

Les journaux ont suivi le même mouvement, qu'il s'agisse du doctrinaire ou du boulevardier frivole. Et du *Temps* au *Figaro* en passant par la *Gazette de Lausanne* — un des meilleurs journaux de langue française à l'étranger — partout resplendit et flamboie la signature de M. Edouard Rod. C'est qu'en même temps que le savoir il a le savoir-faire. Il sait acquérir les amitiés précieuses, encourager les thuriféraires ; il a pénétré les arcanes de la publicité, utilisé les admirables ressources de la réclame. Couronné, lauréat, décoré, soutenu par une cohorte d'amis — la clientèle d'un sénateur romain briguant le consulat ! il s'est payé la gloire qu'on éditât un livre sur son œuvre. Il ne sera probablement jamais conseiller fédéral, encore que prophète en son pays ; mais nous le verrons à l'Académie française. Il y préparera les fauteuils de Tolstoï, d'Ibsen et de Maeterlinck. C'est une façon comme une autre d'opérer des annexions.

A ses débuts à Paris, M. Edouard Rod accepta courageusement les besognes fastidieuses du journalisme quotidien. Il vécut de son travail et sauvegarda la dignité de sa vie. On ne saurait sans injustice lui dénier la belle vaillance et la fière résignation dans la médiocrité. Déjà l'inquiet qu'il n'a pas cessé d'être, mais toujours porté à l'opportunisme, il écrivit alors deux livres qu'il renie : l'*Autopsie du docteur X...* et cette *Palmyre Veulard*, qui ne figureront point, je m'en assure, dans ses œuvres complètes. Il y étalait un naturalisme naïf si violent et brutal qu'on fut scandalisé outre-frontières. Quelque remontrance le fit réfléchir, et, comme il n'entendait pas jouer son avenir sur une question d'école, il vint à résipiscence, abandonna Zola, ses pompes et son clan, chercha un autre filon.

C'était le temps où le génie allemand hantait les

jeunes cerveaux, préoccupait la curiosité des « jeunes », qui, au lendemain de la guerre, se voyaient à une époque de transition, sans chefs de file et doutant de nos gloires nationales. On étudiait Schopenhauer, ce triste imbécile qui a dit : « Je n'aime pas les femmes parce qu'elles ont les cheveux trop longs et les idées trop courtes. » On inventait Dostoiewsky. Enfin, M. Paul Bourget, encore imberbe, se plaignant de souffrir répondait à quelqu'un qui lui demandait quelle maladie il avait : « J'ai la vie! » Le moment parut favorable pour mettre à la mode le pessimisme. M. Edouard Rod en profita pour *lancer* un de ses bons livres, la *Course à la Mort*. Il y révélait une haine passionnée de la vie. On eût dit qu'il en voulait aux gens heureux. Ce roman parut dans la *Revue contemporaine*, où M. Boyer d'Agen publia des manuscrits de Dante inédits, découverts par lui en Italie — assurait-il — fait qui inspira peut-être à M. Edouard Rod la pensée de son cours sur le vieil Alighieri. Car le romancier, tout à coup, se muait en professeur.

Marc Monnier, depuis de longues années professeur de littérature à l'Université de Genève, venait de mourir. Des compétiteurs nombreux et de marque se disputaient son poste, très envié, très en vue. Genève n'est plus la ville dont les catholiques du seizième siècle disaient : « Ne connaissez Genève que pour l'abhorrer et la fuir. » C'est, en somme, une capitale intellectuelle, un peu fermée, assez froide d'esprit, avec une société fort lettrée, des artistes de talent, quelques écrivains distingués, une presse puissante sur l'opinion. C'est aussi le centre du mouvement calviniste, qui, pour n'être point apparent, exerce une influence considérable dans le monde en politique, en sociologie, influence que fait bien comprendre cette apostrophe adressée, lors de la réunion d'un congrès prétendu religieux, à deux Français de renom, alors membres du cabinet Freycinet : « Quand à vous, Messieurs, rappelez-vous que vous êtes la protestation vivante contre la révocation de l'édit de Nantes ! »

Genève, toujours divisée par des factions dès les premiers jours de son histoire, se trouvait, au lendemain des luttes suscitées par feu Carteret, scindée en deux grands partis, les libéraux et les radicaux, ces derniers alliés aux catholiques romains. La nomination du successeur de Marc Monnier provoquait des intrigues compliquées dans l'un et l'autre clan.

M. Edouard Rod obtint l'appui des radicaux, eut le crédit de se faire nommer, l'habileté d'hésiter, la diplomatie de n'accepter qu'à titre provisoire, sachant bien qu'il s'installerait, à demeure, ayant une fois conquis les positions. Tout d'abord suspect à ses adversaires, contesté, moqué même, car le Genevois est volontiers goguenard, il séduisit bientôt par sa courtoisie, son effacement, sa modestie, sa prudence, et surtout par son talent d'orateur. Ce n'est pas un mince mérite que de parler bien dans un pays où, quand on est deux à table, l'amphitryon porte un toast en trois points, avec exorde et péroraison, à son unique invité ; où, dans un banquet, les discours se succèdent de neuf heures à minuit; où la moindre cérémonie officielle comporte une douzaine de harangues. La voix roucoulante et veloutée, l'accent doux et un peu gras, le geste rare et précis, M. Edouard Rod s'imposait comme un causeur de bonne compagnie, non comme un tribun véhément. Il charme par le murmure, séduit par la sensibilité, convainc par l'autorité de l'affirmation.

Peu à peu, il se ressaisit, se retrempe, se taille une large place. Il fait des conférences, outre ses cours : à Lausanne, Vevey, et même au cercle catholique de Fribourg, ce dernier refuge de la théocratie — que gouvernait alors le cardinal Mermillod — et où ses auditeurs ne veulent plus voir en lui l'auteur de romans naturalistes, mais le critique délicat, le penseur mélancolique et protestant à la recherche de la vérité. A Genève, sans se prodiguer, en aristocrate aîné, il se mêle au groupe des « Jeunes », d'un peu loin. Il a des disciples, il protège des poètes, il ouvre la carrière à des néophytes.

De la toute mignonne villa Iris, il déménage en la jolie maison du Crêt de Champel, enfouie dans les arbres, loin du bruit, dominant un admirable paysage. L'été, il va camper à Salvan, dans ces belles montagnes du Valais, où les mœurs antiques et les traditions ont survécu à toutes les révolutions. L'hiver, il fait plusieurs voyages à Paris, pour prendre langue : quelques jours seulement, juste le temps de se montrer dans les endroits où il faut être vu. Ce laborieux acharné devient un mondain.

On le voit, un peu bedonnant, le chapeau en arrière, le binocle campé sur le nez, monter à cheval, en culottes mastic à guêtres ! Il fréquente chez quelques opulents seigneurs de la haute banque, en leurs moments perdus fabricants de livres imprimés à leurs frais, avec luxe. Et, pour qui sait combien fermés sont les salons genevois, ces mystérieux salons des mystérieux et grandioses hôtels de la rue des Granges, de la Treille, de l'Hôtel-de-Ville, c'est un tour de force que l'écrivain accomplit de s'y introduire. Avec plus de surprise encore, mais avec moins d'orgueil, plus que le doge de Gênes à Versailles il pourrait dire : « Ce qui m'étonne le plus, c'est de m'y voir ! » Même l'aristocratie catholique, aussi hautaine et défiante, et plus réservée que le monde calviniste, parce qu'elle est la minorité, lui entrebâille ses portes.

Son infatigable activité ne l'abandonne pas une minute. Il méprise le vers de Boileau :

Grand Roi, cesse de vaincre ou je cesse d'écrire.

Il écrit comme l'abbé Trublet compilait, compilait, compilait !... Article sur article. Livre sur livre. Drame sur drame. Aucune besogne ne l'épouvante. Il lui faut pour encrier la cascade de Pissevache, et il tapisserait de ses manuscrits les glaciers du Val d'Illiez. Puis, un beau jour, ayant la nostalgie de Paris, il sollicite un congé, gardant par prudence la chaire qui sera sa retraite ; enfin, une fois nanti de postes bien rémunérés, il démissionne et il vient parmi nous, emportant des colis de papier noirci, de quoi se garnissent aussitôt toutes les armoires de toutes les Revues.

Telle, esquissée à grands traits, la vie de ce laborieux, sagace, fin, habile à profiter de toutes les occasions et qui, étant donnée une situation quelconque, en tire à l'instant tout le profit qu'elle peut fournir. C'est la diplomatie dans la littérature, le machiavélisme rapetissé aux besoins et aux intérêts d'une personnalité. *Struggle for life* poursuivi avec l'ardeur d'un méridional, la persévérance et la ténacité d'un montagnard. *Plaudite cives!*

Il est bien loin, le temps où ce féroce railleur de Jules Vallès demandait à M. Edouard Rod, chaque fois qu'il le rencontrait, des nouvelles de sa « descente de matrice ». Il n'y a presque plus rien du basbleu, du féminisme, du « vague-à-l'âme » dans le vainqueur qui « tombera » l'Académie au prochain fauteuil en location. Il a fait acte viril, puisqu'il règne. Il n'est plus seul : il a la cohorte des *Merminod Jean-Baptiste*, qu'Abel Hermant analysait naguère avec tant de virulence ; il a les petits enfants de chœur que son mac-farlane abrite et qui le chantent en dithyrambes sans fin, sous prétexte de disséquer des « âmes modernes » : il a les gloires officielles, et même il eut le Vaudeville, fermé aux auteurs dramatiques.

De son œuvre, que dire qui n'ait été dit ? Le volume s'ajoute au volume, et Michel Teissier, tel un autre Rocambole, se peut réincarner à l'infini, même dans les *Roches Blanches*. Encore que M. Edouard Rod soit le pessimiste bien portant, gras, onctueux, point insensible aux douceurs de la vie, au fumet du vin brun de la Vaux, à la chère lie, aux variétés de rubans et de lauriers, il modernise le patois de Chanaan. Il prêche, et point dans le désert. Son meilleur livre est peut-être le *Sens de la vie*, apothéose de vrais et naturels sentiments, où détonne une bien singulière et misérable théorie de la paternité. Cherchez ailleurs, vous ne relèverez que tristesse incurable, ennui sans bornes, spleen maussade. Les sentiments sont ténus au point de disparaître: c'est toujours une sorte de résorption de l'homme en lui-même, une intuitivité morbide, l'examen de conscience appliqué aux plus infimes détails de l'existence, aux plus secrets replis du cœur: c'est toujours l'histoire comique de la carmélite s'accusant d'avoir mangé son œuf à la coque avec concupiscence.

Couper un cheveu en quatre n'est plus assez: il le faut hacher, et grossir chaque atôme au microscope. Les douleurs normales ne sont pas suffisantes: il importe de s'enliser dans les marécages, de se noyer dans les humidités, de s'étouffer dans les brouillards, de s'effacer dans les brumes, de s'ensevelir dans les vapeurs, de voltiger dans les nuées, de s'abîmer dans les marais gluants, de se tordre dans les viscosités. Souffrir n'est rien: la volupté, c'est d'inoculer la souffrance. Au bout de quoi, il y a la malédiction jetée à Dieu

L'impression qui se dégage de l'œuvre du romancier helvétique est bien celle du néant de toutes choses. Il cherche la vérité, disais-je plus haut. Oui, comme ces ouvriers qui cherchent du travail avec l'espoir de n'en pas trouver.

Néo-mystique incroyant, proie d'une religiosité ascétique et de rêveries solitaires, à la fois chaste et sensuel, érotique et pudibond, M. Edouard Rod n'a aucune excuse de son pessimisme de dilettante. Il n'est pas dans la détresse, il est de santé vigoureuse, il est riche, il est heureux époux et heureux père. Ce qui gâte, c'est de chercher toujours ce qu'il a trouvé. Un jour à l'Abbaye de l'Arc de Lausanne, un joyeux déjeuner réunissait à la même table un colonel, un publiciste, un écrivain catholique, M. Edouard Rod et enfin un capucin, très jeune, très accort, très spirituel et très savant. Et M. Rod fit avec le capucin assaut de métaphysique, promit de l'aller voir en son couvent — de l'autre côté de l'eau — et marqua, enfin une tendance si franche, si nette, si déterminée vers l'idée catholique que l'on put croire un instant à une conversion, tout au moins intellectuelle.

Cela peut-être, explique les bienveillances du *Correspondant*. Mais la conversion n'était pas opportune, et M. Edouard Rod s'en dispensa.

Fit-il pas mieux que de se plaindre ?

M. GEORGES OHNET

Un amusant petit libelle, dû à la collaboration de quelques très jeunes gens de lettres parmi lesquels brillait M. Félix Fénéon, dès lors célèbre comme accusé du crime d'intellectuelle anarchie — le *Petit Bottin des lettres et des arts* — condamnait à mort, sans phrase, M. Georges Ohnet, en accolant à son nom ces deux lettres : *N. C.*, qui signifient, dans tous les bottins : notable commerçant. Ma concierge aurait pu rétorquer : « Il n'y a pas de sot métier, il n'y a que de sottes gens. » Mais je la crois de ces personnes avisées qui ne jugent qu'à bon escient et ne font pas d'esprit sur le dos d'autrui, pour ce que tel genre de facéties ne convient pas à ces expectants qui se disent *in petto* : « Qu'il sorte de là, que je m'y mette. »

C'est être, en effet, un des notables commerçants de la littérature que de vendre cent cinquante éditions, en moyenne, de ses livres et d'assister à la cinq centième représentation d'un drame comme le *Maître de Forges*. L'auteur peut alors se persuader que « tout le monde » a plus d'esprit que feu Voltaire et que, si « tout le monde » achète cent cinquante mille exemplaires d'un volume à trois francs cinquante et remplit cinq cents fois un théâtre où il y a douze cents places, il y a quelque motif de supposer que roman et drame ont plu à la multitude. Ne serait-ce que la méthode du suffrage universel appliquée au succès littéraire, elle serait, en l'espèce, une significative manifestation, et notre démocratie n'y trouverait pas à redire. M. Emile Zola, qui s'embosse dans le froc de Balzac en attendant que, peut-être, il en endosse un autre, pousse volontiers à ses adversaires cet argument qu'il se vend à très grand nombre et que, puisqu'il gagne beaucoup d'argent, on doit être aussi content que lui et l'applaudir de si bien représenter les lettres françaises — au moyen des lettres de change tirées sur son éditeur.

On assure — et ma naïveté m'induit à le croire, — que M. Alphonse Daudet, M. Edmond de Goncourt et d'autres de moindre encolure ne furent point pour se désintéresser de ces questions de tirage et de vente et qu'il leur arriva de mesurer — par mégarde — le talent d'un écrivain à la quantité de tonnes de papier que son libraire consomme. Ils se devraient, alors, de considérer avec le respect d'un banquier pour l'homme qui n'a pas besoin d'argent, le confrère dont un volume daté de 1895, *Dernier Amour*, était timbré déjà du chiffre de cent éditions avant que le troisième mois de l'année en fût à sa seconde quinzaine. S'ils daignent, par surcroît, énumérer les douze volumes et les sept pièces de théâtre qui forment le bagage de M. Georges Ohnet, ils devront reconnaître qu'une telle personnalité n'est point négligeable et que la qualité de « notable commerçant », qu'ils se décernent comme un titre de gloire, honore et consacre le talent de l'écrivain. Les trois cents éditions du *Maître de Forges* sont une très éloquente réponse aux cent mille exemplaires de *Nana*.

Au fond, cette prodigieuse popularité est la véritable et l'unique raison du parti pris de dénigrement dont M. Georges Ohnet serait la victime s'il n'avait pas la malicieuse impertinence de s'en moquer. Il doit même éprouver quelque joie aux attaques dont il est l'objet, aux compatissances dont on essaie de l'accabler, et, comme l'a fort bien dit le joyeux Caliban, ce qui fait véritablement sa joie, « c'est qu'il embête tous ses confrères. »

Les abstracteurs de quintessence, les psychologues, les observateurs qui prennent leur morale pour un microscope lui ont décoché cette fulminante épithète, florissante aux âges antédiluviens de Cabrion et Pipelet : « Bourgeois ! »

Ce vocable est le « tarte à la crème ! » des marquis de notre démocratie, et combien il amuse qu'on le ressuscite en ce temps du bourgeoisisme triomphant, couronné sur la banquette présidentielle tout ainsi que sur les fauteuils croulant de vétusté du faubourg Saint-Germain ! Nos princes, en exil et à l'auberge, sont des bourgeois aussi, nos gouvernants, nos financier, nos artistes, et même les sympathiques hospitalisés de Mazas et de Pélagie !

Bourgeois, nos journalistes, nos comédiens et nos prêtres ! Bourgeois, tout ce qui ne met les mains ni à la charrue ni à l'outil.

Louis XI a vaincu les grands vassaux, Richelieu a décapité les grands seigneurs, Louis XIV a soumis l'aristocratie, pour que pût s'élever au-dessus du peuple cette bourgeoisie vaine, rapace, remuante, insatiable, qui fit 89, qui défit le premier Empire, qui embrassa Louis-Philippe et le chassa et qui se guinde d'échelon en échelon, maintenant qu'elle possède presque toute la terre, presque tout l'argent, et toutes les places. L'écrivain qui veut peindre la société peint des bourgeois et des bourgeoises. Balzac a commencé, d'ailleurs. Ses Cardot, ses Camusot, les patrons du *Chat qui pelote* — le sultanesque libraire Dauriat, réincarné à l'enseigne de l'*Homme qui bêche* — César Birotteau ne sont-ils pas les ancêtres des bourgeois que Flaubert a mis en scène dans *Madame Bovary*, Champfleury, dans les *Bourgeois de Molinchart*, M. Emile Zola, lui-même, dans son œuvre, si complète et si discutable ? Seulement, le bourgeoisisme moderne est fait d'éléments plus compliqués. Il est moins bête qu'Homais, Bouvard, Pécuchet et autres fantoches. Il se barbouille de la savonnette à vilain. Il a mis à profit le cynique « Enrichissez-vous » de Guizot ; l'argent ne lui est plus un but, mais un moyen.

Il y a les vices bourgeois et les vertus bourgeoises. Ceux-là sont vernis, bien déguisés, fleuris, correctement définis, pratiqués avec la convenance qu'exigent les salons ; celles-ci, pondérées, sans éclat, dégarnies de superfluités, indulgentes et raisonnables, n'exigeant que ce qu'il faut, et surtout les apparences. D'un côté, des adultères sans scandales, des compromissions proprement salariées, un malthusianisme savant, des gains licites, le respect du code pénal, la crainte du gendarme. De l'autre, une religion discrète, la bienfaisance au lieu de la charité, la déférence à l'égard du riche, l'indifférence à l'égard du pauvre, une fervente soumission à l'opinion, la terreur salutaire de la médisance. Le pôle négatif transige aisément avec le pôle positif. De tout quoi il résulte un amalgame où le plus fin limier serait embarrassé de dire où commence le mal et où finit le bien. On fait une moyenne, et tout s'arrange!

Ce n'est pas la faute de M. Georges Ohnet s'il a décrit cette société-là. Le peintre peut choisir ses modèles; l'écrivain n'a pas la même liberté: il peint ce qu'il voit, et tout ce qu'on a droit de lui demander, c'est de bien voir. Or nul ne peut contester les facultés d'observation et la science d'analyse de l'auteur de *Serge Panine*, du *Docteur Rameau*, de *Vieilles Rancunes*. Tous ses personnages sont d'une évidente réalité. Ils se meuvent chacun dans le cadre qui lui est propre. Ils n'ont, pour la plupart, rien d'exceptionnel, et nous les rencontrons chaque jour. Ils sont vraiment les soldats, mâles ou femelles, des « Batailles de la vie ». Rien de ce qui est humain ne leur est étranger. Sans doute, ils font de la prose; mais ce n'est pas comme M. Jourdain: ils savent qu'il la font. Après tout, ils ne trompent personne, et M. François

Coppée, lui-même, qui est grand poète, et de l'Académie, n'a pas cru déroger à narrer en vers alexandrins l'histoire du *tout petit épicier de Montrouge* et à constater qu'en certaines occurrences la *gendarmerie a des pantalons blancs.*

Le prosaïsme est, en somme, la réalité bête ou navrante des choses. Le naturalisme nous en a conté bien d'autres, sous couleur de vérité. L'effort de chaque jour, l'âpre lutte quotidienne, le désaccord entre les passions et les intérêts, l'hostilité des sentiments contre les nécessités, les exigences d'une nature asservie à des besoins multiples et constants, en voilà plus qu'il ne faut pour faire de la bonne psychologie et qui s'abstienne de toute influence morbide. Aussi M. Georges Ohnet, qui a peint sans parti pris notre existence avec le réalisme de ses tableaux, mais avec la conception supérieure d'un idéal et la croyance aux immortelles destinées de l'âme humaine, a-t-il toujours refusé de voir les côtés bas et répugnants des choses. C'est là, évidemment, une des causes de son succès. Il demeure logique parce qu'il fait la part des faiblesses et des erreurs en montrant leurs conséquences inéluctables. Il reste, également, romanesque et sentimental par l'invention, l'élégance des portraits, le modernisme vigoureux des situations.

Qu'il ne possède pas la puissance d'imagination des grands conteurs de cape et d'épée, c'est à discuter : les aventures de Lise Fleuron n'ont rien à faire avec celles des trois mousquetaires. M. Georges Ohnet ne cherche pas plus les situations exceptionnelles que les êtres d'exception. Qu'il n'ait pas, d'autre part, la subtilité de style de tels impeccables prosateurs, qu'il ignore les raffinements d'une langue précieuse et prétentieuse, faite de latinismes à peine déguisés, d'épithètes péniblement cueillies dans le *Gradus ad Parnassum*, d'archaïsmes empruntés aux anthologies, de néologismes audacieusement forgés, je ne suis guère pour lui en faire un crime. Le français veut être écrit purement, simplement, librement, et tout le fatras d'une littérature décadente où le style s'appelle pompeusement l'« écriture » donneront à rire à nos neveux tout ainsi que l'*ithos* et le *pathos* des filles au bonhomme Gorgibus.

La langue précise, claire, familière et parfois un peu incorrecte, au dire des pédants, que parlent les Parisiens du dix-neuvième siècle est peut-être moins pittoresque et brillante que la prose tourmentée et torturée en vogue dans la petite classe ; elle a, du moins, l'avantage d'être comprise du plus grand nombre, et, littérairement, elle répond mieux à notre génie. M. Georges Ohnet, qui a fourni le sujet d'acerbes critiques à tant de pions en rupture de bancs, et que les échappés de rhétorique honorent de leurs dédains, n'est point si éloigné de M. Alphonse Daudet — qui serait le plus charmant et le plus limpide de nos écrivains s'il renonçait à l'emploi de l'imparfait. Les attaques dont l'auteur de *Vieilles Rancunes* a été l'objet n'ont aucunement nui à sa gloire : il a eu le bénéfice de cette réclame, lui pour qui la librairie n'en fit que modérément.

L'homme, en M. Georges Ohnet, ne dément pas l'écrivain. Il est modeste, simple et presque timide. Il bégaie si, d'aventure, on l'oblige à parler de soi. Mais il a conscience de sa valeur, honnêtement, et ne s'inquiète en rien de la critique. Savoir demeurer indifférent à l'éloge et au blâme est une vertu productive. Zoïle juge toujours avec un parti pris d'école et selon ses goûts personnels. L'écrivain travaille pour le public, et le public, au théâtre et dans le roman, a toujours donné raison à Georges Ohnet.

Une légende, absurde comme il convient, veut qu'il ait payé ses premiers succès à beaux deniers comptants, riche de quelque fantastique héritage. Rien n'est plus faux. Il faisait paisiblement son feuilleton au *Constitutionnel* — cette vénérable boutique où, suivant l'expression de Balzac, on vendait aux abonnés des opinions de la couleur qu'ils préféraient, — lorsqu'il présenta son premier volume à son éditeur. Celui-ci lut le manuscrit et l'envoya à l'imprimerie. Ce ne fut pas plus compliqué.

M. Georges Ohnet, spiritualiste sans être militant, idéaliste sans être dévot, arrivait au moment opportun. Il combattrait le bon combat contre les tristesses pessimistes du naturalisme. Il voyait dans l'homme un animal raisonnable, créé à l'image de Dieu, et non une bête croupissant dans son péché. Il apportait un soulagement inespéré à toute une société qui se laissait étouffer par l'argot de l'*Assommoir*, les crudités de *Nana*, les exagérations de l'école. Il fut le Bernardin de Saint-Pierre émergeant des sombres journées de la Terreur, et créateur des idylles reposantes, né de ce fossé de sang décomposé qui ceignait d'un cloaque nauséabond l'échafaud dressé sur place Louis XV, où le bourreau ne chômait pas même un jour par semaine. Il apaisa des esprits surexcités, des âmes en pénitence, défonça le cimetière des désespoirs et des pourritures, glorifia la saine vie, don de Dieu, qui ne vaut ni tout le mal ni tout le bien qu'on en dit.

Grand chasseur devant l'Eternel, inlassable pêcheur de poissons, robuste, gai, respirant à pleins poumons l'air pur de son domaine des Abymes, près la Ferté-sous-Jouarre, duquel il peut dire ce que Porthos disait : « *Mon air* est excellent! », il accomplit chaque jour sa besogne. Quatre heures durant, il écrit, à sa table, ce qui est la meilleure façon de violer l'inspiration. Ce n'est, certes, pas lui qui a inventé les années où l'on n'est pas en train. A la campagne, il écrit ses romans. Ses pièces, à Paris, en pleine fièvre, sous le coup de fouet des causeries à bâtons rompus, des visites inattendues, des incessantes sonneries, des rencontres au hasard. Et ses jours passent en ce doux labeur, sans secousses, ordonné, régulier, qui laisse du loisir et ne donne pas d'inquiétudes. On ne le voit parader ni se prélasser en aucunes cérémonies officielles. Il se garde des importunités de la renommée, en cotonne les trompettes, veut s'effacer dans le calme d'une existence heureuse, sans désirs, sans envie, point jalouse — et qui lui donne le seul plaisir de faire du bien. Car il est un bienfaisant par caractère et par vocation. Il aime obliger : il sait obliger et il l'ignore. Sa candeur ne redoute point l'ingratitude. Il ne sait pas de quel poids est un service pour qui l'a reçu. Il n'a jamais compris que, pour se faire beaucoup d'ennemis, il est essentiel d'être bon, et, s'il l'eût compris, il aurait le monde entier ligué contre lui. Causeur aimable, spirituel, avec cette pointe d'ironie très fine qui relève, quand même, le sceptique endormi en tapinois au fond de tout Parisien de Paris, il se console avec quelques amis de haute volée et quelque bouteille (au singulier) de la bonne année. Peu lui chaut des invectives de la petite presse, des petites revues, des petits jeunes et de tout ce qui est petit.

Ne lui a-t-on pas reproché de trop produire? Ah! certes, pour tels qui s'imaginent régner sur la postérité à propos d'un sonnet tressé aux cheveux d'une blonde, ou pour une vague chronique élaborée aux encensoirs des pipes d'une brasserie brumeuse, ou peut-être pour un roman péniblement buriné feuillet par feuillet — sous prétexte qu'il fallut douze ans à Flaubert pour écrire *Madame Bovary* — et qu'on n'a pas son génie — c'est abuser de son talent que de publier vingt volumes en quinze ans et de gagner une fortune à la pointe de ce méchant outil d'un sou : la plume. Les constipés de la littérature qui mettent des années à lâcher la moindre plaquette, et qui voudraient pour leur brochure la place que tiennent les cinquante volumes in-folio de commentaires sur la Bible de dom Calmet, se fâchent que les brebis du voisin paissent les herbes grasses des feuilletons, de la librairie et de la reproduction. Leur génie a commis le beau vers de la tragédie du *Monde où l'on s'ennuie*, et ce vers doit les nourrir, incommensurable céphalopode, jusqu'à leur triste mort en quelque mansarde, où les aura gîtés leur paresse...

Produire, c'est vivre. C'est œuvrer, c'est subir la sentence divine de gagner son pain à la sueur de son front. Et peu importe que, dans la masse des marbres taillés, il n'y ait que deux ou trois statues parachevées et très belles parmi des monceaux de blocs ébauchés !

L'effort aura été grand, et c'est tout ce que Dieu nous demande. C'est bien à Sa Volonté, pourtant, qu'il faut penser quelquefois !

TAILLADE

Un jour que Frédérick-Lemaître, alors à l'apogée de son génie et de sa gloire, venait de jouer le *Chiffonnier de Paris* devant la reine Victoria et le prince-consort, la gracieuse souveraine le fit appeler et, l'ayant remercié, lui dit soudain :

— Est-il possible qu'il y ait à Paris de telles misères ? Ces pauvres, ces mendiants, sont-ils vraiment des gens qui existent ?

Le sublime comédien eut alors une réponse d'une magnifique grandiloquence :

— Oui, Madame, dit-il, en redressant le front. Oui : CE SONT NOS IRLANDAIS !

Parmi les artistes qui font aujourd'hui la renommée de la scène française, il n'en est qu'un seul qui pourrait oser dire et saurait dire une parole si noblement vengeresse. C'est Taillade, le dernier survivant de ces acteurs du drame qui incarnèrent avec un art si puissant les pittoresques héros des pièces d'Alexandre Dumas, de Paul Féval, d'Ani cet Bourgeois, de M. d'Ennery : un théâtre inoubliable, qui demeure la suprême ressource des directeurs.

Le drame n'est pas un genre usé, comme le prétendent certains critiques. Il exige une forme et un style plus moderne : il vivrait peut-être plus de passion que d'action. Il est certain que la *Tour de Nesle* fait sourire et qu'on ne dit plus dans les cabarets : « Enfer et damnation ! » Mais on va encore pleurer aux *Deux Orphelines*, et toutes les fois qu'une pièce aura pour point de départ une situation vraiment dramatique, forte, sincère, logique, mise en valeur, elle aura un succès légitime. La plupart des auteurs visent surtout à l'effet par des moyens mécaniques : le décor, le costume, un truc inédit, ce qu'on appelle un *clou*, remplacent la célèbre « scène à faire », triomphe de M. Sarcey. Aussi n'ont-ils pas besoin de ces interprètes « à panaches », comme ils disent de ces acteurs consciencieux qui fouillaient un rôle en l'étudiant, et parvenaient à faire d'une *panne* une création, ainsi qu'il advint du type de Choppart pour l'admirable Paulin Ménier.

Certes, on ne jouait pas la comédie, il y a seulement vingt ans, comme on la joue aujourd'hui, avec une désinvolture qui veut paraître du naturel, avec un laisser-aller qui ressemble à de la nonchalance, avec, surtout, cet air de « croire que ce n'est pas arrivé » qui agace le spectateur. De crainte d'imiter les sociétaires de la maison de Molière, qui pontifient et déclament le répertoire comme s'ils célébraient un office bouddhique, on récite son petit rôlet de façon familière, usant simplement du tic, de la grimace, du coup de voix, de l'accent ou du geste qui provoquent le rire, et, qu'il soit bourgeois, marquis, éphèbe ou vieillard, duc ou laquais, soldat ou dieu de l'Olympe, le joyeux Vigneron ou l'inimitable Vidame ne jouent jamais que Vigneron et Vidame sous des noms et des costumes différents.

Tandis qu'un véritable artiste, tel que Taillade, c'est Protée!

Il revêt toutes les formes. Il est jeune ou vieux, comme il vous plaira. Il aime, il hait, il est orgueilleux ou humble, beau ou laid, méchant ou bon, puissant ou faible : il traduit magnifiquement toutes les passions humaines. Nous vîmes jadis à Paris Ernesto Rossi jouer *Hamlet*, et Salvini jouer *Othello*. Leur maître Modena, — le Talma italien, — disait d'eux : « Il n'y a que Rossi à savoir dire : « Je t'aime!... » Il n'y a que Salvini à dire bien : « Je te hais! » Taillade peut réaliser cette double incarnation de la tendresse infinie et de la haine brutale. Il peut être *Hamlet* et *Othello*, le Fatal et le Jaloux. Il est mieux encore Macbeth : le Remords.

Lorsque, pour la première fois, je vis Taillade, c'était dans *Richard d'Arlington*. Il épouvantait! La moindre nuance de ce rôle, si simple d'apparence, froid, gourmé, concentré, le moindre de ces effets qui ne reposent que sur un mouvement de l'œil, un soubresaut, un imperceptible tressaillement, l'effroyable gradation de l'ambition calculée conduisant au crime, Taillade composa magistralement ce type superbe de farouche volonté, de féroce énergie, et le fit inoubliable.

Taillade a le mérite, si rare chez un comédien, d'être à la fois un savant et un lettré. Nul ne sut mieux que lui incarner un personnage historique. Il en étudiait le caractère, en saisissait la ressemblance, en prenait le visage, l'allure et le geste par une sorte d'intuition.

La science du costume ajoutait le charme du pittoresque à la netteté impeccable de la diction : c'étaient, tour à tour, Henri III, Charles IX, Richard III, Philippe II, Louis XI que l'on avait devant les yeux. Dans *Cromwell*, ce drame de Victor Séjour qui fut l'objet de polémiques si passionnées, c'était bien le puritain à la casaque de buffle, à la culotte de velours incarnat du tableau de Paul Delaroche.

Lorsque le Protecteur d'Angleterre fait son testament politique et qu'il explique ses plans à son fils, le mignon coquet et parfumé qui, debout devant lui et à moitié ivre, l'écoute distraitement; lorsque l'homme d'Etat qui, bravant les colères de toutes les monarchies de l'Europe, a fait tomber une tête royale sous la hache du bourreau, essaye de justifier le régicide et qu'il s'aperçoit que son fils, incapable de continuer son œuvre, n'est qu'un vulgaire coureur de tavernes et de filles, il s'écrie avec terreur :

— « Il ne me comprend pas!...Il ne me comprend pas! »

Il ressent alors un immense désespoir, châtiment inattendu, le plus terrible de tous, à coup sûr, et largement proportionné à la grandeur du crime.

En proférant ce lamentable : « Il ne me comprend pas! », Taillade devenait sublime. Il exprimait une telle intensité de douleur, une si profonde angoisse qu'il arrachait un sanglot de pitié au plus obtus de ses auditeurs. Et quelle violence, contenue par l'épuisement du corps! Quels accents de sauvage énergie et d'effroi! Quelle splendide figure il invoquait du révolté vaincu, de l'ambitieux déçu, du criminel accablé par le remords, ou plutôt par la cruelle conviction de l'inutilité du crime!

Et, de même, dans la *Reine Margot*, il idéalisait admirablement Charles IX, l'adolescent névropathe du roman d'Alexandre Dumas, le Valois félin, à l'œil d'acier, à l'âme de bronze, aux sentiments extrêmes, que Balzac dépeint dans son étude analytique sur Catherine de Médicis.

Véritablement épris de son art, cet artiste put-il montrer tout ce qu'il y a de ressources dans sa prodigieuse habileté? Ce masque admirablement sculpté, cette voix ample et grave, au timbre sonore, cette science du geste, cette nature vigoureuse, exubérante de sève et d'ardeur pouvaient tout donner. On le vit bien dans les *Deux Orphelines* : doux, humble, bonhomme, et, soudain, à l'acte où ce faible se rebelle, d'une violence tragique, par une transformation subite, qui est un trait de génie.

Il fut également hors de pair dans le *Prêtre*, rôle qu'il joua presque malgré lui, car il voyait le prêtre, vengeur de son père, arrachant la vie au meurtrier et plongeant ses mains dans le sang jusqu'aux coudes, ainsi qu'il me disait un jour que je le ramenais à son *home* de la rue Gay-Lussac, et non le prêtre pardonnant au meurtrier de son père, après une fugitive seconde de légitime colère. Taillade joua ce rôle comme il aurait joué dans Shakespeare. « C'est Hamlet devenu prêtre, s'écriait Barbey d'Aurevilly : c'est l'*abbé Hamlet*. Grande image fixant une grande impression... »

Taillade est un Kean honnête; c'est peut-être un Talma populaire, c'est évidemment une des plus réelles expressions de l'art vrai. Mais, comme les malheureux dévorés de l'étincelle intérieure qui élève l'artiste dans la région inaccessible aux *cabotins*, il n'est pas compris. Sa place eût été à la Comédie-Française, car il aurait été, s'il l'eût voulu, le premier de nos tragédiens. Pourquoi n'y est-il pas?

Cet artiste de génie n'a pas trouvé sa voie précisément parce qu'il fut l'esclave de son génie, il ne voulut point se couler dans le moule uniforme des conservatoires classiques. Il ne tint compte ni des traditions ni des règles que d'autres acceptent par indifférence ou par soumission. Il fut toujours lui-même et ne chercha point l'inspiration en des modèles qu'il admirait, sans doute, mais ne consentait pas à imiter, estimant qu'il y a plus de mérite dans l'originalité. Il ne chaussa les cothurnes d'aucun de ses devanciers; il voulait prouver qu'on peut succéder à Talma comme Talma succéda à Lekain et que, si on n'est pas Frédérick, étant Taillade, on est quelqu'un.

Ecrivain de talent, Taillade fit jouer plusieurs

ouvrages dramatiques d'une réelle valeur : un *Charles XII*, le *Château des Ambrières*, le *Gladiateur de Ravenne*, auxquels il faut ajouter *André Rubner* et les *Catacombes de Paris*. Il fut, pour bien des auteurs, un collaborateur utile et discret. Causeur plein de grâce, de finesse, d'érudition, il sait donner des conseils et se les faire pardonner. Son expérience des choses du théâtre n'est jamais prise au dépourvu, et j'aurais souhaité, pour couronner sa carrière, que ce lettré reprît la plume.

Et ce labeur de tant d'années, ces créations sans nombre, ce talent dépensé avec prodigalité aboutissent à un rôle muet dans un mimodrame !... Quoi ! cette voix puissante et sonore, ce verbe impérieux, ces accents notés comme par un musicien de génie, nous ne les entendrons plus ? C'est impossible ! Il faut qu'il se trouve un homme pour tailler un dernier rôle, qui serait un triomphe, pour les adieux de Taillade au théâtre. Le *Roi Lear* moderne, un drame d'angoisse et de sentiments, de farouche grandeur et de sereine majesté, où il nous sera donné de l'acclamer, et qui scellera sa gloire.

M. JULES BOIS

S'il nous apparaissait, vêtu de la tunique bleue des pêcheurs de Galilée, ou du sayon brun des pasteurs du désert, Jules Bois ressemblerait à l'un des soixante-dix premiers disciples du Christ, avec son type de jeune sémite, son visage de coupe orientale, d'expression douce et sereine : illuminé du regard profond, rêveur et contemplatif de ses yeux d'enfant. La voix aussi charme par son intonation chantante, à l'accent musical, et par le choix d'un langage amène d'où sont bannis les termes passionnés et violents. Toute la personne, robuste et saine, traduit la vigueur de l'esprit dans un corps vigoureux. Mais la bonne humeur se teinte de mélancolie, la modestie s'accroît d'une sorte d'effacement, le regard se voile d'une brume d'indifférence, et l'exubérance des races méridionales a fait place à la tranquille certitude, au calme sans émoi possible de ces gens du nord qui mettent dans le rêve toute poésie, et dans cette poésie un peu froide, toute action.

C'est bien un poète que Jules Bois, et je ne voudrais voir en lui qu'un poète. Il est de ceux à qui la foule ne va pas, ne serait-ce que parce qu'ils ne vont pas à elle. Il a dédaigné les chemins faciles qu'ombragent les palmiers de la réclame, et que bordent les maquis où se blottissent les amitiés littéraires. Il a produit son œuvre telle qu'il l'a conçue, librement, et sans inquiétude ni souci de l'opinion de la critique. Elle a, ou elle n'a pas de succès, peu lui importe. Les quelques esprits d'élite auxquels il s'adresse le comprennent, sympathisent à ses idées, admirent sa persévérance : il ne veut rien au delà. Ce n'est pas le suffrage de la multitude qu'il recherche: il en juge la banalité, il en méprise l'ignorance. Un esprit de haut vol dédaigne les promiscuités de la gloire. Il lui plaît davantage de n'en point goûter les délices, presque toujours empoisonnés. Discourir sagement avec tels qu'on accepte pour ses pairs lui est de meilleur plaisir, et n'être jamais discuté par des présomptueux ignorants vaut mieux encore que les applaudissements des écoles juvéniles et des cénacles pontificateurs.

Ce n'est pas à dire que Jules Bois s'imagine à l'instar de plusieurs poètes, être le roi de l'Univers, l'indéfectible Vates, le proclamateur d'une forme nouvelle, où l'ange annonciateur de Vérités inattendues qu'il aurait découvertes. Orgueilleux, soit, mais non point féru de ces basses vanités où se révèle l'impuissance. Il laisse à d'autres égale ment, le dandysme des pourpoints de peluche, des ajustements de carnaval, et n'a pas souci d'être comparé aux esthètes de qui fut lamentablement occupée, naguère, la Renommée aux cent trompettes. Cheminer aux lueurs des lampes électriques et du gaz, à travers le torrent des bicyclettes et des tramways, ou s'afficher à la porte des brasseries devant une pile de soucoupes, avec une fleur de lys, un iris ou des orchidées à la main, n'eut jamais été pour lui plaire. Le snobisme ne lui en convient pas, et, moderne modernisant, il garde l'aspect du bourgeois débonnaire et paisible, ne voulant rien entendre aux tapageuses musiques du charlatanisme des précieux.

Ses premières années lui sont lourdes par le souvenir. Il les vécut à Marseille, — la plus curieuse ville de France, pour qui vient y chercher un écho des lointains orients, de l'Afrique mystérieuse, de la sensuelle Egypte, des rives tragiques du Bosphore, — mais ville pesante à ceux qui doivent vivre dans son atmosphère commerciale, dans ses milieux de riche négoce, d'activité bruyante, où la seule conquête désirée est celle de la fortune, où la gloire sans écus ne vaut pas le prix d'une once de savon, où les plaisirs sont excessifs comme le travail. Il connut là, je m'en assure, les froissements qui viennent de la pauvreté, ces piqûres d'épingles plus cruelles que des coups de poignard. Il endura l'indifférence des camarades jaloux ou incrédules, les mépris silencieux des opulents épiciers qu'on voit en tablier bleu sur les quais du port, et que de somptueuses calèches emmènent le soir à leur palais du Prado. Il envia, peut-être, ces merveilles d'art qu'on voit débarquer à la Douane, amenées du Japon, des Indes ou de Syrie par les paquebots; ou bien il rêva de voyages, d'explorations dans les solitudes inconnues; ou simplement il souhaita qu'une fée le menât dans un de ces cafés de la Cannebière où toutes les voix chantent le million.

Sous le climat torride des jours d'été, en la vieille cité phocéenne, en ces quartiers brûlés par le soleil qui rougit leurs murailles et fait craquer le pavé, quelles furent les amours de l'adolescent tourmenté par l'éveil des primes sensations ? Quelles, ses exaltations amoureuses ? Un battement de cœur, plus vite, pour quelque martiguaise en robe d'indienne, pour une arlésienne au diadème de velours noir, pour la créole errant pieds nus, le madras serrant les crespelures noires de ses cheveux, pour l'équivoque gitane dansant aux castagnettes hors la porte d'Aix ? Ou simplement les vulgaires aventures, au hasard des rencontres furtives, les soirs assombris par des nuées d'orage ?

Après ces années tristes au pays ensoleillé des cigales, Jules Bois vint à Paris, sans autre but que d'escalader les cimes âpres du Parnasse, de conquérir la Gloire et d'arrêter la Fortune pour la dévaliser de cet or qu'elle jette à trop d'indignes.

Son premier étonnement fut de constater que personne, parmi les poètes et les artistes, ne possède la gloire ni l'argent. On est toujours inconnu et pauvre, et les plus malins n'ont jamais pu savoir par cœur plus de dix-neuf noms d'académiciens sur quarante. Il va de soi que Félix Potin, notable commerçant a plus de réputation que Catulle Mendès, et que tout le monde, ignorant Clémence Isaure, vénère la veuve Boucicaut.

Il fut surpris ensuite du peu de sincérité des milieux littéraires. Sans croire aux sociétés de la courte-échelle et aux syndicats d'admiration mutuelle, il avait d'abord supposé que les sympathies qu'il provoquerait ne seraient point stériles, et que les éloges récoltés s'amasseraient en moisson abondante, et, par surcroît, productives. Il vit, du coup d'œil qui ne trompe pas, que les amitiés dans les lettres sont, comme partout, l'opportunisme du sentiment, et qu'il en faut rabattre des louanges tarifées, des confidences passionnées, des promesses renouvelées, de tout ce fatras romantique au moyen de quoi le moderne Euryale essaie de trupher Nysus, lequel à son tour entreprend de le piper sans rénover aucune ruse inédite. Fourberies à la Scapin, moqueries et « tarte à la crème » de Mascarille, sont le fonds jamais épuisé des colloques entre confrères, et mettons « frères » seulement, puisqu'aussi bien il est inutile de se prodiguer en vains monosyllabes.

Jules Bois ne voulut être le page de nul pontife du Parnasse, et n'écopa d'aucune ingratitude de « maître », à la recherche d'une clientèle, Il ne fréquenta ni chez les décadents, — las! combien démodés après que leurs sergents de bataille furent ensevelis dans les poussières du bouquinisme des quais, — ni chez les symbolistes partagés en autant d'écoles qu'ils comptèrent de protagonistes, et juchés au delà d'iconostases sans ors ni gemmes, dès qu'advint la défaite du grec héroïque désormais sacré flamine, et de tels autres impassiblement prisonniers dans la forteresse inexpugnable de leur grandeur contestée. Il ne pénétra ni dans les cénacles où se brament sur le mode ironique des myriades d'odes à cette « Elle » qui n'eut jamais lieu en chair et en os, ni dans les cabarets artistiques où la fumée des pipes se transmue en odorantes spirales de fumée d'encens, où des breuvages brassés en de vagues Bavières sont l'ambroisie des néo-chevelus, groupés autour du piano légendaire que ne tapa le doigt d'aucun Wagner.

De tout quoi résulta pour Jules Bois l'impérieux vouloir d'échapper à ces redoutables ambiances par un généreux effort : il se réfugia dans l'au-delà des mystiques, par lui exploré aux heures des douloureuses cogitations, ainsi qu'on se réfugie à l'hôpital, alors que mal en point, lassé de peiner et tremblant la fièvre des maladies qu'on pourrait avoir, on se met en quête du remède préventif.

Il prétend que, au rebours des jeunes gens modernes, il a beaucoup cru « en la femme », qu'il a beaucoup aimée, parce qu'elle est à son estime ce qu'il y a de moins mauvais dans l'humanité, à cause de l'enthousiasme et de l'active pitié qu'elle nous insuffle. Opinions qui seraient à discuter.

Je ne crois pas au féminisme de Jules Bois : un mystagogue est toujours chaste, au moins de quelque façon. Féministe ? Peut-être. Mais dans un sens très particulier, dans le sens plutôt de « féminisé », ce qui ne veut pas dire « *efféminé* ». Ce qu'il y a, — la femme, — de moins mauvais dans l'humanité? Hum ! Sémiramis et Cléopâtre, Aspasie et Thaïs, — en sautant divers siècles, — Ninon de Lenclos et Cora Pearl, sont femmes de peu d'enthousiasme, et de basse vertu... A ne citer que les « dégraffées » contemporaines, l'active pitié ne serait comprise que si la mirifique Otero avait empêché de tirer un coup de pistolet... « Ça leur fait tant plaisir, et ça nous coûte si peu » disait la belle Gaussin. Confabulons sérieusement, d'autant que le sujet n'est sérieux qu'à moitié. En fait de femmes, je ne crois guère qu'à celles qui sont épouses et mères, et de celles-là, pour leur marquer le plus de respect qu'il se peut, on ne parle jamais. Le mouvement féministe m'échappe, et pour dire la vérité, je pense que les femmes ont assez de privilèges et de droits pour qu'on leur puisse rappeler leurs devoirs, et que si elles veulent s'émanciper davantage, il n'est expédient de le leur permettre que lorsqu'elles seront soumises au service militaire et qu'elles protègeront les hommes, au lieu d'en être protégées. Ceci n'est qu'une échappée sur la thèse : on y reviendrait, si l'on avait le temps.

Je préfère la conception que Jules Bois a de l'amitié, car la mienne est la même. Je ne différerais de lui qu'en ceci : il n'a qu'un seul ami, ce qui n'est pas assez ; je m'en compte au moins douze, ce qui est trop. On peut toutefois arranger les calculs. Il y a fagots et fagots. Ce qu'il entend, c'est l'ami littéraire, du reste le plus sûr. Le sien est Joris Karl Huysmans, qui est le mien aussi, mais autrement, et pour d'autres motifs, et parce que Huysmans a cessé d'être le Huysmans qu'il était. Tandis que, pour Jules Bois, c'est assurément le Huysmans d'antan qu'il prédilige : il en estime l'éloignement et la répugnance du siècle, et il sait que sa conversation, pas plus que ses livres, ne trompe. Bizarre association que celle de cet épervier du Nord et de cette mésange du Midi. Les extrêmes se touchent, et c'est ici le cas de l'affirmer. L'âpreté et la douceur, la violence et la nonchalance, la morbide lassitude et la santé robuste : désaccord apparent.

Rien n'est pourtant moins passif que l'esprit de Jules Bois. Il s'est réfugié dans la Mystique, qui grandit. Et il a la Foi, une foi trouble, obscure, bégayante, libre des dogmes, — comme s'il était possible de s'en libérer ! — mais une foi puissante qui l'étreint, le courbe, — et le fait déraisonner. Car c'est ici que je me sépare de ce très dangereux séducteur d'âmes.

Ce n'est pas à lui que j'apprendrai qu'il n'y a qu'une façon de croire, et que « hors de l'Eglise il n'y a pas de salut ». Il le sait fort bien, étant aussi instruit qu'homme du monde en matière de catéchisme. Il ne s'étonnera donc pas qu'il soit ici déclaré, non seulement hétérodoxe, mais hérétique et schismatique, par conséquent, hors de l'Eglise et point admis à la communion des Saints. De son ésotérisme et de ses doctrines, quant à la Kabbale et à la Magie, il ne me plaît point de m'en soucier. Ce sont là questions au-dessus, au-dessous, à côté et au-delà de mon entendement. Je ne comprends goutte à la théorie des Esséniens, aux artifices des mages, et, pour tout dire, à ce mysticisme très mal défini qui comporte un ordre surnaturel, ou suprà-naturel, non conforme à l'enseignement de nos maîtres.

Humblement, et sans plus de fausse honte que de vantardise, je confesse que je crois à tout ce que l'Eglise enseigne, et que je répudie tout ce qu'elle répudie. Cette philosophie ne m'est pas commode, parce qu'elle m'oblige, et que j'en suis souvent gêné ; mais je m'incline, j'obéis et je me tais. Je ne suivrai donc pas les errements des nombreux *interviewers* qui ont tâché à découvrir en Jules Bois l'homme initié aux arcanes des sciences occultes. J'avoue même que l'occultisme ne saurait me préoccuper. Un « *In manus tuas, Domine, commendo spiritum meum* » suffit à en combattre toutes les influences. Quand je visitai un jour le Sâr Peladan, protégé par la lame d'une épée nue, dont la pointe avait pour mission de disperser les fluides : quand il me désira, — charitable, oh combien ! — que « les Elohim me fissent la grâce de me bénir », je fus très respectueux de cette double simagrée, mais en mon for intérieur je pouffais de rire, ayant d'avance perçu le ridicule de la mise en scène. Et lorsqu'on m'épouvanta par la révélation que de terribles envoûtements s'acharnaient sur ma chétive personne, et m'exposaient aux plus effroyables malheurs, je n'en riais que davantage, persuadé que mon « *In manus* » suffisait à pulvériser le charme.

Ce fut la dernière fois que je vis le grand maître du temple, du Graal et de la Rose┼Croix : la dernière, heureusement. Jusqu'alors il m'avait paru bon compagnon, Lyonnais de Lyon, Nîmois de Nîmes, très élève des Révérends Pères, et d'un catholicisme suffisant. Il effarouchait les bonnes gens de Neuchâtel en Suisse, excommuniait la femme Rothschild et donnait des leçons à l'archevêque de Paris. J'attendrai, désormais, pour l'admirer un peu plus, qu'il se soit décidé à excommunier le Pape. Ce qui viendra.

Eh bien ! — et ce sera mon excuse d'avoir permis à ma plume l'incartade de s'égarer sur le nom du Sâr, — je serais désolé que Jules Bois vînt à sombrer dans le maëlstrom de ces idées. Il n'a pas l'étoffe d'un hérésiarque. Son œuvre est surtout poétique et se résume en un acte de foi, qui est *prière*. Je le voudrais assagi et sage, un peu loin des magies, superfétations ennuyeuses de la vérité, plus loin encore de l'occultisme, dangereuse trappe ouverte pour la perdition des intelligences hautes.

Pas de robe rouge, pas d'épée divisant les fluides, pas d'initiations décoratives : la vérité n'a pas besoin de ces falbalas surannés. Du chant, des hymnes au Créateur et au Rédempteur du genre humain... Des villanelles à l'amour pur, aux sentiments naturels... Des odes à la patrie, des chants pour tout ce qui éclot de beau, de bon, de vrai, de simple, de généreux, dans cet amas de fumier qui nourrit le cœur humain. Avec cela, on devient célèbre, parce qu'on est poète, et on reste religieusement prostré devant l'éternelle Vérité, parce qu'elle illumine de son radieux soleil tout ce qui n'est pas assez éclatant pour être compris du vulgaire.

MAURICE ROLLINAT

Le décor est fort simple : un petit salon, tendu de papiers gris très foncé ; des rideaux et des portières en reps bleu, presque noir ; sur la cheminée, une pendule supportée par un sphynx égyptien, entre deux immenses vases japonais ; quelques bons tableaux ; entre les deux fenêtres, une glace hollandaise, au-dessus d'une grande belle armoire en laque aventurine.

C'est tout au fond de l'aristocratique faubourg Saint-Germain, près des Invalides. Beaucoup de gens de la littérature ont passé dans ce salon, si modeste. On y a vu tour à tour Théodore de Banville et Paul Féval, François Coppée et Léon Cladel, Ernest Hello ; très souvent Barbey d'Aurevilly, Paul Bourget.

Jean Rameau, Haraucourt, Laurent Tailhade, Jean Lorrain, Jean Moréas, les décadents, les symbolistes, les parnassiens, y ont dit leurs vers. Taillade, Albert Lambert, Paul Mounet, Coquelin cadet, Rosélia Rousseil, Adeline Dudlay, y ont dit les vers des autres,

Des Mages y venaient, disciples de la sainte Kabbale, Joséphin Peladan et Stanislas de Guaita. On y vit des savants, des sculpteurs, des peintres, des voyageurs, des prêtres, et même quelques marquis ou vicomtes ! L'assemblée, trop nombreuse pour un si étroit espace, débordait dans un cabinet de travail encombré de bibelots, voire dans l'antichambre exiguë de ce logis bourgeois. Et c'est, je m'en souviens, ce qui arriva la première fois que Maurice Rollinat y vint.

Il y a déjà des années !... Et rien ne faisait pressentir que ce nom, Maurice Rollinat, serait quelque jour claironné par la Renommée. Quelques invités le connaissaient: il avait des fanatiques, mais si les musiciens l'appelaient un poète de génie, les poètes le déclaraient musicien incomparable. On parlait, au quartier Latin, d'un recueil de vers publié à ses frais, *Dans les brandes*, et la joyeuse académie des Hydropathes n'avait aucun barde ou rapsode plus applaudi. Il se montra un peu gêné, dans un milieu qu'il croyait très bourgeois. Mais il vit bientôt que des artistes l'entouraient, dont plusieurs encore inconnus, un peu troublés eux-mêmes par cet homme singulier, que précédait une renommée singulière de poète macabre, de disciple de Baudelaire et d'Edgar Poë.

François Coppée, qui n'était pas encore de l'Académie, venait de dire en fumant une cigarette : « Quelle drôle d'idée ont vos poètes de chanter si gaiement la mort et s'occuper toujours de la vieille

Faucheuse ! La Poésie, n'est-ce pas la vie ? Et ne vaut-il pas mieux chanter les roses, l'amour, les yeux bleus et les boucles blondes, que la fosse avec ses putréfactions, les douleurs et les repentirs ? »

Barbey d'Aurevilly, ne disait rien, mais lissait d'une main constellée de diamants, sa mérovingienne moustache de Neustrien du temps du duc Rollon. Il gardait son sourire narquois et son air hautain, son attitude d'impassible pyrrhonien.

Au surplus, Maurice Rollinat apparaissait, non tel que Baudelaire en dandy démagogue, portant blouse bleue et gants jaunes, ou en Poë stupéfié par l'alcool, hirsute et sombre, avec l'égarement du génie dans les yeux. L'on voyait en lui plutôt un personnage de cléricature, basochien de notaire, tout de noir habillé. Une figure souffreteuse, assez pâle, éclairée d'yeux perçants et vifs : une bouche ironique, sous une courte moustache ; de longs cheveux, enroulés en serpentines torsades autour d'un très grand front. Au demeurant l'aspect correct, froid, un peu triste, d'un véritable gentleman, — affligé toutefois de la double habitude de prendre du tabac et de fumer à outrance.

Il se mit au piano. Il voulait tout d'abord étonner son auditoire, et, de fait, il le surprit avec la sombre et plaintive mélopée du *Fantôme d'Ursule*. Puis il chanta, à la défilée, interrompu à chaque strophe par des applaudissements d'abord discrets, plus vifs ensuite, et finalement enthousiastes, la *Causerie*, l'*Idéal* et la *Mort des pauvres*, de Baudelaire ; sa mélodie des *Corbeaux*, le *Cimetière aux violettes*, et, pour bouquet, la prestigieuse ballade de l'*Arc en ciel d'automne*. A ce moment je regardai M. d'Aurevilly : le fier gentilhomme pleurait. Et qui pourra dire l'effet des larmes qu'on vit couler sur les joues de cet athlète ! En revanche, Coppée s'ennuyait sans avoir le courage de l'avouer. Que de cigarettes il roulait, pour les jeter dans le foyer, après la première bouffée !

Après trois heures de cette musique infernale, nous étions tous ivres. Victor Hugo, qui félicitait Baudelaire d'avoir créé « un frisson nouveau », aurait pu féliciter Rollinat d'inventer une ivresse nouvelle de l'intelligence. Il est vrai qu'il se contenta de dire, peu de jours plus tard : « C'est d'une beauté horrible ! » M. d'Aurevilly, songeur, murmurait : « C'est une Euménide ! » Les jeunes, tous, oublieux des jalousies généreuses que provoque l'éclatante supériorité d'un camarade qui ne peut pas être un grand homme pour ses familiers, battaient des mains, exaltés par cette poésie étrange, par cette musique sans règle, ni lois, ni grammaire, ni science, et si puissante ! et si vibrante !... échauffés par cette voix qui parcourait toutes les notes de la gamme, allant du soprano aigu au bourdonnement de la basse. Mais comment expliquer et décrire des impressions si multipliées ?

Le charmeur n'avait point parachevé son œuvre. Nous avions eu le lyrique psalmodiant de douloureuses lamentations, le poète célébrant l'idéal, ou l'amour, ou la passion, nous eûmes le paysan, trouvère du peuple des paysans, et chantant ces populaires complaintes qui viennent on ne sait d'où et qui ont la sauvage éloquence des rapsodies sans père.

Avec quelle verve comique et quelle ironie âpre, violente et véhémente, il dit ensuite quelques stupides refrains de café-concert, nul ne s'en ferait une idée, l'ayant vu tantôt macabre et plaintif, emporté dans les majestueuses splendeurs d'un rêve mystique. Était-ce donc un comédien ? Ou possédait-il cette faculté de s'élancer de l'extrême tristesse à la joie délirante, de transformer en serinette l'orgue solennel, de « racler le jambon » avec le propre archet du diable Paganini ? Ainsi donc, en une seule nuit, cet homme complexe s'était montré sous les aspects les plus divers à un auditoire d'abord indifférent, si ce n'est moqueur, peu à peu gagné par le véritable sens poétique du rapsode, enfin conquis définitivement et désormais plein d'enthousiasme. Le poète, le mélodiste, le virtuose, le diseur avait obtenu le triomphe, et, dans ce petit cénacle, à partir de cette nuit-là et pendant de longues années, Maurice Rollinat fut sacré poète d'élite et grand artiste.

Poète, il l'était et il l'est encore, et poète sans épithète, ce qui est la meilleure, sinon l'unique manière de l'être. Qu'il récitât ses vers ou qu'il déclamât ses traductions de certains poèmes d'Edgar Poë, *le Ver conquérant*, *le Corbeau*, il était à donner le vertige, avec sa voix stridente et métallique, son visage allumé d'une flamme perverse de sarcasme et de méchanceté, son geste unique, le geste en spirale constamment répété et d'un si étrange caractère. Il effrayait — au moins pour un moment — les plus incrédules ; il éteignait la « blague » ; il donnait ce délicieux petit frisson, à fleur de peau, — sensation si agréablement horrible que connaissent ceux qui ont lu, dans la solitude de leur lit, par une nuit de vent et de tempête, *le Cas de M. Waldemar*.

Infatigable laborieux, Maurice Rollinat entassait l'une sur l'autre les pages de ses *Névroses*, et sans savoir quand et comment ce livre, qu'il pensait être son œuvre définitive, serait publié. Il vivait, d'ailleurs, hors du cercle bruyant et tapageur du Paris qui donne la célébrité : bourgeois d'allures et d'habitudes, confiné en son logis de la rive gauche et ne se délectant qu'aux amitiés littéraires, car il faisait fi des sentiments et se divertissait à « poser » pour le cœur fermé.

Mais il n'en subissait pas moins l'âpre dédain du bourgeoisisme moderne, un peu moins ridicule en apparence que celui d'Henri Monnier, mais éternel comme tout ce qui est bête, laid et malsain. Il avait la triste chance d'être vivant, de ne point se presser de mourir, d'arborer la hautaine indifférence des solitaires. Il fallut, pour le tirer de son obscurité, le caprice d'une grande artiste.

Un soir donc, Rollinat laissa au logis, non sans regrets, son chien Pluton et son chat Tigroteau et s'en vint avenue de Villiers, où l'attendait la si belle reine de *Ruy Blas*, en robe de brocart bleu et rose brodée d'argent. Dans l'atelier où défila naguère tout ce qui, en Europe, appartient à l'aristocratie du talent ou à l'aristocratie de la naissance, il y avait réunion d'élite. Que l'on ait bien compris mon Rollinat, je n'en jurerais pas !... Sarah Bernhardt, l'incomparable interprète de poètes incomparables, — et qui savait et voulait tout comprendre, elle ! — fit à Rollinat l'accueil qu'il fallait. Il fut applaudi dans la juste mesure.

Les *Névroses* parurent. Ce fut un grand succès. Toute la presse parla du nouveau poète. Puis ce fut comme c'est toujours à Paris : quinze jours de trompette, — et le silence.

Pour inutile qu'il soit de signaler une fois de plus l'injustice des hommes, ne convient-il pas, tout au moins, de fixer, en un simple fusain, l'inimitable, expressive, extraordinaire figure d'un poète qui marquera sa place, dans le siècle où nous sommes, parmi tant de poètes rivaux ? On a fait de Maurice Rollinat le disciple, sinon l'émule de Charles Baudelaire. On assure qu'il procède, en pensée, d'Edgar Poë ; en musique, de Chopin. Trop souvent on a rappelé qu'il est le fils d'un ami intime de Georges Sand, et que cette illustre femme de lettres lui enseigna la littérature, comme si elle eût été capable d'enseigner autre chose que l'amour !

Rien de tout ce qu'on a dit n'est absolument exact. Maurice Rollinat est un solitaire et un paysan. Nature très affinée, mais rustique. Esprit très inquiet, mais grand et calmé par la nature et ses mille tableaux. Pervers très naïf, et sentimental très positif, connaissant le prix du temps et de l'argent. Laborieux par tempérament, paresseux par fatigue, contemplatif et rêveur, à la condition que son activité n'en soit pas entravée. L'homme de la chasse et de la pêche, des courses à cheval sous bois, des escalades de rochers, des festins champêtres et des bals sur l'herbe, et pour qui les conventions mondaines sont odieuses, tout ainsi que les tyrannies de la mode et les délassements ennuyeux des civilisés.

Cet agreste est un souffrant. L'idée de la mort le hante et le guette. Il n'a pas le désespoir *schopenhauerien*, il n'a pas l'angoisse croyante et mystique de Baudelaire clamant à Dieu :

> Ah ! Seigneur, donnez-moi la force et le courage
> De contempler mon corps et mon cœur sans dégoût !

Est-il même croyant ? J'en doute, encore que l'idée religieuse le domine, qu'il crie « du profond de l'abîme », et qu'il dramatise le *Memento quia pulvis es*. Il analyse les affres de l'agonie, il se démène sur le tombeau, il se préoccupe du ver auquel il servira de nourriture. Il se plait au bord des marbres du cimetière, des fosses fraîchement creusées. Il voudrait entrevoir « l'au-delà » du dernier soupir, se familiariser avec la Camarde, secouer enfin cette peur lancinante qu'elle lui inspire. Et il est sincère dans ses effrois, comme dans ses bravades.

La peur l'écrase, du monde surnaturel qui s'agite autour de la créature humaine et qu'il nie, comme ce philosophe du siècle passé, qui niait Dieu et croyait aux revenants. Il parle volontiers des fantômes et s'imagine causer avec eux. Il a entendu des voix glapissantes, s'exhalant d'on ne sait quelles géhennes, vociférer son nom à ses oreilles. Et s'il n'a pas eu de ces visions qui blanchissent les cheveux et font l'œil cave, c'est qu'il a fermé les yeux, car il a senti des suaires effleurer son front, et des ossements de squelettes cliqueter à ses côtés.

Il a du moins le courage de ne pas nier la peur, et le dandysme de l'exagérer. Il ne voit la lune que comme une colossale tête de mort se mirant dans l'eau glauque d'un étang, et les couchers du soleil, de pourpre et d'or, ne sont faits que pour incendier d'une manière éclatante le Monsieur en chapeau haut de forme qui l'aborde en un chemin creux pour lui dire :

> Prenez garde! Car vous avez la maladie
> Dont je suis mort!

Cette atroce et persistante sensation de la peur, il l'a disséquée en des vers courts, pressés, admirables, où il évoque toutes les images susceptibles de monter l'épouvante à son paroxysme. Il a rêvé les plus étranges tableaux, et Goya, Zurbaran ou Ribeira n'ont inventé que des bergeries. Qu'il peigne le démoniaque buveur d'absinthe, ou qu'il burine *l'Amante macabre*, ou qu'il montre le grand meneur de loups « sifflant dans la nuit verte », la terreur lui fait partout cortège : il trouve le mot, le simple mot qu'il faut pour l'exprimer, pour la graver en un frisson glacial et ardent, tout à la fois, sur la peau. Il a ce don surhumain d'épouvanter, et par le simple procédé des poètes d'Orient qui ne se parlent pas en longues et minutieuses analyses.

Ce goût des choses funèbres, ces aperceptions de l'au-delà du dernier soupir, ces évocations de spectres et de larves, ces étrangetés qu'on a voulu croire cherchées, ont fait porter sur Maurice Rollinat bien des jugements absurdes.

Cette préoccupation du surnaturel divin ou diabolique, cette constante hantise de l'agonie et de la mort, cette prédilection du cadavre, des choses putréfiées, des rêves hallucinants, des lugubres mélopées, des terreurs irraisonnées, on les lui imputait naguère comme plaisanteries sournoises de mystificateur, et pour tout dire en un mot, on prononçait le mot de comédie. Erreur outrageante, et dont le poète, un seul moment, ne supporte pas l'idée. Si jamais il y eut un homme sincère, ce fut celui-là. Nerveux, sans doute, et soumis à un double courant physiologique et psychologique, d'où sa volonté ou sa volition (aurait dit le professeur Bellac) ne sortait pas indemne d'influences morbides. Mais ce qu'il disait, de sa bouche, ce qu'il traduisait en son vers âpre, rugueux, contorsionné, avec des mots forgés sans peine, il l'avait éprouvé, ressenti ou vu. Il ne se mentait pas à lui-même, ce qui est la plus suave façon de mentir. Et ses cheveux se hérissaient, quand il révélait une de ces visions d'apocalypse d'où il sortait combattu, dompté, terrifié... et railleur. Sa raillerie le trahissait, ou mieux trompait ses auditeurs qui ne s'accoutumaient point facilement à ses ironies shakespeariennes, à ses éclats de rire énormes. Ceux qui pleuraient à l'entendre, pourtant, comme ce grand et noble Barbey d'Aurevilly, concevaient bien cette singularité d'un poète enfoncé dans le deuil éternel de toute chose humaine, et riant de la moindre facétie, tout ainsi qu'un petit enfant des culbutes de son pantin.

Mais où nul poète contemporain ne saurait, sinon égaler, du moins dépasser Maurice Rollinat, c'est dans l'étude, l'amour, l'admiration, la compréhension de la nature. Les arbres et les forêts, les rocs et les montagnes, les ruisseaux et les torrents n'ont aucun secret pour lui, pas plus que les brins d'herbe ou les brindilles de la mousse. « Je ne me sens guère de véritable affection que pour les mornes pays où l'on peut vivre en sauvage et soliloquer tout à son aise, m'écrivait-il, et puis la nature végétale, animale et minérale m'intéresse plus que l'espèce humaine, dont la bêtise ne peut faire oublier la perfidie, grossière sans doute, mais assurément si multiforme qu'il faut toujours s'en défier... Combien je préfère aux bruits de la cohue parisienne le silence aimable ou inquiétant de la vraie campagne. Du reste, il n'y a pas que du silence; les murmures, les chuchotements, les soupirs, les souffles m'y sont confidentiels, familiers et suggestifs. Pour qui sait les comprendre, ils racontent la nature dont ils sont les innombrables voix éparses dans l'atmosphère mélancolique. Herbes et cailloux, insectes et reptiles, l'énorme et l'infiniment petit du paysage, tout réalise pour mon œil une sorte de vision rêvée, tour à tour inerte et mourante, et je vis un peu comme un sorcier des grands chemins qui épierait le secret des arbres. Je m'installe dans ces trous pleins de fraîcheur et de mystérieuse pénombre. Je m'assieds sur les rocs, plats au-dessus, embaumés par les menthes et frôlés par les mignons lézards qui mouvementent les pierres vaguement ensoleillées, et qui sont comme l'éclair furtif des endroits rocailleux. Là, surtout, je me sens chez moi, dans une solitude sympathique à mon for intérieur. Tout cela est si fatal, si abandonné, si revêtu de tristesse et de résignation ! Et le soir je remonte la côte escarpée, mais délicieuse, et je refais le lendemain la pérégrination de la veille, au milieu de cette monotone vallée verte, accidentée seulement par les variations du bruit et du silence, et qui s'embrume ou s'éclaire selon le caprice des nuages. »

Maurice Rollinat a pu habiter quelque temps Paris pour ce que le « grouillement des foules et le rampement de l'individu à travers les cent mille artères de la ville monstre offrent à l'œil de l'artiste un pittoresque infernal » et pour complaire à son goût du drame et de l'horreur. Mais il apportait aux habitudes de la vie parisienne les étonnements et l'ennui du provincial accoutumé à se lever tôt, à vivre au large, à ne subir aucune gêne. Sa gloire même l'obsédait.

Il revint donc aux brandes et aux landes du Berry. Il était un blessé de la vie ; il avait connu ces douleurs qu'on ne veut pas consoler. Et il s'en fut dans son petit manoir berrichon, moitié ferme et moitié gentilhommière, vivre enfin dans la paix inaltérable de celui qui s'est résigné au sacrifice.

Tout au fond de ce désabusé il y a peut-être un croyant, qui revient à Dieu par la terreur. Un homme qui comprend et voit l'œuvre divine comme la voit et la comprend Maurice Rollinat, ne saurait être un désespéré. Celui qui compte les plumes de l'aile d'un papillon, plumes dont la plus cambrée et la plus gigantesque n'a pas la tangibilité d'un millième d'atome, ne peut pas nier le Créateur, — et ne pas le nier, c'est l'adorer. Qu'est-ce donc, au surplus, que dénombrer les grains de poussière d'une aile de papillon, quand on a sondé les replis tortueux de l'abîme humain? « Tu ne sais pas tirer un son de ce morceau de bois, dit Hamlet, et tu voudrais jouer de cet instrument, de cette âme que recèle mon corps mortel! »

Et c'est de l'âme que le poëte a joué toute son existence, de son âme à lui et de celle des autres. Il les a tenues à la pointe de son bistouri, comme Broussais montrait à ses élèves «le petit bouton de la pensée», et si, comme Dante, il est allé aux enfers, il en est revenu.

Bel Air, 14 octobre 1888.

Je suis effectivement très empoigné par l'étude si forte que vous m'avez consacrée dans la *Revue-bleue*. Oui ! voilà de la critique visionnaire, taraudeuse, interne, le vrai portrait de ma souffrance, l'explication de mon art, l'anatomie de ma pensée, c'est large et fouillé, honnête au possible, et d'une intuition satanique puisque vous avez su deviner le dégoût sous mon rire et la peur dans ma raillerie.

Merci donc et merci encore mille et mille fois, mon cher Buet, vous m'avez profondément touché, et je vous jure bien que désormais, — quoiqu'on puisse faire, dire ou insinuer, — je reste votre ami.

Poignée de main cordiale, et affectueusement à vous.

MAURICE ROLLINAT.

Imp. E. Néry, 7, rue du Bois, Asnières.

SOCIÉTÉ LIBRE D'ÉDITION DES GENS DE LETTRES
PARIS — 12, Rue d'Ulm — PARIS

COMTE PAUL D'ABBES
Un de nous, roman contemporain, 1 vol. in-18 .... 3 fr. 50

LÉON L. BERTHAUT
Marguerite, poème, 1 vol. in-18 . 1 fr. 25

ALFRED BONSERGENT
Myosotis, roman, 1 vol. in-18 ... 3 fr. 50

LOUIS CALVINHAC (Député)
Vers la justice, 1 vol. in-18 ...... 3 fr. 50

JEAN DALVY
La Belle Préfète, roman (4ᵉ édition), 1 vol. in-18 .... 3 fr. 50
Folle de haine, roman (3ᵉ édition), 1 vol. in-18 .... 3 fr. 50

HENRI DATIN
Maîtresse et femme, roman, 1 vol. in-18 .... 3 fr. 50

JACQUES DEBEUF
Ode virile (au Tzar), 1 brochure in-octavo .... 0 fr. 50

JEAN D'EGLY
Fleurs Éparses, poésies, 1 vol. in-18 .... 1 fr. 25

LÉON FERBEYRE
Le Gendre du Président, roman, 1 vol. in-18 .... 3 fr. 50
J'aime ma femme, roman (couverture illustrée de G. Couturier), 1 vol. in-18 .... 3 fr. 50

EUGÈNE FRANÇOIS
Les Comédies du Jour, poésies, 1 vol. in-18 .... 3 fr.

JEANNE FRANCE
La baronne de Langis, roman (3ᵉ édition), 1 vol. in-18 .... 3 fr. 50
Simples histoires, 1 vol. in-18 . 1 fr. 50
Théâtre de salon, 1 vol. in-18 . 2 fr.

J. FRANCE ET C. D'HARRANS
Duchesse, roman (2ᵉ édition), 1 vol. in-18 .... 3 fr. 50

J. FRANCE ET A. MAGNIER
Rêves d'une heure (LA GROTTE ENCHANTÉE. — LA NOUVELLE MARGUERITE), comédies en un acte, 1 vol. in-18 .... 3 fr.

JOHAN GAVRE
Sous le ciel de Naples, 1 vol. in-18 .... 3 fr.

ADOLPHE GENSSE
Messire Duguesclin, parodie en cinq scènes et en vers .... 0 fr. 75

HAB. L. GRANGE
Le Prophète de Tilly (Mᵐᵉ VINTRAS), 1 vol. in-octavo . 2 fr.

JULES JEANNIN
Contes des champs et des rues, 1 vol. in-18 .... 3 fr. 50

MICHEL JICE
Quand le tour est joué, roman humoristique ill., 1 vol. in-18 3 fr.

FERNAND LAVIGNE
Rêves du soir, poésies, 1 vol. in-18 .... 1 fr.

TRISTAN LEGAY
Avant vingt ans, poésies (préface de F. Mistral), 1 beau vol. in-18 .... 3 fr.

HENRY L'HUISSIER
La grande nuit, nouvelles, 1 vol. in-18 .... 3 fr.

ACHILLE MAGNIER
Miettes et menues grains, 1 vol. in-18 .... 1 fr. 50

CAMILLE MITAL
Les Treize jours de Michel Mornaix, petit roman militaire, fantaisiste et humorist., 1 vol. in-18 .... 1 fr. 20
Par Elle, poésies, 1 vol. in-18 . 1 fr. 25

LOUIS MONTLAHUC
Le vrai chemin d'Annibal à travers les Alpes, 1 vol. in-18 jésus, avec cartes ....

J. DE PERETTI DELLA ROCCA
La Comédie du Cœur, poésies, 1 vol. in-18 .... 3 fr.

HENRI RAINALDY
La Voix de la mer, un acte en prose, représenté pour la première fois à Paris, le 24 juin 1906 (2ᵉ édition), 1 vol. in-18 . 1 fr.
La Patrie (pour servir à l'histoire des mœurs sous Notre République Une et In-di-vi-si-ble), 1 vol. in-18, couverture de G. Streib (4ᵉ mille) .... 3 fr.

LOUIS ROQUELIN
Jacques Moreau (MŒURS DE PROVINCE), préface d'Émile Faguet (2ᵉ mille), 1 vol. in-18 . 3 fr.

LOUIS TERIX
Tranches de vie moderne (L'ENQUÊTE. — AVANT LE DADA), comédies en un acte, en vers, 1 vol. in-18 ....
Cycle d'Amour, poésies, 1 vol. in-18 ....

CAPITAINE VERDIER
L'esprit militaire, 2 vol. in-18 .

MARCELLE VERMONT
Pédaleuse, roman (couverture illust.) (3ᵉ édition), 1 vol. in-18 3 fr.

VICTOR WALLET
Lyre d'Escholier, poésies .

ASNIÈRES. — IMPRIMERIE E. NÉRY, 7, RUE DU BOIS.

www.ingramcontent.com/pod-product-compliance
Lightning Source LLC
Chambersburg PA
CBHW072019150426
43194CB00008B/1179